프로 직장인 ,
아마추어 직장인에게
말하다

프로 직장인, 아마추어 직장인에게 말하다

발행일	2015년 6월 12일			
지은이	노 대 전			
펴낸이	손 형 국			
펴낸곳	(주)북랩			
편집인	선일영	편집	이소현, 김아름, 이은지	
디자인	이현수, 윤미리내, 최연실	제작	박기성, 황동현, 구성우, 이탄석	
마케팅	김회란, 박진관, 이희정			
출판등록	2004. 12. 1(제2012-000051호)			
주소	서울시 금천구 가산디지털 1로 168, 우림라이온스밸리 B동 B113, 114호			
홈페이지	www.book.co.kr			
전화번호	(02)2026-5777	팩스	(02)2026-5747	

ISBN   979-11-5585-618-5 13320 (종이책)   979-11-5585-619-2 15320 (전자책)

이 도서의 국립중앙도서관 출판예정도서목록(CIP)은 서지정보유통지원시스템 홈페이지(http://seoji.nl.go.kr)와
국가자료공동목록시스템(http://www.nl.go.kr/kolisnet)에서 이용하실 수 있습니다.
(CIP제어번호 : CIP2015015780)

프로 직장인, 아마추어 직장인에게 말하다

노대전 지음

직장 생활에서 기쁨과 행복을 만끽하고, 사랑이 물결처럼 울려 퍼져나가게 하는 것은 지금까지 경험해 보지 못한 새로운 의미를 불러올 것이리 믿는다. 직장 속에는 온갖 역경 속에서도 조직을 리드하는 경영진을 비롯하여 온갖 상념에 찬 상사가 있고, 고뇌에 휩싸인 동료 직원과 부하 직원이 있다. 특히 사회 전반에서 새롭게 부각되고 있는 여성의 역할은 여성에 대한 고정관념을 송두리째 무너뜨리고 있다. 또한 직장인에게는 최소한 지켜야 할 기본이자 피해 갈 수 없는 직장 윤리가 있다.

tip

북랩 book Lab

머리말

　사람을 바라본다. 사람은 늘 갈등과 고뇌가 교차하며, 사람과의 관계에 있어서도 늘 갈등과 번민이 번갈아 일어나는데, 그 속에 간간이 스며드는 기쁨과 즐거움, 행복의 감촉이 삶의 보람으로 다가오는 것이다.

　삶의 여정에서 사람을 즐겁게 하기도 하고 힘들게 하기도 하면서 가장 많이 부딪히며, 또 피해 갈 수 없는 것이 바로 '돈'이다. '머니 머니' 해도 결국 'money'인 것이다. 삶에서 거의 모든 문제는 결국 돈으로 귀착된다. 따라서 정상적인 삶을 영위하기 위해서는 돈을 벌어야 하며, 그러기 위해서는 준비 과정이 필요하고, 돈을 벌 수 있는 시간과 공간이 필요하다.*

---

* 물론 돈이 전부는 아니다. 돈으로 살 수 없는 것, 돈으로 해결이 안 되는 것도 참 많다. 산야에 흐드러지게 피고 지는 봄꽃의 향연, 스쳐가는 낯선 사람에게서 풍기는 정감, 산속에서 지저귀는 산새들의 합창, 사람과의 관계에서 발생하는 끌림, 불협화음, 오해 등……

그 준비 과정이 경험과 교육이며, 돈을 벌 수 있는 공간이 바로 직장(자영업 포함)이다. 즉 사람은 유전적 재능을 가지고 태어난 이후 경험과 교육을 쌓아 직장에 들어가 돈을 버는 직장인으로 살아가게 되는 것이다. 또한 직장인은 늘 고객과의 관계 속에서 부대끼며 지내야 하는데, 한편으로는 모든 사람들이 평생 고객의 자격으로 살아가고 있다.

삶에 있어 가장 길고도 중요한 시간을 보내야 하는 직장은 단순히 피동적인 생계 수단이나 돈벌이로만 볼 것이 아니라 그 속에서 기쁨과 즐거움, 보람을 찾아야 하며, 기왕이면 성공적인 직장 생활을 하는 것은 누구나 소망하는 일일 것이다.

필자는 사람을 관찰하고 삶을 음미하여 신이 내린 소명을 이해하고 실천하여 '사랑이 물결치는 아름다운 세상'을 가꾸는 것이 가장 큰 소망이다. 그렇게 하기 위한 큰 방편의 하나로 '사람·직장인·고객'으로서의 경험과 지식을 독자 여러분과 공유하고, '성공하는 직장인과 보람 있는 직장 생활'에 초점을 두어, 직장 속에서의 시행착오를 줄이고, '지금 이 순간'에 의미를 더하여 행복한 삶을 창조할 수 있게 된다면 그보다 더한 기쁨이 없을 것 같다. 왜냐하면 미래에 대한 기대를 이루었을 때 실제 그 기쁨은 처음의 기대에 훨씬 미치지 못하기 때문이다(이를 Big Wombassa라고 한다).

이 책은 사람이면 누구나 살아가는 데 꼭 필요한 양식이 될 내용으로 구성되었으나, 협의의 목적으로 볼 때 직장인을 위한 소중한 가이드북임을 밝혀둔다.

이 책과 함께 즐거운 여행 하시기 바랍니다.

2015년 6월
노대전 올림

　사람이 무슨 일을 하더라도 초점은 사람에 있다. 사람에게는 지나온 과거가 있고, 다가오는 미래가 있다. 지나간 세월은 돌이킬 수도, 바꿀 수도 없는 흔적일 뿐이지만, 보다 더 나은 미래를 개척하는 소중한 열쇠가 되기도 하고, 성공 함정(success trap)이 되어 발전적인 미래를 가로막고 방해하기도 한다. 미래로 가는 길에는 한 치도 예측할 수 없는 운명이 버티고 서 있지만, 나의 선택과 열정으로 맑은 내일을 개척하기도 하고, 막다른 골목으로 이르기도 한다.

　사람의 본성과 심리를 살펴보고 이해하는 것은 나 자신을 제대로 아는 길이며, 동시에 남을 잘 이해하고 공감할 수 있는 밑거름이 된다. 사람은 누구나 부모의 유전자를 품고 어머니 배 속에서 잉태된 이후, 영혼을 받아들여 성장 환경과 더불어 정신과 육체의 성숙이 이루어진다. 오늘 현재는 지나온 과정의 축적이며, 과거의 경험과 교육의 산실이다. 특히 유년 시절의 가정과 주위 환경은 성인이 되어 성공과 실패의 분수령을 이룬다. 필자의 직장 속 삶을 들여다보는 것은 자신의 삶과 비교하여 공감대를 형성하고, 차별화할 수 있는 계기가 될 것이다. 나아가 독자 여러분 자신이 의미 있는 오늘과 보다 더 나은 미래를 설계하는 중요한 바로미터(barometer)가 될 것이라 믿는다.

　직장에서의 심리적 역학 관계, 태도의 중요성, 가치 창조 방안 등을 구체적 사례를 통하여 음미하고 심화하여, 직장 생활에서 기쁨과 행복을 만끽하고, 사랑이 물결처럼 울려 퍼져나가게 하는 것은 지금까지 경험해 보지 못한 새로운 의미를 불러올 것이라 믿는다. 직장 속에는 온갖 역경 속에서도 조직을 리드하는 경영진을 비롯하여 온갖 상념에 찬 상사가 있고, 고뇌에 휩싸인 동료 직원과 부하 직원이 있다. 특히 사회 전반에서 새롭게 부각되고 있는 여성의 역할은 여성에 대한 고정관념을 송두리째 무너뜨리고 있다. 또한 직장인에게는 최소한 지켜야 할 기본이자 피해 갈 수 없는 직장 윤리가 있다.
　사람은 누구나 일상생활 속에서 고객의 지위를 누리며 살아가고 있다. 고객의 신랄한 비판과 그들이 심리적으로 체감하는 느낌과 반응을 적나라하게 파헤쳐보는 것은 바로 직원의 마인드를 새롭게 정립하는 지름길이 될 것이다. 현장을 정확하게 읽어야 할 때, 위에서 내려다보거나 옆에서 바라보는 방법에는 익숙해져 있으나, 밑아래에서 위로 쳐다보는 데는 낯설다. 고객의 눈으로 내 직장과 상품, 서비스를 들여다보는 것은 색다른 감회를 자아낼 것이라 믿는다.

또한 고객은 일방적으로 불만을 표출하여 자신의 욕구만 충족시키려고 할 것이 아니라, 회사 및 그 소속 직원과 동반자적 입장에서 능동적이고 적극적으로 임하여야 하며, 고객으로서의 품격과 위상을 지켜야 한다.

추측과 상상만으로는 현장감이 떨어지므로 가급적 사례(46개)를 통하여 실천에 이를 수 있도록 구체화하였으며, 가끔씩 책의 흐름에서 다소 벗어나지만 재미와 지혜를 담아 단상(斷想, 5개)으로 정리했다.

본 저서는 필자의 다양한 경험과 지식을 전달하고 공유할 뿐만 아니라 당면한 현실 상황을 체감하고 공감하여 독자 여러분의 현재의 모습과 비교·반성하여 직장 생활에서의 성공하는 삶을 향한 행동과 실천을 불러일으키는 데 그 목적이 있다.

목차

3부
고객의 채찍은 직장인을 비추는 거울

사람의 자아는 네 개의 창으로 이뤄져 있다.
이를 조하리의 창(Johari Window)이라고 한다.
그중 '열린 창'은 나도 알고 다른 사람도 아는 것(open)이며,
'비밀의 창'은 나는 알지만 다른 사람은 모르는 것(hidden)이며,
'장님의 창'은 나는 모르지만 다른 사람은 아는 것(blind)이며,
'미지의 창'은 나도 모르고 다른 사람도 모르는 것(unknown)이다.

사랑이 메말라지면 공포와 죽음에 직면한다.
사랑으로 직접 돈을 벌지는 못하지만
돈 이상의 역할을 한다. 신은 사랑을 선물하여
모두가 더불어 행복하게 살아갈 수 있도록 했다.

1부

우리는
직장인이기 이전에
사람이다

커리어(Career) 탐방

사람은 자신을 숨긴 채 남들한테만 '이래라 저래라' 하고 싶어 한다. 자신의 실체는 숨긴 채 그저 보이는 모습만 화려하게 치장하다 보면 오해와 시행착오만 불러일으킬 뿐이다.

이제 막 서로에게 관심을 갖게 된 청춘 남녀는 각자의 집에서 출발하여 데이트 장소에 이를 때까지 자신의 심신을 최상으로 가꾼다. 약점은 숨기고 강점은 최대한 부각하고자 심혈을 기울이게 되는 것이다. 한참을 그렇게 지내다 막상 결혼에 이르러 한집에서 함께 살게 되면, 장점은 안개처럼 어디론가 사라지고 약점만 무성하게 자라나, 실망에 더하여 분노만 쌓여간다.

책을 쓰는 사람들은 자신만의 분야에서는 거의 천재에 가깝다. 그 분야에 전문성은 물론이고, 독자의 욕망과 부족한 점을 꿰뚫고 있다. 그러나 그들이 정작 실전 경험에서 우러나와 실천할 수 있는 길을 제대로 제시하고 있는지는 미지수다. 자신의 속살을 드러내지 않은 채, 성장 과정의 화려함과 찌질함을 감추고 있지는 않은가.

예를 들어, '직장에서 상사로부터 꾸지람을 듣고 반성하거나, 부하 직원에게는 일방적이고 무리한 요구를 한 때'를 생생하게 드러내지 않은 채, 그저 지도를 펼쳐 보이며 빠른 지름길로만 성급하게 몰고 가려고 하려고 하는 것은, 마치 바둑의 고수가 하수에게 몇 마디 훈계성 발언을 하는 것과 별반 다름이 없어, 독자는 우선 고개를 끄덕이며 수긍은 하지만 행동과 실천에까지는 이르지 못하고 만다. 바둑 명강의를 수백 시간 듣는다고 해서 당장 바둑 실력이 향상되지는 않는 것이다.

그저 높은 성에 올라 앉아 한참 아래를 내려다보며 이래라 저래라 하는 것은 실제 현장에서는 오류를 범할 우려가 크며, 참된 실천에의 길은 까마득히 멀기만 하다. 천재적 마인드를 가진 자가 다수의 평범한 사람들을 대상으로 한 수 지도하고자 하는 것은, 그들로 하여금 허겁지겁 따라오다가 숨 가빠 하며 지쳐 쓰러지게 할 뿐이다. 물론 그러기 전에 그들이 먼저 포기하여 물러나고 말겠지만. 나 자신과 상대방의 눈높이를 맞추지 못하면 아무리 현명한 가르침이라도 스쳐 지나가는 한갓 바람일 뿐일 것이다.

나 자신이 걸어온 길을 드러내놓는다는 것은 일견 부끄러운 일이지만 주요 포인트를 숨김없이 드러냄으로써, 독자 여러분 자신의 세계와 비교할 수 있고, 무언가 자신에게 자양분이 될 요소를 끄집어내어 자신의 것으로 소화시킬 수 있을 것이라 믿는다. 즉 직장인으로서 외길을 걸어온 필자의 Career는 독자 여러분 자신에게 예리한 자극이 되고, 색다른 눈높이에서 바라보는 간접경험이 될 수 있을 것이다. 또한 유전적 인자뿐 아니라 성장 과정에서의 환경이 직장인이 된 이후의 품성과 태도에 바탕이 되어 직장에서의 성공과 좌절을 결정짓기 때문이기도 하다.

다만, 직장 생활을 마칠 때까지 신의 최고의 선물인 '사랑'의 가치를 제대로 인식하지 못한 채 앞만 보고 달려온 것은 무지의 소치라 아니할 수 없다. 이는 장을 거듭하면서 함께 새롭게 익혀 나갈 수 있을 것이라 믿는다.

사람의 일생을 4기로 나눈다고 하는데 상당히 일리가 있는 것 같아 이 방식을 채택했다. 다만 제3기와 제4기는 이 책에서는 생략한다. 직장인의 삶에 포커스를 두기 위해서다. 제1기는 태어나서 직장을 갖기 전까지의 기간이다. 제2기는 직장에서 일하는 동안의 기간이다. 제3기는 직장을 그만두고 건강한 삶을 영위하는 기간이다. 이 기간이 사실 인생의 꽃이라고 하는데, 대부분 사람들은 우울하게 보내는 과오를 범하고 있다. 제4기는 '불건강수명'이 지속되는 기간이다. 심신의 병약화로 삶의 의미를 상실한 채 하루하루를 병마와 씨름하거나 불편한 육신을 붙들고 보내야 하는 시간이다.

인생 제1기: 유년기부터 취업까지

매사에 행동거지(行動擧止)가 조심스러워진 유년기

사람은 어머니 배 속에서 잉태 후 40일이 지나면 영혼이 태아에 안착된다고 한다. 이때부터 부모로부터 물려받은 유전자에 내포된 정신 및 육체와 더불어 상호 교감하기 시작하여 점진적으로 사고하고, 행동하고, 결정하고, 판단하는 역할을 수행할 수 있는 잠재적 능력을 배양하게 되는 것이다. 이 모든 과정은 태아가 어머니 배 속에서 유영을 하며 성장하는 동안 진행되어, 장차 맞이할 낯선 환경(세상)에 대비하는 것이다.

이와 같이 준비 과정을 거쳐 사람은 한평생 함께할 재능, 건강, 운명을 지고 세상에 태어나게 된다. 일반적으로는 50:50으로 유전적 요인과 환경적 영향이 재능 형성에 작용한다고 알려져 있는데, 일설에 의하면 일란성 쌍둥이도 성장 과정에서 많은 차이가 있으므로 유전적으로 재능이 형성되는 것은 아니라고 주장하기도 한다. 단언적으로 결론짓기는 어려운 점이 있기는 하지만, '콩 심은 데 콩 나고, 팥 심은 데 팥 난다'는 옛 속담처럼 재능, 인성, 병리적 인자 등에 유전적 요인이 상당 부분 작용한다는 데는 의심의 여지가 없을 듯하다.

네덜란드 암스테르담 대학교 신경생물학과 교수인 다크 스왑은 그의 저서 『우리는 뇌다』에서 다음과 같이 밝히고 있다.

"모든 것이 자궁 안에서 결정된다. 부모의 유전자가 섞여 태아가 생성된 후, 자궁 안에서 뇌가 프로그래밍되는 과정에서 다양한 호르몬과 생화학 요인으로 개인의 성격, 재능, 한계 등 정체성이 모두 정해진다."

세계적인 명문가 집안의 내력을 살펴보면, 유전적 요인이 어떻게 작용하고 있는지 쉽게 증명이 된다. 아버지가 의사라면 그 후손이 의사일 확률이 높아지며, 운동을 잘하는 선수들을 보면 그의 부모도 한때 운동에 상당한 재능이 있었음을 알 수 있다. 마찬가지로 대대로 행상만 해 오던 집안에서 세계적인 석학이 태어날 확률은 극히 떨어진다는 것이다. 즉 유전적 요인이 그 사람의 장래에 크게 작용한다는 사실을 알 수가 있는 것이다. 건강, 성격의 경우 유전적 요인이 더욱 영향력이 있음을 우리는 익히 잘 알고 있다.

필자는 3남 2녀 중 넷째로 태어났는데, 큰누나는 내가 태어나기 전 영아기에 사망했다고 한다. 성장 과정에서 형과 누나가 있고 또 남동생이 있어서 원만한 성격 형성에는 긍정적인 영향을 미쳤을 것으로 추정된다. 당시에는 남존여비 사회라 그런지 딸을 제외하고 아들만 언급하는 것이 관례여서 통상 '둘째'라 불렸는데, 어린 시절이었지만 누나인 딸을 제외하고 아들만 따져 순서를 말하는 것이 참 이상하다는 생각이 들었다.

아무튼 어릴 적에는 '용하다'는 평을 많이 들었는데, 그 의미가 '어리석다', '순진하다', '약지 못하다'는 뜻으로 별로 듣기 편안한 말은 아니었다. 그러나 이미 타고난 유전적 기질이었는지 나로서는 어쩔 수 없이 받아들일 수밖에 없었는지 모른다. 다만, 미숙한 어린아이에게 단언적인 말을 지속적으로 하는 것은 그 방향으로 고착되는 역효과가 있었을 것이라는 점에서는 당시 주위 어른들의 말씀이 썩 곱게 보이지는 않는다.

실제로 미국 내 교도소에 수감된 재소자 중 80% 이상이 어린 시절에 부모로부터 "너는 부모님 말씀을 잘 듣지 않고 말썽을 부려 나중에 교도소밖에 갈 수 없을 거야."라는 말을 곧잘 들으며 성장했다고 한다.

1961년, 아버지가 폐결핵으로 돌아가셨다. 결핵은 말기에 이를 때까지 통증이 없는 데다, 당시 치료제도 부실한 상황에서 장기 지방 출장이 잦아 치료약을 제때 챙겨 먹을 시간도 갖지 못했던 것 같다. 30대 나이였던 아버지는 어머니에게 겨우 네 살밖에 안 된 아들인 내가 크면 목사를 시키라는 유언을 남기고 세상을 떠났다고 한다.

지금과는 여건이 많이 다르기는 했겠지만, 젊은 나이에도 불구하고 더군다나 그 어린 자식이 어떤 환경에서 어떻게 성장할지 예측하기 어려운 상황에서 그리도 자신감 있게 장래의 직업까지 단언하셨는지 살아가면서 두고두고 의아스러웠다.

당시 의학 수준이 천박하고 가난한 환경 속에 사람의 수명은 그리 길지 않았지만 30대 아버지의 죽음은 두고두고 너무 이르다는 생각을 하게 되었다. 아버지가 다급하게 병원으로 실려 가는 기억이 어슴푸레 되살아나곤 하지만, 어린 나이라 아버지의 임종은 기억나지 않는다. 따라서 아직 철이 없던 때라 아버지와의 결별에 따른 마음의 상처를 겪지 않아도 되었던 것이다.

편모슬하에서 성장하면서도 아버지가 안 계신다는 부족함 이외에는 결손가정의 어려움을 그렇게 체감하지 못했다. 다만 주위 사람들로부터 직간접적으로 '과부의 자식'이란 말을 접하며 지내야 했으며, 가끔씩 나와 같은 결손가정에서 자란 아이들이 나중에 불량한 사람이 되거나 범죄를 저지를 우려가 크다는 언론 보도를 접할 때는 심적으로 많이 위축이 되었으며, 그럴 때면 괜히 매사에 행동거지가 더욱 조심스러워졌다. 실제로 시간이 갈수록 절대 모난 행동을 해서는 안 된다는 마음을 다졌으며, 이는 결벽증에 이를 정도였다.

게다가 부모님이 6·25 이전에 이북에서 월남해 온 터라 가끔씩 동네 아이가 '북한 사람'이라는 말을 꺼내며 놀리려고 할 때는 괜히 화가 치밀어 올라 도망치는 그 아이 집까지 쫓아가 혼내주려 했던 기억이 있다.

동심을 사로잡는 종교적 신앙

모태 신앙이 기독교여서 어린 시절 교회에 열심히 다녔다. 여름방학이면 하계성경학교가 개설되었는데, 매일 그 먼 길을 걸어서 한 번도 결석하지 않고 열심히 다녀 개근상으로 공책을 받기도 했다. 아니 사실대로 말하자면 공책 받는 재미로 부지런히 다녔던 것 같다. 그러나 천둥, 번개가 요란하고 큰비가 내리는 날에는 안타깝지만 교회에 갈 수가 없었다. 교회에 가는 길에는 주위에 참 볼거리도 많고 재미있는 일이 많았다. 가는 길마다 동심의 세계를 자극할 만한 신기한 이벤트가 많았던 것이다.

교회로 가는 길 도중에 큰 성당(성모당)이 있었다. 철망으로 둘러싸인 울타리 한쪽에 설치된 작은 덧문을 통해 들어갈 수가 있었는데, 그 문이 닫혀 있는 날이면 그 아래 움푹 팬 일명 '개구멍'을 통해 납작 엎드린 채 기어서 들어가곤 했다.

큰 마당 한가운데쯤 동굴 형상의 구조물이 있었는데, 그 안에는 몇 군데에 크고 하얀 성모상이 우뚝 서 있었고, 학교와 인접한 울타리 근처에는 작은 연못이 있었다. 그 연못 위로 탐스런 연꽃이 피어오를 때면 연노랑 꽃잎의 오묘한 자태가 마치 상상의 나라에라도 불려온 듯 맑은 동심에 신비로운 기운을 불어 넣어 주는 것 같았다.

연못 바로 옆에는 연두색 열매가 열리는 큰 나무가 서 있었다. 그 열매를 따다가 돌에다 대고 박박 문지르면 딱딱한 껍질이 나오는데 그것을 다시 돌로 깨면 오들도들한 속이 나왔다. 그게 바로 호두였다. 그걸 깨물어 먹으면 그렇게 고소할 수가 없었다. 성장한 이후 한 번도 호두나무를 본 적이 없었으며, 설사 보았더라도 도시 생활에 익숙해져 있어 호두나무인지 분간을 할 수 없었을 것이다.

그러나 성당 구내가 온통 즐거움과 환상 속만은 아니었다. 성당 구내 지킴이로 명을 받은 큰 셰퍼드 개 두 마리가 있었는데 덩치가 우람한 데다 무섭고 위협적이었을 뿐만 아니라 성당 신자인지 아닌지 쉽게 구별해낼 수 있을 만큼 영리했다. 어쩌다 그 개들과 맞닥뜨리는 날이면 사지가 오들오들 떨리며 어쩔 줄 몰라 하곤 했다. 다행인 것은 그 셰퍼드들이 교회에 다니는 신자들도 가톨릭 신자와 거의 한통속(?)이라는 걸 눈치챘는지 물거나 하진 않았다. 어쨌든 성당

경내는 어린 동심을 유혹하는 별난 잔치와도 같아 지나가는 동안 늘 즐겁고 행복했다.

이렇게 성당을 가로질러 나와 한참을 걷다 보면 언덕배기 밭 가장 자리를 따라 허름한 철망 울타리가 녹슨 채 서 있었는데, 몰래 다가 가 그 위에 앉은 잠자리(당시 사투리로 '시철개이'라고 불렀다)를 잡는 재미 는 말로 형용할 수 없을 정도였다. 여기저기 풀섶에서 튀어 오르는 메뚜기를 쫓는 기쁨은 그 시절 다른 무엇과도 바꿀 수 없는 큰 즐거 움이었다.

특히 주위의 풀 색깔과 유사하게 보호색을 띠고 있는 방아깨비(당 시 큰 놈을 '홍골래'라고 불렀다)를 잡는 날이면 기뻐서 어쩔 줄 몰랐다. 아 이들은 그것을 잡아다가 불에 구워 먹기도 했는데 나는 징그럽기도 하고 두렵기도 해서 그렇게 하지는 못했다. 지금은 그 흔하던 메뚜 기들을 좀처럼 볼 수가 없는 것이 참 안타깝다.

내가 성장한 동네는 기와집이 몰려 있어 시골과는 딴판이라 그런 지 어린 시절엔 자연이 참 그리웠다. 산이 우뚝 서 있고, 숲이 반기 고, 나무가 유혹하고, 풀이 시원하고, 물고기가 떼 지어 장난치는 개 울이 정겹고, 곡식이 무르익는 들판이 싱그럽고, 연못에는 물방개와 소금쟁이가 헤엄치며 노는 그런 풍경을 늘 상상하고 그리워하며 지 냈다.

사실 어린 시절 자연과 어우러져 뛰놀며 신비에 가득 찬 동심의 세계를 만끽하는 산 경험은 성장해가면서 두고두고 삶에 긍정적인 영향을 미칠 것이라 확신한다. 반면 빽빽한 아파트 밀림 속에서 늘

프로 직장인, 아마추어 직장인에게 말하다

콘크리트와 접하며 성장하는 지금의 아이들은 정서가 메마를 것 같아 걱정이 앞서게 된다.

교회는 모교인 중학교 운동장 끝 담장 너머 언덕 맨 위에 우뚝 솟아 있어 주위 어디에서건 쉽게 눈에 띄었다. 무엇보다 교회에 대한 지울 수 없는 추억은 바로 '종소리'다. 요즈음은 지역 주민들의 반대 때문인지 교회 종소리를 잘 들을 수 없지만, 그 당시에는 사찰 집사(교회 관리인)가 높이 매달아 놓은 무쇠 종에 길게 연결된 줄을 힘껏 잡아당기면 종이 좌우로 움직이며 '뎅그렁, 뎅그렁' 하며 청명하게 울렸는데, 그 종소리를 황혼녘에 들으면 은은하게 울려 퍼지는 청아함이 심금을 울리고 말로 표현하기 어려운 신비로움을 자아냈다. 마치 별세계로 빨려 들어가는 느낌이랄까.

그 교회에 유년주일학교를 담당하던 강도사가 한 분 계셨는데, 설교할 때마다 소품을 잘 준비해서 늘 즐겁고 재미있는 시간을 만들어 주었다. 물고기나 동물들을 직접 공작해 와서는 이야기(설교)하는 도중에 실감나는 장면을 보여주었으며, 나무 작대기에다 실을 매달아 물고기를 낚는 장면을 연출할 때면 참 현장감이 넘쳐, 유달리 성의가 대단한 분이라는 생각이 들었다.

그런데 운명이 바뀌는 조그만 사건이 발생했다. 초등학교 5학년이던 어느 날, 그 강도사가 우리 집에 심방을 왔다. 마침 동생과 함께 밖에서 한참 뛰어놀다가 막 들어온 상태라 우리들 옷이 깨끗하지 못하고 남루했던가 보다. 이를 본 강도사가 "야, 너희들, 거기다 깡통만 차면 영락없는 거지다."라고 웃으며 농담 섞인 핀잔을 주었다. 이 말을 곁에서 들은 어머니는 그 자리에서는 아무 말씀이 없었는데, 자존심이 많이 상하셨는지 그날 이후 우리 형제에게 교회에 다니지 말라고 하셨다. 실제로 다시는 교회에 다니지 않았다.

그 강도사는 별다른 의미 없이 아이들에게 말을 던졌고, 가벼운 우스갯소리로 한 말이라 그냥 지나칠 수 있었는데도, 어머니는 그렇게 받아들이지 않았다. 참 결단력이 있는 것 같았는데, 어머니는 그 이후에도 줄곧 교회에 다니셨다. 어쨌든 그날 이후 교회로 가는 도중의 '다양하고 즐거운 이벤트(?)'에도 불구하고 먼 길을 걸어서 교회에 다니지 않게 되었다는 생각에 우선 기분은 참 좋았다.

교회에 다니는 동안 가장 기억에 남는 것이 하나 있다. 초등학교 때 어머니를 따라 다른 교회에서 열린 부흥회에 참석하게 되었는데, 그 큰 교회에 신도가 서너 명밖에 앉아 있지 않았다. 어린 나는 졸음을 참지 못하고 꾸벅꾸벅 졸고 있었는데, 목사님의 이 말씀에 벌떡 잠에서 깼다. "저는 단 한 명의 성도님이 계셔도 설교를 진행할 것입니다."

이 말씀은 한참이 지난 뒤에야 내 삶에 두고두고 큰 귀감으로 작용했다. '잔치에 꼭 축하객이 북적대야 하는 것은 아니다. 단 한 분이라도 공감하는 손님이 참석하면 고맙고 행복하다', '행사에 단 한 사람이라도 참석하면 그분께 진심으로 감사드리며, 행사를 진행한다' 등과 같이 늘 감사하는 마음과 자신감을 갖게 된 것이다.

교회 이야기가 나왔으니 말인데, 이 기회에 몇 가지는 짚고 넘어가는 게 좋겠다. 설날, 추석 명절뿐 아니라 평상시에도 제사를 지내

프로 직장인, 아마추어 직장인에게 말하다

는 것은 우리 민족의 고유한 전통 풍습인데 나는 어린 시절 모태 신
앙이 기독교인지라 제사 지내는 것을 금기시하여 향냄새마저 꺼리
게 되었다. 기독교가 제사를 미신이라고 치부하여 선친을 기리고 그
은혜에 감사하는 의례를 금지한 것이다.

　물론 대체 안은 있었다. 추도식이라는 것이 있었지만 성격은 많이
다른 것 같았고, 그나마 지금까지 그 추도식을 경험해 본 적이 별로
없다. 가정에는 가끔씩 경건한 의식, 즉 조상을 기리는 의례가 필요
하다는 생각이 든다. 제례의식을 통해 조상의 은덕에 감사하는 마
음, 행동, 실천은 우리 민족의 소중한 전통이지 않는가. 게다가 형제
자매를 비롯한 온 가족이 다 모일 수 있는 기회의 끈을 이어 가게
해 주는 것이라는 점에서 제사는 큰 의미를 갖는 것 같다.

　또 다른 기독교의 폐단이 있었다. 초등학교 4학년 즈음 학교에서
단체로 영화 관람을 갔는데 임진왜란 때 사명대사가 왜적을 무찌르
는 내용이었다. 의병 활동 과정에서 혁혁한 전과를 올리는 장면에
선 모두 환호하며 기립 박수를 쳤는데, 나는 오히려 주위 아이들이
박수를 치지 못하도록 말려야 했다. 서산대사와 사명대사가 스님,
즉 불교라는 종교적 이유 때문이었다. 기독교가 다른 종교를 배척
할 뿐 아니라 미신이라 치부하기까지 하는 웃지 못할 자기모순에 빠
져 있었던 것이다.

　종교는 성스러운 신을 중심으로 우선 자신이 정직해야 하며, 주위
사람들을 교화시키고, 낯선 사람뿐 아니라 불우한 이웃을 포용하
고, 다른 종교를 존중하고, 선의를 몸소 실천하며 모범을 보이는 것

이 주된 역할이 되어야 할 것이다. 여하간 어린 시절에 한번 각인된 종교의 영향력은 살아가면서 두고두고 좀처럼 지워지지 않는 것 같다. 지금은 교회에 다니지도 않지만, 가끔씩 절에 들를 때면 시주하고 싶은 마음이 생기지 않으니까 말이다.

주위 환경을 받아들이며 성장하는 동심의 세계

초등학교에 다니는 동안 이름이 특이해서 많은 별명이 따라 붙었다. 내향적인 성격상 다소 곤혹스럽기는 했으나 다행히 학업에 지장을 줄 정도는 아니었다. 이를테면 '돼지', '대전발 0시 50분', '한밭' 등이었는데, 특히 당시 교과목에 축산 관련 내용이 있어 돼지에 대해서도 배웠는데, 돼지의 종류 중에 '요크셔', '바크셔' 등이 있었다. 한 아이는 내 성을 앞에 붙여 '노크셔'라고 불렀는데, 참 기발한 아이디어라는 생각에 나중에 성장해서 잘됐을 거라는 상상을 하기도 했다.

공부가 재미있고 잘해서 초등학교 생활은 그런대로 즐거웠는데, 방학이 끝나고 등교할 때가 되면 왜 그리도 학교에 가기가 싫었는지 모른다. 몇 가지 지금까지도 기억이 생생하고, 추억이 될 만한 것들을 간추려 본다.

다소 심기가 불편했던 기억인 데 두 살 위인 누나 바지를 물려받아 입었던 것이다. 그때는 누나 옷을 입는다는 게 참 받아들이기 힘든 현실이었다.

초등학교 3학년 때 담임선생님은 키가 큰 분이었는데, 가끔씩 해진 바지를 나한테 주면서 어머니한테 갖다 드려 꿰매 오라고 시켰던 기억이 난다. 지나고 나니 참 이상한 심부름이었던 것 같다.

매 학년 초 담임선생님과 교실이 바뀐 첫 시간에 가정환경 조사 시마다 아버지의 직업을 물을 때가 제일 당혹스러웠다. 선생님은 꼭 이렇게 물어보셨다. "아버지의 직업이 공무원인 사람 손드세요!", "농업인 사람 손드세요!", "다음, 상업인 사람 손드세요", "다음, 공업인 사람 손드세요!" 나는 선생님이 물어보실 때마다 물끄러미 다른 아이들 손드는 모습만 지켜보다가 마지막에 선생님이 다소 격앙된 음성으로 "지금까지 손 안 든 사람 손드세요!"라고 할 때 손을 번쩍 들어야 했다. 매년 거의 혼자뿐이었다.

한 번 세상을 떠난 사람이 살아 돌아오는 것도 아닌데, 왜 해가 바뀔 때마다 아버지의 직업에 대해 물어보는지 이해할 수가 없었으며, 그때마다 참 곤혹스러운 시간이었다. 혹시 그 사이에 직업이 바뀐 아버지가 있을까 봐 그랬던 걸까?

어쨌든 선생님이 "너는 왜 손을 안 들었니?"라고 물으면 아버지가 안 계신다고 대답해야 했는데, 아버지가 안 계신다는 걸 밝히는 것도 내키지 않는 일이었지만 그보다 부모님이 직업이 없다는 것이 어린 마음에 더욱 받아들이기 힘들었다. 가족 중에 아무도 일하는 사람이 없다는 것이 어린 마음을 참 불편하게 하고 마음의 균형을 잃게 했던 것 같다. '우리 가족은 다 무위도식하는 사람들이란 말인가'라는 의문이 당혹감을 감출 수 없게 했던 것이다.

돌이켜보면 일찍 돌아가신 아버지가 원망스러울 때가 많았지만,

세월이 지나면서 '하늘에 계신 아버지가 이런 아들의 모습을 지켜보았다면 얼마나 목이 멜까'라는 생각에 빠져드니, 오히려 돌아가신 아버지가 측은하게 생각되었다. 젊은 아내와 어린 자식들을 줄줄이 남겨두고 세상을 하직해야 했던 그 순간에 아버지는 얼마나 마음이 아팠을까 싶었다.

당시 집에는 한때 공장을 운영할 때 들여놓은 라디오가 있었는데, 그 크기가 작은 옷장만큼 컸다. 저녁 무렵 연속극을 할 시간이면 세 들어 사는 아주머니들이 삼삼오오 몰려와 함께 듣곤 했다. 가끔씩 엿들어도 참 라디오 연속극은 끝없는 상상의 나래를 펼치는 오묘한 기쁨을 주었다.

한번은 멜로 연속극 주인공 성우가 "하늘을 봐야 별을 따지."라고 하는 대사가 있었는데 그땐 그게 무슨 말인지 몰랐다. 그 성우는 약간 떨리는 음성에 참 매력적인 음색을 지니고 있어 멜로드라마의 여자 주인공 역을 도맡아 했다. 그녀는 지금까지도 모 라디오 방송 진행을 맡고 있어 참 반가운 생각이 든다.

그러다가 1960년대 말 TV가 나오고 곧이어 냉장고가 출시되었다. 마침 동네에 TV를 가지고 있는 친절한 아저씨가 있어 저녁이면 동네 아이들과 함께 마당에 옹기종기 모여 앉아 대청마루에 내놓은 TV를 시청할 수 있었다. 특히 냉장고를 가진 동네 아이가 그렇게 부러울 수가 없었는데, 냉장고 안에는 얼음이 얼고, 항상 시원한 과일이 가득 들어 있다는 말을 들을 때면 놀라움에 입이 다물어지지가 않을 정도였다. 이처럼 라디오 시대에서 TV, 냉장고 시대로 넘어가면서 우리 집 생활 형편은 더 이상 이웃을 따라갈 수가 없었다.

초등학교 4학년 때의 일이다. 아침 조회가 있어 운동장에 반별로 줄을 지어 서 있었는데 추석이 지나고 얼마 지나지 않아 다들 운동화를 신고 있었다. 그런데 나를 포함한 몇몇 아이들만 까만 고무신을 신고 있었다. 다행히 혼자가 아니라 그리 부끄럽지는 않았다.

또 하루는 조회 때라 모두 우르르 밖으로 몰려 나갔는데 교실 앞쪽에 앉아 있던 한 여자아이가 나에게로 다가와 책상 위에 사탕을 하나 놓고는 얼른 뒤돌아 뛰어나갔다. 의아스럽기도 하고 고맙기도 했지만, 그 순간 다른 아이들이 볼까 봐 염려스러워 했던 내 모습을 상상하면 참 소심한 성격이었던 것 같다. 무엇보다 고맙다는 표시도 하지 못한 나 자신이 참 부끄러웠다.

어머니가 시장에 갈 때면 가끔씩 따라 나섰는데 반찬거리를 살 때는 전혀 관심을 보이지 않다가 과일을 살 때는 눈이 번쩍 뜨이곤 했다. 가격이 싼 썩은 사과를 살 때가 많았는데 집에 와서 썩은 부분을 파내고 아삭아삭 깨물면 그리도 맛있을 수가 없었다. 행여 내 몫이 줄어들까 몇 개를 감추어 놓고 남은 사과를 동생과 나누어 먹을 때도 있었는데, 어린 마음에 욕심이 드러나는 순간이었다.

시장 이야기가 나왔으니 말인데, 한번은 친구들과 닭을 잡아 파는 가게 구경을 갔다. 닭장에 있는 닭을 잡는(죽인다는 의미) 장면을 보는 게 마음이 안됐기는 했지만, 당시 낮에 딱히 다른 놀 거리가 없어 가끔씩 가보곤 했다. 그 당시는 지금과는 달리 닭을 구입한 사람이 원하면 가게 주인이 살아 있는 닭을 잡아서 끓고 있는 큰 솥에 담갔다 꺼내 털을 다 뽑아 주었다.

어느 날, 어떤 아주머니가 닭을 샀는데, 글쎄 닭 잡는 사람이 슬쩍 다른 닭으로 바꿔치기를 하는 게 아닌가. 나와 또래 친구의 눈이 잘못된 게 아니라면 어린 마음에 참 이해하기 어려운 의아스러운 장면이었다. 다행히도 어머니는 닭을 사면 꼭 집에서 직접 잡았다.

불편을 벗 삼아 지내야 했던 중·고등학교 시절

중학교 2학년 국어 수업 시간 때의 일이다. 시험이 임박해 오면 수업 시간에 선생님이 꼭 문제집형 참고서를 들고 와서 교실을 걸어다니면서 과시하곤 했는데, 그 참고서에서 시험문제가 거의 다 출제되었다. 미리 그 참고서를 본 학생은 시험을 쉽게 잘 치를 수가 있었다. 나는 그 참고서를 살 형편이 되지 못하였으나 시험 전날 같은 반 아이가 가지고 있던 그 참고서를 잠깐 빌려 보아 몇 문제를 맞힐 수가 있었다. 그러나 미처 그 참고서에서 보지 못한 문제는 좀처럼 맞히기가 어려웠다.

물상 과목의 경우 교과서를 일찌감치 다 배우고 문제집형 참고서로 수업을 진행하였는데, 그 참고서를 사지 못해 수업 시간이 돌아올 때면 참 부담스러웠다. 하는 수 없이 옆 짝 친구의 책을 가운데다 놓고 옆에서 같이 보았는데, 고마움의 표시를 제대로 하지도 않으면서 오히려 불편한 생각에 공부가 잘 되지 않았다. 그런데 고맙게도 그 친구는 나에게 왜 책을 사지 않느냐고 물어보지도 않았으며, 함께 보는 것에 대하여 한 번도 불평을 늘어놓지 않았다. 그 후

프로 직장인, 아마추어 직장인에게 말하다

한참 지나고 나서야 그 짝이 참 착한 친구였고, 고맙고 미안하다는 생각이 들었다. 지금은 기억에서 잊힌 짝이지만 책도 없는 짝을 만나 배려하고자 하는 정성이 갸륵해서 성장해서는 틀림없이 잘되었으리라 믿는다.

그런데 중학생 시절에는 등록금을 낼 때만 되면 고민이었다. 수업이 끝나고 종례까지 다 마치고 '와!' 하는 환호성을 지르며 학생들이 몰려 나갈 때면, 등록금 미납 학생들 몇 명만 교실에 덩그러니 남아 함께 청소를 해야 했다. 청소를 마칠 때쯤이면 담임선생님이 들어와 꼼꼼하게 청소 상태를 점검한 후 학생들을 자기 책상 위에 무릎을 꿇게 하고 앉힌 채 등록금 독촉을 주제로 일장 훈시를 하기 시작했다. 사립학교인 데다 정작 내야 할 등록금을 제때 못 냈으니 어쩌면 당연한 일이었다. 선생님은 일일이 납부 가능한 날짜를 확인했다. 별로 내키는 일은 아니었지만 그런 대로 견딜 만했으며, 걸상을 머리 위로 올린 채 벌을 서지 않은 게 그나마 다행이라는 생각이 들었다.

한번은 지리 수업 시간에 떠들다가 선생님으로부터 벌을 받게 되었다. 다른 아이들도 떠들었는데 왜 나만 벌을 받아야 하는지 도저히 받아들일 수가 없어 선생님께 따지고 싶은 마음이 꿀떡 같았으나 그냥 참았다. 한동안 두고두고 억울한 생각이 가시지 않고 납득이 되지 않았다.

한참 세월이 흐른 후에야, 교통신호 위반으로 경찰관에게 붙잡힌 운전자가 "다른 사람도 위반했는데 왜 나만 잡느냐?"고 따지는 것과, 낚시꾼이 저수지에서 물고기를 잡는데, 잡힌 물고기가 "왜 다른 물고기도 많은데 나만 잡느냐?"라고 따지는 것과 비교해 보고 나니 다소 위안이 되었다. 일벌백계였다. 이를 잔물결 효과(ripple effect)라고도 하는 데 본때를 보여준다는 의미이기도 하다.

우리 사회에는 이런 경우를 쉽게 접할 수 있다. 경찰이 인력, 예산 문제로 범죄를 일망 소탕하기 어려우므로 시범 케이스로 몇몇 범죄자를 붙잡아 단호하게 처벌하여 다른 범죄를 예방하는 경우나, 학교 시험이나 대회에서 몇몇 우수 학생에게만 표창을 수여하는 경우가 있고, 기업에서 극히 일부 고객에게만 경품을 지급하는 경우 등 많은 사례를 찾아볼 수 있다.

드디어 고등학교 입학시험을 치르는 날이었다. 4지선다형이었는데 문제마다 원 안에 든 숫자가 똑바른 것도 있고 옆으로 기울어진 것도 있었다. 이상하다 싶었지만 마지막 시간까지 잘 치르고 집으로 돌아왔다. 바로 그날 저녁에 문제가 불거져 나왔다. 답안 선택지 원 안의 아라비아 숫자가 똑바로 된 것이 정답이고, 옆으로 기울어진 것은 정답이 아니게 하여 사전 조작되었던 것이다.

당시 교육감은 사태에 대한 책임을 져야 하는 압박감에 못 이겨 자택에서 목을 매 자살했다. 한편으로는 자신의 일에 책임질 줄 아는 그 태도는 마치 전쟁터에서 패한 장군이 책임을 통감하는 것처럼 보였다. 그러고는 곧이어 재시험을 치르게 되었다. 어린 청소년 시절 참 충격적인 일이었지만 두 번의 고입시험을 치르면서 그해 겨

프로 직장인, 아마추어 직장인에게 말하다

울은 그렇게 지나갔다.

중·고등학교 시절에는 방 두 개가 붙어 있는 방에서 온 가족이 함께 지냈는데, 형은 고등학교를 졸업하고 상경했다. 몇 년 동안은 생활 여건이 썩 좋지 않아 방에 칸막이를 설치하고는 마당 쪽 밝은 방은 세를 놓고 우리 가족은 1년 내내 햇볕이 들지 않는 골방에서 생활했다.

그래도 창호지로 된 작은 미닫이문이 있어 위를 쳐다보면 판자로 된 울타리 너머로 뒷집 고염나무가 보였다. 그때는 앉은뱅이책상에 겨우 다리를 끼워 넣고 앉아 있어도 가끔씩 그 나무를 쳐다보는 게 큰 위안이 되었다. 비가 오고 바람이 부는 날이면 가끔씩 열매가 울타리를 넘어와 떨어졌는데, 그것을 주워 먹으면 맛이 꽤나 달콤했다.

고등학교 때에는 밤늦게까지 공부하고 있으면 어머니는 전등 불때문에 밝아서 잠을 못 주무신다고 그만 불 끄고 자라고 말씀하곤했는데, 그래도 계속 늦게까지 공부했다. 나중에는 하는 수 없이 도시락을 두 개씩 싸가며 도서관에 가거나 학교에 남아 공부를 하였는데, 성적은 그다지 만족할 만한 수준이 아니었다. 아무래도 공부에 재능이 별로 없었던 가 보다. 그래도 영어와 수학은 곧잘 해서 상당히 흥미가 있었으며 성적도 좋았다.

가정 형편상 중학생일 때도, 고등학생일 때도 수학여행을 가지 못했다. 그때는 아무런 금전적 부담을 느끼지 않고 그저 즐거운 마음으로 홀가분하게 수학여행을 떠나는 친구들이 참 부러웠다. 나도 같이 가고 싶었지만, 가지 못하는 것이 조금 부끄러웠을 뿐 동병상련하는 다른 학생들도 몇몇 있어서 그리 자존심은 상하지 않았다. 다들 수학여행 떠난 기간 동안 소풍도 가고, 학습관 관람도 하면서 그렇게 지냈다.

다행인 것은 그 기간 동안 수학여행에 참가하고 있는 내 모습을 상상할 수 있었던 것이다. 혼자 밀어도 흔들거리는 '흔들바위'를 상상하고, 기암괴석으로 이루어져 병풍처럼 펼쳐진 '울산바위'가 바로 내 앞에서 그 위엄을 드러내고 있는 모습을 상상하니, 마치 수학여행 현장에 가 있는 것처럼 기분이 좋아졌다. '사람의 뇌는 현실과 상상을 잘 구분하지 못해서 생생하게 시각화하면 그 기쁨의 감정이 고조된다'고 한다(최훈동·이송미, 『나를 넘어선 나』, 미디어윌, 2013년.).

고2 여름방학 때의 일이다. 신천 방천으로 자연보호 행사를 나갔다가 다른 학생들과 함께 잠시 개울 가운데에 놓여 있던 바위에 걸터앉아 개울물에 발을 담그고 앉아 휴식을 취하고 있었는데, 갑자기 큰 돌이 바로 내 무릎 앞에 첨벙 하며 떨어졌다. 어디서 날아왔는지 모르지만 그 돌이 머리에라도 맞았으면 틀림없이 온전치 못했을 것이다. 지나고 나면 다 아름다운 추억이겠지만, 어떤 사건과 자신의 운명과의 연관성 측면에서 살펴보면 보이지 않는 어떤 기운이 흐르고 있다는 것을 추론해 볼 수 있을 것 같다. 평소에 우리는 '신의 가호가 있기를……'이라는 말을 하면서 우리 앞에 놓인 운명이 그저 좋은 것이길 바라지 않는가.

고뇌에 찬 군 복무

그렇게 길어 보이던 훈련을 다 마치고 나니 자신감에 찬 씩씩한 군인이 되어 곧 제대라도 할 것 같은 기분이었는데, 그때부터 험난한 여정의 시작이라는 걸 알게 되었을 때는 참 실망스러웠다.

훈련소 연병장에 집합하여 더블백(군인용 가방 대용품)에 주저앉아 떠날 준비를 하고 있었는데, 거기서 바로 건너편에 앉아 있던 옛 학교 동기와 마주치게 되었다. 너무 반가워 몇 마디 대화를 나누다가 그만 인솔 조교가 불러주는 호송 열차 번호를 놓쳐 버렸다. 조교는 호명이 다 끝나고 나자, 타고 갈 객차를 모르는 신병은 손을 들라고 하더니 앞으로 뛰어나오라고 했다. 나가기가 무섭게 따귀를 사정없이 두들겼다. 정신이 번쩍 들었다. '그래, 맞아도 싸다'는 생각이 뇌리를 스쳐갔다. 그래서 탄 객차가 열차 10소대다.

춘천에서 대기병으로 있는 동안 헬기 소리가 날 때마다 그 부대 기간병들은 전방에서 지뢰를 밟은 병사들이 후송되는 것이라고 했다. 섬뜩했다. 며칠 후 다시 트럭에 몸을 싣고, 소양강에 다다르니 마침 바로 저만치에서 웨딩드레스를 입고 사진 촬영을 하는 새 신부의 모습이 보였는데, 왠지 현실과는 동떨어져 낯설게만 느껴졌다.

드디어 온 사방이 다 막히고 천장까지 닫힌 철갑선에 몸을 싣고 원통하게도 강원도 원통까지 가게 되었다. 막상 도착해 보니 생각보다 그렇게 원통하지만은 않은 것 같았다. 거기도 사람 사는 곳이었다. 다만 가족이 그렇게 머나먼 길을 배를 타고 어떻게 면회를 올 수 있을까 생각하니 염려스러웠다. 그곳이 바로 아름다운 설악산으로 가는 관문이라는 것도 한참 지나서야 알게 되었다. 고교 시절 그토록 함께 가고 싶어 했던 수학여행지 설악산, 내설악이 멀지 않은 곳이었다.

사단 보충대에서 대기병으로 머무는 동안 그리 힘들지 않게 지냈는데 다만 주특기가 없어 내심 걱정이었다. 게다가 가끔씩 기간병이 보병으로 가면 매일 밤낮으로 구보와 행군을 해야 된다고 겁을 줘서 마음이 심란해졌다. 군대에 갈 심산으로 평발인 사실도 감추고 입대했던 게 아닌가.

보충대에 머무는 동안 내무반 난방은 '페치카'(석탄을 반죽해서 때는 난방 시설)가 일임했는데, 24시간 내내 불이 꺼지지 않도록 잘 관리하는 것이 일종의 기술이었다. 일주일 이상 주기로 빼당(페치카 당번)이 정해져 있었는데, 처음 그 사람을 본 순간 어린 시절에 본 연탄 배달부는 저리 가라고 할 정도로 온통 '시커먼스'였다. 그래서 살짝 무시하고 지나치려고 하는데 다른 사병들이 그 사람한테 부동자세로 거수경례를 하는 게 아닌가. 알고 보니 그 빼당이 고참 사병이었던 것이다. 그때부터 사람은 겉모습만 보고 판단해서는 안 되겠구나 싶었다.

신병에서 대기병으로 자대 배치를 받을 때까지 나를 보는 사람마다 신기한지 줄곧 "집이 어디냐?"고 물어 보곤 했는데, 대구라고 하면 "대구가 다 네 집이야?"라고 되묻곤 했다. 여하간 동일한 질문에 똑같이 대답하는 것이 여간 성가신 일이 아니었다. 그러다 어느 날 된통 서리를 맞게 된다.

프로 직장인, 아마추어 직장인에게 말하다

하루는 부대 내 사역에 불려갔다가 잠깐 쉬는 시간에 선임하사로부터 "야, 신병! 너 집이 어디야?"라는 질문을 받고는 순간적으로 "남한입니다."라고 대답을 하게 된 것이다. 선임하사가 "야! 너 지금 뭐라고 했어?"라고 되묻는 질문에 살기 위한 방편으로 "네, 남산동이라고 했습니다."라고 했으나 이미 물은 엎질러지고 난 후였으며 딱 걸린 것이다. 실수를 했다고 그제야 주워 담기에는 이미 늦었다. 하긴 말이란 것은 도로 주워 담을 수 있는 것이 아니긴 하지만. 말은 입에서 나오는 순간부터 살아서 움직이는 법이다. 철모가 벗겨진 채 아름드리 고목나무가 내 연약한 머리에 사정없이 부딪히고 있었다. 뙤약볕 대낮에 신기하게도 그 수많은 별들을 쉽게 볼 수 있었다.

제대 후에도 아무런 희망과 대책이 없을 거라는 답답한 고뇌 속에서 그렇게 길고 긴 군 생활을 감내하지 않으면 안 되었다. 근 한 달간의 대기병 생활을 마감한 후 사단 통신대대 가설병으로 배치를 받았다. 통신대대 내에서는 가장 힘든 곳이었다. 20kg이 넘는 방차통(야전 통신선이 감긴 것)을 메고 뛰다시피 동작이 빨라야 했으며, 전주에 오르다가 낙주하는 날이면 양팔에 전주 가시가 빼곡히 박히고, 심각한 부상을 입는 경우도 피할 수 없을 정도였다. 사람이 두 발을 땅을 딛고 서 있는다는 것이 얼마나 큰 행복인지 그때야 실감하게 되었다.

군 생활은 흔히 3D라고 했다. '지겹고(Dull), 더럽고(Dirty), 위험하다(Dangerous)'는 것인데, 이는 그저 자신에게 좋고 편하지 않으면 비관적으로 보고, 경시하려는 풍조에서 비롯된 듯하다. '아더메치'라고 했던가. '아니꼽고, 더럽고, 메스껍고, 치사하다'고 푸념을 늘어놓지 말자. 사람은 말을 내뱉는 순간 자신의 맨 얼굴을 드러내는 것일 뿐이다. 살아가면서 군대만큼 삶에 의미를 더할 뿐만 아니라 두고두고 추억거리를 제공하는 것도 없을 것 같다. 그런데도 왜 여성들은 군대 이야기를 그리도 싫어하는지 참 이해하기 어렵다. 군대에서 축구한 이야기라면 몰라도…….

험난한 취업에의 도전과 응전

제대한 이후 그렇게 누리고 싶었던 자유인으로서의 편안함을 채음미해보기도 전에 취직 시험공부에 전념해야 했다. 심지어 고등학교에서 교생 실습을 하면서도 틈틈이 취업 시험공부를 했다. 그러나 취업 면접에서 몇 번의 낙방을 경험하고 마지막 남은 학기를 다마쳐갈 때까지 아무리 고민해도 취직할 전망이 보이지 않았다.

당시 교직 발령은 기약 없이 지연되는 상황이었다. 기업체에 취직하려고 해도 전공이 맞지 않아 희망은 거의 없는 상태였으며, 게다가 사범대 졸업생은 도중에 교직으로 떠날 것을 우려해 기업체에서 잘 받아주지도 않았다.

어머니한테 걱정을 호소했더니, "뭘 걱정하니, 걱정하지 마라. 어디 갈 데 없겠니?"라고 태연하게 말씀하셔서 오히려 놀랐다. 예상과는 달리 아들을 안심시키는 말씀인데, 어머니의 말씀을 들은 이후 더욱 공부에 매진하게 되었다.

4학년에 복학하여 지금의 아내를 만났다. 장래가 불투명한 데도

프로 직장인, 아마추어 직장인에게 말하다

불구하고 나를 따뜻하게 반겨준 것이 참 고마웠다. 연애 시절에는 참 행복했는데, 잘 대해 주지 못한 것이 두고두고 마음에 걸리기도 했지만, 당시로서는 더욱 취직 시험 공부에 매진할 수 있어서 행운이라고 생각했다.

한참 후의 일이지만 결혼 후는 연애 시절과 판이하게 달랐다. 싸우는 빈도가 잦아졌으며 그때마다 참 견디기 힘들었다. 그래도 남편인 내가 매일 늦게 퇴근하는데도 불구하고 두 아이를 혼자서 잘 키워 주어 늘 고마운 마음 간직하고 있다. 부부는 늘 양면성을 띠고 있어 한편으로는 원수가 만난 것 같고, 다른 한편으로는 정이 들어 한 몸처럼 느껴지는 것이 아닌가 싶다.

1983년 KOTRA에 응시해서 필기시험과 수차례에 걸친 면접시험까지 최종 합격하여 드디어 취직이 되는가 했더니, 누구나 다들 쉽게 통과하는 신체검사에서 색약이 드러나자 합격이 취소되면서 쓰라린 고배를 마셔야 했다.

마침 필기시험 보는 날, 실제 상황을 알리는 비상 사이렌이 천지를 진동했다. 취직 시험을 보러 서울에 올라갔다가 전쟁이 나 집에도 못 내려가는 게 아닌가 하는 불안이 엄습해 왔다. 나중에 알고 보니 그날 북한 공군 전투기가 남한을 향해 날아와 투항한 것이었다. 그래서 두고두고 그날을 잊을 수가 없다.

최종 불합격이 통보된 날, 소주 한 병과 쥐포 두 마리로 위안을 삼으며 서울역에서 대구행 무궁화호 열차에 몸을 실었다. 그때 형이 많이 안타까워하며 이의를 제기했지만 합격 축하 전보를 받은 다음 날 바로 불합격 전보를 받아보아야 했던 어머니가 제일 당황하고 어쩔 줄 몰라 하셨다. 본의 아니게 어머니에게 불효를 한 것 같아 더욱 마음이 쓰라렸다. 당시 사귀고 있던 지금의 아내는 불합격한 사실을 듣고도 담담하게 받아들인 채 아무 말도 하지 않아 큰 위안이 되었다.

이후 경북 청송에 들어가 고등학교에서 임시 교사 생활을 하면서 공기업 공채 시험 준비에 매진했다. 당시 공기업은 필기시험에 의한 공채여서 출신 지역, 지방대학 졸업 여부를 따지지 않아 실력만 있으면 들어갈 수 있었다. 나에게는 더 이상 놓칠 수 없는 기회였기에, 다가오는 그 기회를 결코 놓치지 않았다. 다만 일과 후면 곧바로 퇴근해 공부하러 가는 내 모습을 지켜보는 다른 선생님들(총각 모임)의 시선이 곱지 않아 심기가 불편하곤 했다.

1983년 말 kt(당시 한국전기통신공사)에 응시했다. 입사 원서를 낼 때 학교에서 근무하느라 내가 직접 갈 수가 없어서 어머니가 대신 갔다. 그것도 늦게 도착해서 원서를 안 받아준다고 하자 사무실 바닥에 주저앉아 울면서 통사정을 한 끝에 겨우 접수가 되었다고 한다. 이런 우여곡절 끝에 입사 시험에 최종 합격했다. 그때의 기쁨은 이루 말할 수 없었다. 보통 사람도 꾸준히 남보다 더 열심히만 하면 길은 열린다는 사실을 증명해 보인 것이라 믿었다.

입사 후 퇴직하고 난 이후의 직장까지 포함해 미리 그 직함을 나열해 보면 감독, 대리, 계장, 과장, 부장, 팀장, 국장, 원장, 실장, 부문장, 본부장, 단장, 고문, 사장 등인데 그럭저럭 큰 기업체에서 임원에 이르기까지 거의 모든 직함을 섭렵했다.

☀ 인생 제2기: 말단 직원에서 CEO까지

앞날이 캄캄하게만 보였던 말단 직원의 삶

처음 입사 후 연수를 마치고 수개월간 농촌 지역을 순회하며 현장 선로 시설 공사 감독을 경험한 후, 2년간 포항에서 근무하다 서울 본사로 올라가게 되었다. 평소 본사로 꼭 올라가야겠다는 생각에 결혼한 지 3개월도 지나지 않았지만 바로 보따리를 싸고 혼자 상경했다.

그것은 딱 두 가지 이유가 있었는데, 어릴 적에 삼촌들로부터 경상도 사투리를 쓴다고 자주 핀잔을 받았던 데다, 지방보다는 서울에서 근무해야 더 많은 기회가 올 것이라는 판단에서였다. 그 당시 아내는 경북 영양에서 교사로 있다가 가까스로 내가 근무하고 있던 포항 인근 구룡포로 막 전근을 왔는데, 내가 서울로 발령이 나자 포항 사택에서 나와 셋방을 구해야 했다.

처음으로 본사 사무실에 첫 출근을 하니 국장이 맨 뒤 창가에 큰 면적을 차지하고 있었고, 부장, 과장 순으로 한 줄로 자리가 배치되어 있었다. 물론 내 자리는 제일 끝 복도 쪽이었다. 참 권위적이고, 상명하달식의 위압감을 조성하는 자리 배치라는 생각이 들었다.

서울에서는 당장 숙식을 해결할 곳이 없어 장위동에 사는 형 집에 머물렀는데, 출퇴근 시 광화문까지 버스로 한 시간 이상 걸렸다. 버스를 타면 줄곧 서서 가야 했는데 무엇보다 애로 사항은 도시 전체가 낯선 데다 밖이 전혀 보이지 않을 정도로 버스 유리창에 서린 입김이 도대체 현재 위치가 어디쯤인지 종잡을 수 없게 했던 것이다.

지금도 가끔씩 버스를 탈 때면 '그때도 지금처럼 정류장 안내 방송이 있었더라면 얼마나 좋았을까'라고 회고해 본다. 6개월 후 광화문에 월세방을 얻어 형 집에서 나왔다.

서울에서의 직장 생활은 시간이 갈수록 자꾸만 왜소해져 가고 위축되어 가는 자신을 발견하는 것의 연속이었다. 위로 올라갈 길은 까마득하고 집도 없이 주말이면 다시 아내가 있는 포항으로 가야 했다. 내려가는 길은 5시간이면 족했으나 올라오는 길은 교통 체증으로 7시간이건 8시간이건 기약이 없었다.

밤 12시가 넘어 강남고속버스터미널에 도착하면 시내버스가 끊기는 경우가 다반사였다. 하는 수 없이 택시 합승을 해야 했지만 몰려나오는 인파 속에 그게 만만치가 않았다. 무엇보다 안쓰러운 것은 아내가 살고 있던 포항 셋방 부엌에서 연탄가스가 코를 찌를 정도로 새어 나오는 것이었다.

광화문 본사 첫 부서에서 채 6개월도 지나지 않아 비서실로 자리를 옮기게 되었다. 그때부터 매일 아침 6시 이전에 일어나 김밥 한 줄로 아침 식사를 때우고는 회사를 코앞에 둔 채, CEO 집이 있는 방배동까지 버스를 타고 가야 했다. 일거수일투족 몸은 고달픔의 연속이었으나 남들보다 승진이 빠르다는 생각이 들 때면 힘든 현실을 감내할 수 있었다.

나를 비서실로 선발한 비서실장은 얼마 있지 않아 해외 교육을 떠나고, 국방대학원을 탁월한 성적으로 수료한 새로운 비서실장이 오셨다. 그분은 성격이 꼬장꼬장한 데다 인사 통이어서 그런지 자신이 선택한 사람이 아니면 홀대하는 경향이 있어 함께 지내는 동안 여간 힘든 게 아니었다. 다만 나한테 한 가지 마음에 드는 구석이 있었는지 그때 이후로는 다소 견딜 만했다.

어느 추운 겨울날 퇴근할 때였는데, CEO의 가방을 들고 현관문을 나선 후, 승용차 우측 뒷좌석 문을 열어 드리고는 승용차 뒤로 돌아 왼쪽 뒷좌석에 신문을 넣어드린 후, 차문을 닫고 다시 앞으로 돌아 빠른 걸음으로 조수석으로 뛰어가는 도중에 완전히 얼어 있던 바닥에 꽈당 하고 미끄러져 넘어지고 말았다.

그때는 거의 KO 상태라 도저히 일어날 수 없을지도 모른다는 두려움이 번개처럼 뇌리를 스쳐갈 뿐 다른 아무 생각이 없었다. 그러나 일어나야 했다. 생존 본능이었을까. 차가운 얼음 바닥의 냉기를 채 느끼기도 전에 벌떡 일어날 수밖에 없었다. 그 당시 비서는 아무리 추워도 외투를 입을 수가 없었기에 그 충격은 더 커서 차에 타고 나니 온몸이 다 쑤셔왔다. 그 현장을 지켜본 비서실장은 내가 충성심 하나만은 확실한 것으로 인정하여 다소 신뢰를 하게 된 것이다.

비서실에 근무하는 중 그제야 교직 발령이 났는데, 대구에서 과 후배가 임용포기서에 서명을 받으러 서울 광화문에 있는 사무실까 지 찾아 왔다. 기꺼이 도장을 찍어 주고 나니, 잠시 마음이 무거웠으 나 후배에게 취업의 길을 열어주었다는 생각에 곧 뿌듯해졌다.

승진하고 비서실을 떠난 후에도 비서실장은 가끔씩 나를 불러 한 정식 집에서 직원들이랑 맛있는 점심을 사 주곤 했는데, 오래 전부 터 건강이 썩 좋지 않다는 소문은 들었지만 그때는 얼굴이 상당히 좋아 보였다. 사람은 마지막 떠나기 전에 얼굴이 좋아진다고 했던 가. 그날따라 그분 얼굴이 평소보다 두 배는 커 보였다. 바로 그해 겨울을 넘기지 못하고 내가 직장 생활을 하는 동안 가장 큰 버팀목 이 되어줄 것으로 믿었던 그분이 세상을 떠나게 되었다.

그분은 교회 장로이면서 믿음이 충만했으나, 업무에 있어서는 남 에게 절대 양보하지 못하는 칼 같은 성격의 소유자였다. 단 한 번의 실수도 용납되기 어려웠다. 그런 분을 만난 것이 내 생애에 큰 방향 을 제시하는 계기가 되었다. 사람은 상사인 윗사람을 통해 의식, 무 의식적으로 많은 것을 체득하게 되기 때문이다.

비서실장은 휴일이면 홍보실 직원을 시켜 비서실 직원들에게 일 일이 삐삐(무선호출기)를 쳤는데, 회신 콜이 걸려오는 시간을 체크하 는 것이었다. 늘 비상대기 하는 자세를 가지라는 의도였다. 대통령 경호원은 수십 년을 근무하는 동안 단 한 번 사용하게 될지도 모를 권총을 항상 휴대하며 밤낮으로 사격술을 연마한다고 말씀하신 것 이 두고두고 기억에 남는다. 마치 군 보병이 복무 중에 발발할지도 모를 단 한 번의 전쟁에 대비하여 밤낮으로 분대 전투, 야간 사격을 훈련하고 완전군장 구보를 하고 수백 리 길을 행군하듯이……

사면초가(四面楚歌)에 몰린 부장 시절

경영전략실에서 공정 경쟁 담당 부장으로 재직할 당시, 정부는 '유효 경쟁' 또는 '적정 경쟁'이라는 명분을 내세워 시종일관 약자인 신규 사업자를 보호하려는 입장을 견지하여, 회사는 기간통신사업 분야 독점 사업자로서 주 수입원을 신규 사업자에게 양보해야 할 정도로 수세적 입장으로 내몰렸다. 신규 사업자들과의 크고 작은 다양한 공정경쟁 이슈에 직면하여, 하루도 조용히 지나가는 날이 없었다. 경쟁사들은 시내 전화 설비에 대하여 필수 설비(essential facility) 이론으로 무장한 채 대대적인 공세를 가해 왔다.

그러는 와중에 공정거래위원회, 정보통신부, 통신위원회 등 규제기관의 서슬 퍼런 위압에 짓눌려 회사는 이중 규제를 고스란히 감내해야 하는 궁지에서 살아남기 위해 온갖 우여곡절을 다 겪어야 했다. 이러한 상황 하에서 정부의 일방적 정책 시행, 과징금, 시정 조치 명령 등의 리스크를 최소화하기 위하여 불철주야 대응 업무에 시달릴 수밖에 없었던 것이다.

이와 같은 상황에서 공정 경쟁 업무는 회사 내 3D 업종으로 분류될 수밖에 없었다. 아침 일찍 출근하는 순간부터 기약 없는 퇴근 시까지 즐겁고 반가운 일은 어디에서도 찾아볼 수 없었다. 상사에게 보고하는 건 늘 회사에 부담을 주고 리스크를 초래하는 달갑잖은 것밖에 없었으니, 업무 실적이나 능력으로 인정받기에는 난감한 상황이 지속되었다.

아무리 잘해야 본전 정도에도 못 미치는 일이었으니 개인적 답답함뿐만 아니라 부서 내 위상도 흔들리기 일쑤였다. 승진도 매년 늦추어져 고참 부장이 되다 보니 다른 부서로 비켜주지 않겠느냐는 동료 부장으로부터의 은근한 압력도 견뎌내야 했다. 게다가 자기 관리와 스트레스 대처 등에 대한 별다른 사전 지식과 여유도 없이 근 6년을 보내야 했으니, 건강은 물론 가정과 사생활까지 지장을 초래할 수밖에 없었다.

정기·비정기적으로 공정거래위원회 전체 회의나 통신위원회가 개최되는 날이면 마치 법정에 붙들려온 피고처럼 원고 측 경쟁 사업자와 대치 국면이 이어졌다. 그 당시에는 업무적으로는 맞서더라도 인간적으로는 가깝게 지내야 한다는 것도 인식하지 못한 채 그저 회사의 이익에 반하면 경쟁사 직원들과 대면하는 것조차 스트레스로 다가왔다.

늘 반갑지 않은 업무만 마주하게 되니 부서 내 분위기는 한시도 다정다감한 때를 찾아보기가 어려웠다. 직원들이 작성해 오는 자료나 보고서에 작은 실수나 흠결이 발견되면 큰소리로 호통치는 일이 잦았는데, 아무리 직원 교육 목적이라 하더라도 두고두고 그러면 안 되는 것이라고 자신을 채찍질했다. 부하 직원을 혼내는 상사한테서 일을 제대로 배우게 된다고 주장하는 사람도 있긴 하지만, 아무리 업무적인 일이라 하더라도 부하 직원을 혼내거나 큰소리로 꾸중하

프로 직장인, 아마추어 직장인에게 말하다

는 것은 바람직하지 않은 것 같다.

그렇게 힘겨운 와중에도 다행인 것은 연륜이 쌓일수록 대외 관련 업무가 많은 데다 관련 법규에 대한 전문성과 경험이 요구되는 일이어서 구조 조정 시에도 부서 폐지나 통합, 인사이동 등의 신분 변동을 겪지 않아도 되는 것이었다.

그러던 어느 날 밤, 하염없이 비가 내리는 밤늦은 시간 퇴근길이었다. 밤늦게야 일을 마치고 직원들과 호프집에 들러 잠시 회포를 푼 후 버스를 타고 집으로 가는 길이었다. 버스에서 내리자 칠흑 같은 어둠 속에 가로등 불빛만 빗줄기를 타고 아스라이 아스팔트 위로 떨어지고, 주위에는 사람이라곤 인기척도 찾아볼 수 없었는데, 양복이 비에 흠뻑 젖는 것도 아랑곳없이 내 두 눈에는 눈물이 빗물에 씻기며 하염없이 흘러내리고 있었다. 그러고는 하늘에 계신 아버지께 원망의 절규를 했다. "아버지가 아들인 저에게 해 주신 게 뭐가 있느냐?"고 따지듯이 외친 것이다.

그 원망이 섞인 간절한 기도 덕분인지 그해 말 승진의 기쁨을 맛볼 수 있었다. 무엇보다 반가운 것은 곧 발령이 나면 그때부터 그 지겨운⑦ 업무를 내려놓게 되는 것이었으며, 그 업무와 작별하는 것이었다. 그것은 마치 족쇄와 구속으로부터 벗어나는 것과 같았다. 그 피할 수 없었던 업무로부터 자유, 해방이라는 달콤한 맛을 미리 느끼는 것만으로도 행복했다. 그만큼 사람은 간사한 동물인가 보다.

자부심을 가진 팀장(국장) 시절

기획조정실에서 성과관리팀장으로 일할 때는 경영 성과 분석 및 전사적 성과 평가·관리 업무를 총괄하였다. 우선 각 사업별, 서비스별 원가 개념을 가시화하고 수익성 분석을 통하여 기관별, 부서별 사업 추진 방향을 제시하였다. 또한 성과 평가 지표를 개선하여 전 기관 및 부서가 전사적 경영 성과 창출 및 서비스별 수익성 개선에 기여할 수 있도록 하였다.

특히 BSC(Balanced Score Card, 균형성과관리)를 도입, 활성화하여 재무·비재무, 내부·외부, 장기·단기 등 성과 관리의 균형을 유지하여 전사적으로 정렬성을 확보하고 전략 실행력을 강화하였다. 실무자일 때는 스스로 처리하는 일도 있었지만 주로 상사가 시키는 일만 잘하면 됐는데, 위로 올라갈수록 스스로 판단하고 결정해야 하는 업무가 많아 자부심을 가지고 일할 수 있었다. 한편으로는 고뇌가 엄습할 때도 있었지만……

회사의 규모가 크고 경쟁이 치열해질수록 각 부서는 자신의 일만 열심히 일하는 것만으로는 부족하다. 전사적 성과 극대화를 위해서는 정렬성 확보가 중요하므로 부서 간 역할 조정이 이루어져야 한다.

각 부서별로 제각기 개발·추진하는 상품 또는 서비스가 다른 부서의 성과를 떨어뜨리는 '제 살 깎아먹기'(carnivalization)에 해당되지는 않는지, 중복된 사업은 없는지 등을 면밀히 살펴야 한다. 또한 부득이하게 그러한 결과를 초래한다고 하더라도 기술의 발전, 시장과 고객 동향 및 추이, 미래 먹거리 창출, 전사적 성과의 균형 등을 고려하여 오히려 강력히 추진해야 할 경우도 있는 것이다.

잠시도 긴장을 늦출 수 없었던 비서실장 시절

비서실장으로 근무하게 되었을 때는 그때로부터 15년 전, 비서실 직원으로 근무하던 생각이 나 만감이 교차했다. 당시 한참 상사이던 비서실장은 "비서는 1년 365일, 하루 24시간 내내 웃어른(CEO)의 일거수일투족에 신경을 곤두세우고 있어야 한다"고 주문했다. 심지어 여비서에게는 '잠자리를 제외한 모든 면에서 부인보다 더 잘해야 한다'는 섬뜩할(?) 정도의 표현을 써가며 독려했다.

그만큼 CEO에 충성을 다해야 한다는 실례적 표현이었으나, 내가 비서실장이 되었을 때는 이를 똑같이 적용하기에는 현실적으로 무리가 따르는 것 같았다. 그동안 세월이 바뀌어 사회 윤리, 가치관에 이미 많은 변화가 있었기 때문이다. 그래도 그때를 회상하며 우격다짐으로 직원들에게 그런 마음가짐으로 업무에 임해야 한다고 똑같이 독려했다. 사람의 올바른 태도와 마음가짐은 변함이 없을 것이라고 믿었기 때문이었다.

나의 성격도 은연중에 오래전에 함께 근무했던 그 비서실장을 닮아 가는지 가끔씩 화를 잘 내는 스타일이었으나, 시간이 지나면서 새로운 분위기에 그런대로 잘 적응해갔다. 그러나 본사 각 부서에서 자료를 제대로 해 오지 않으면 불같이 역정을 내기도 했다.

한번은 CEO가 해외 출장을 가게 되어 관련 부서에서 자료를 준비하게 되었는데, 독촉을 하자 담당 부장의 전화 응대하는 태도가 영 시원찮았다. 직속 상사와 함께 당장 올라오라고 한 후, 두 사람을 앉혀 놓고는 자료를 공중으로 휙 날리면서 큰 소리를 내며 혼쭐을 냈다. 그러다 보니 일전에 그 직원의 딸이 같은 학교에 다니던 내 딸을 따돌렸던 기억까지 더해져 앙갚음할 심산이 발로했던지 화가 견디지 못하고 더욱 치밀어 올랐다. 그래도 참 신기하게 그들은 일언 반구 대꾸도 없이 꿀 먹은 벙어리마냥 가만히 앉아 있기만 했다.

사람은 참기 어려울 정도로 화가 치밀어 오를 때일수록 감정 조절을 적절히 할 줄 알아야 한다. 머지않은 훗날 그렇게 큰소리치며 위압감을 조성하던 나는 회사에서 잘렸고, 아무런 대꾸 없이 침묵으로 일관하던 그 직원들은 아직까지도 잘 근무하고 있다. 그것은 당연히 그렇게 되는 것이었고 그것이 순리에 맞는 것이라며, 그때를 반성하며 회상하게 된다.

사람에겐 생각보다 그리 충분한 기회가 주어지지 않는다. 잘못되려면 한순간에 무너지는 것이며, 그 결과에는 자신이 스스로 깨끗이 승복하고 책임질 줄 알아야 한다. 최고의 운동선수는 결과에 변명을 늘어놓지 않는다. 오로지 철저한 사전 연습과 훈련에 매진할 뿐이다. 그리고 경기에 임할 때는 전력을 쏟아붓고 그 결과에는 깨끗이 승복한다. '신은 스스로 돕는 자를 돕는다'는 것을 잘 알고 있기 때문이다.

무엇보다 애로 사항은 CEO 일정을 조정하는 일이었는데, 보고, 회의, 행사 등이 연이어 이어질 때면 CEO가 잠시도 숨 돌릴 틈이 없이 긴장해야 하는 심신의 과부하에 마음이 아팠다. 보고하려는 임원은 장기간 힘들게 준비하여 어렵게 일정을 맞추어 들어오지만 CEO는 그 많은 부서를 일일이 다 상대해야 하므로 어려움이 가중될 수밖에 없었다. 게다가 예측 가능성을 무너뜨리며 불쑥 찾아오는 사람이 있을 때면 나 자신이 한없이 움츠러드는 것 같아 몸 둘 바를 몰랐다.

비서실 직원들을 대상으로는 상사, 직원에 대한 태도를 재정립하고, 대내외 인사, 고객에 대한 태도를 새롭게 가다듬어 대내외적으로 사랑받는 기업 이미지 관리에 중점을 두었다. 다만, 아쉬운 것은 본사에 고객 응대 부서를 별도 설치해 두었으나 고객이 막무가내로 CEO와 통화를 고집할 때는, 어쩔 수 없이 여비서가 고질적, 불만 고객의 전화를 장시간 온몸으로 응대할 수밖에 없었다. 그 당시에는 여비서가 몇 시간이고 전화를 붙들고 상습적인 불만 고객을 응대해야 하는 일이 잦았다. 이에 대하여 시의적절한 조치를 취해 주지 못한 점이 두고두고 아쉬운 실책이었다.

그러한 고질적 불만 고객에 붙들려 시달리는 여직원에 대하여 명확한 대책을 마련해 주지 않는 상사는 책임을 져야 한다는 지론은 한참 후에야 알게 되었다. 상사가 제대로 모르면 착한 직원들만 생고생하게 하는 실수를 범하게 되는 것이다. 그때 일이 생각날 때면 직원들한테 참 미안하다.

다음은 내가 모시던 CEO에 대한 감회를 기술한 것이다. 사람은 누구나 자신이 선택한 길을 따라 가는 것이겠지만, 이 시대 존경받는 리더의 발자취를 더듬어보는 것은 자신의 발전과 시행착오 최소화에 긍정적으로 보탬이 될 것이라 믿는다. 나는 지금까지도 그 CEO를 정신적 멘토로 생각하고 늘 존경하는 마음을 간직하고 있다.

CEO의 부친은 어려운 시절에 수차례의 실패를 무릅쓰고 섬김의 정신으로 참된 의사로서의 길, 검소한 삶의 길을 묵묵히 걸어갔다. 훗날 '안양의 간디'로 불릴 만큼 삶의 역정은 오늘을 살고 있는 우리들에게 시사하는 바가 크다. 깊은 밤, 새벽 할 것 없이 먼 길을 걷거나 자전거를 타고 달려가 아픈 사람, 병든 사람, 다친 사람, 출산하는 산모를 돌보아 주는 데 한 치의 불평도 마다하셨던 진정한 명의이셨기에 세월이 아무리 흘러도 그 고귀함이 살아 숨 쉬고 있는 듯하다. 이에 더하여 고가의 택지와 건물을 기꺼이 기부할 정도로 이타적인 삶을 구가하셨다.

시골 양반집에서 곱게 성장하여 어린 나이에 시집살이를 시작하여 남편에게 순종하고 시어머니를 떠받들며 궂은일, 거친 일을 마다하지 않고 한평생을 희생하며 지낸 CEO 모친의 정성은 교육에 있어서도 자녀를 사랑으로 감싸며 선견지명의 지혜를 발휘하였다. 6·25동란 시 피난살이를 할 때 모친이 행상을 하며 생계를 지원하셨는데, 어찌나 힘드셨는지 이후 시장에 갈 때면 절대로 물건 값을 깎지 않으셨다는 말씀에는 숙연해진다. "인생은 속아 사는 거다."라고 하시며 그 시절에 고전과 근대소설을 독파하고 자식들에게 전하고자

프로 직장인, 아마추어 직장인에게 말하다

했던 모친은 자식에 대한 사랑으로 충만한 교육열에 더하여 "잘해라, 남 따라 하지 말고."라고 말씀하시는 등 시대를 뛰어 넘는 초연함을 늘 간직했다.

CEO는 당시 경기중학교에 진학하여 학년 중에 월반할 정도로 명석한 두뇌뿐만 아니라 부친의 암묵적 훈육과 본인의 끊임없는 열정과 집념으로 우리나라 최고의 명문고를 거치며 실력과 덕망을 겸비한 은사들과 고귀한 인연을 쌓게 되었다. 고명한 선생님들의 열의에 찬 지도와 은덕 하에 높은 지력과 품성을 곱게 다질 수 있었던 청소년기의 경험이 참 부러웠다.

그는 미국 최고의 명문대에서 전자공학 박사학위 취득, 엑슨, 벨 연구소 등 굴지의 미국 회사 근무 경험을 통하여 공학도의 소통과 문장력을 강조하였다. 특히 "아무리 어려운 기술이라도 수요가 있으면 공급을 하더라."라는 말씀은 일찍이 기술 발전의 무한한 가능성을 시사하고 있었다. 그리고 '새로운 아이디어는 한눈에 알아보기 어렵다'는 사실을 벨 연구소 직장 동료로부터 터득하고 인내심과 경청을 강조했다. 엑슨에서의 미련 없는 연구에의 몰입에서부터 벨 연구소의 엄격한 조직생활을 감내하면서 치열하게 경쟁하고 공정하게 평가하는 기업문화를 만들어야 한다고 역설하기도 했다.

또한 "변화가 중요하다고 하지만 남들보다 빨리 변화하는 것이 더 중요하다"고 늘 강조하며 임원을 비롯한 간부들의 역량을 강화하는 데 휴일도 윤허치 않을 정도로 교육의 중요성에 대한 선견을 실천했다. 임원 회의 등 각종 회의 시 수시로 느끼는 참석 임원들의 책임

회피성 발언, 근시안적 안목 등 못마땅한 태도에도 끝까지 들어주고 인내하면서, 리더의 경청은 어떠해야 하는지를 현장에서 몸소 실천하기도 하였다.

연구소장 시절에 "성장하는 환경에 자신을 갖다 놓아라" 하며 자신을 늘 채찍질하고 연마했던 진취적 사고, 선견지명은 머지않은 미래에 CEO에 이르는 밑거름이 되었다. 사람의 진면목은 '내리막길'에서 나타나는 법이라며 한때 강등된 직책을 보듬고 거기서 처음부터 다시 할 일을 찾아 나서는 데 한 치도 주저하지 않았던 해량, 긍정적인 태도는 훗날 CEO를 역임하면서 그대로 잘 보여 주었다.

프로 직장인, 아마추어 직장인에게 말하다

리더십아카데미에서 찾은 여유

짧은 기간이지만 원주 리더십아카데미(연수원) 원장으로 근무할 기회가 있었는데, 치악산 자락에 위치하여 늘 상쾌함이 감도는 데다 크고 전망이 탁 트인 내 사무실에 있으면 더할 나위 없이 마음이 편안했다. 마침 가을이 찾아와 주위가 온통 단풍으로 곱게 물들어 천연의 아름다움을 음미할 수 있어 더없이 행복했다. 원외 숙소가 정해지기 전 당분간 생활관에 기거하였는데 밤이 깊어갈수록 예전에 경험해 본 적이 없는 적막감은 색다른 감회를 자아냈다.

다만 교육기관이다 보니 대외 관계가 별로 없고 고객을 직접 상대할 일도 없어 어떤 면에서는 참 적적한 시간을 보내야 했다. 교육 입소하는 직원들과 연수원 직원들이 소중한 내 고객이었다. 먼저 기숙 생활관을 청소하는 아주머니들을 초대하여 점심 식사를 함께하며 연수원 품질은 그분들이 좌우한다고 치켜세워 드렸다. 프란치스코 교황은 즉위 후 가장 먼저 바티칸의 환경미화원들을 아침 미사에 초대했다고 한다.

연수원 재임 기간 중 업무 역량 강화를 위한 직원 재교육 프로그램을 가동하고, 신임 임원에 대한 교육을 마무리해야 했다. 특히 '1인 1악기 연주'를 체득하게 하여 CEO가 참석하는 수료 행사에서 연주회를 가졌는데, 참 뜻깊은 시간이었던 것 같다. 뿐만 아니라 퇴직 후 삶을 재설계하는 교육 강좌를 신규 개설하여 퇴직을 앞둔 직원들의 걱정과 두려움을 덜어주어, 안정적인 근무 분위기 속에서 맡은 바 업무에 전념할 수 있도록 배려하였다.

또한 연수원 내 상하, 동료 직원 간 정서 순화의 일환으로 '가족사진 전시회'를 개최하였는데, 직원 스스로 자발적인 평가에 의한 포상을 통하여 직원들이 화목한 가정으로부터 인정받는 가장으로서 자부심을 가지고 근무에 전념할 수 있는 직장 분위기를 조성했다.

직장의 꽃, 임원으로서의 직장 생활

2005년 집행임원으로 승진한 후 처음으로 자회사에 근무하게 되었는데, 경영지원부문장(전무)으로서 회사의 전반적인 경영을 총괄하는 업무를 수행하였다. 특히 시설 공사 도급 원가 절감, 현장 직원의 불평·불만 해소, 직원 근무 기강 확립 등 전반적인 경영 개선에 주력했다.

처음으로 자회사에서 근무해 보니, 직원들의 자질과 업무에의 몰입도가 본체와 차이가 커서, 간부 회의 시마다 꼬집어 지적하고 좀더 심기일전하여 분발할 것을 촉구했다. 다만 보수가 열악한 데다 비정규직이 많아 현장을 둘러볼 때는 안타까운 생각이 들었다. 비정규직 직원에게 "학교 다닐 때 왜 공부를 열심히 하지 않고 농땡이 쳤느냐?"며 마냥 본인 책임으로만 몰아붙일 문제는 아니라는 생각이 들었다. 누구나 다 학교 다닐 때 공부를 잘할 수는 없지 않는가!

대구본부장으로 고향에서 근무할 때에는 큰 기쁨이자 행운이며 보람의 결실인 것 같았다. 대구에 어머니가 계셔서 무엇보다 참 행복했는데 그것도 잠시뿐, 서울에서 살고 있던 형수가 별세하자 곧 장남인 형 집으로 올라가셨다. 어머니는 장남에 대한 애착이 컸던 것 같다.

'1등 본부 만들기', '하루 0.1% 변화하기', '만나는 사람마다 악수하기' 등을 시행하여 3천여 직원이 신명 나는 분위기 속에서 최고의 성과를 거양토록 노력했다. 그 결과 우수 경영실적 등 다방면의 포상, 승진자 다수 배출 등을 이루어낼 수 있었다. 그렇지만 한편으로는 객지에서 본부장으로서의 생활은 외롭기 일쑤였던 것 같다.

세 번째 직장에서의 CEO 생활

잠깐이었지만 교직 생활을 접고, kt에서의 직장 생활을 마감한 후 2013년, 세 번째 직장에서 CEO로서 근무할 기회를 가졌다. 열악한 근무 환경이었지만 점진적 마인드 변화를 시도하였다. 직원들에 대한 열악한 처우는 근무하는 동안 내내 심기를 불편하게 하였으나, 직원들이 사기가 떨어지지 않도록 격려하고, 작은 일에 배려하여 본연의 업무에 매진하고, 즐거운 마음으로 성과를 창출할 수 있는 분위기를 조성하는데 힘썼다.

이미 오래전부터 일선 기업 현장에서 유행처럼 추진하고 있는 '혁신'은 부분적으로는 잘 실행되고 있는 듯하지만, 아직은 멀고도 험난한 과제인 것 같다. "혁신은 개선(improvement)이 아니라 돌파(breakthrough)이며, 스스로 변화 그 자체가 되어야 한다"고 한다. 먼저 정부 기관을 비롯한 공기업, 민간 기업이 예외 없이 위로부터의 작은 변화가 끊임없이 일어나고 가시화되어, 부서 간, 상하, 동료 직원 간 진정한 연민과 배려, 공감, 그리고 늘 어려움을 공유하고자 하는 동반자적 사고와 책임 의식이 몸과 마음으로부터 우러나와야 하며, 무엇보다 중요한 것은 작은 것에서부터 반드시 행동과 실천이 수반되어야 하는 것이다.

#<단상 1> 떠나보내는 아쉬움을 달래며 되찾은 기쁨

두 번째 직장을 마무리한 후 아쉬움 속에서 대구에서 월세방에 머물 때의 일이다. 방 한쪽에 나지막하고, 넓고, 둥근 모양의 장 단지 뚜껑처럼 생긴 꽃 화분이 있었다. 그 안에는 마치 축소한 바위 모양의 돌에다 몇몇 종류의 크고 작은 식물이 심겨져 있어 작은 정원을 연상케 했다. 그 꽃 화분은 번민, 외로움을 느낄 때마다 위안을 주고 늘 함께 하면서도 불평 한마디 하지 않는 착한 벗이었다. 방 한 칸만 달랑 있고 베란다 같은 외부 시설이 없어 평소 그 꽃 화분이 햇볕을 접할 기회가 전혀 없었는데도 건강하게 잘 자랐다. 그 모습을 바라볼 때면 늘 고맙고 미안한 마음이 교차했다.

어느 쾌청한 날, 바람을 쐬어줄 생각으로 집 바깥 담장 아래 햇볕이 잘 드는 곳에 그 꽃 화분을 놓아둔 채 물을 흠뻑 준 후 이따금씩 잘 있는지 확인도 했다. 그러다 깜빡 잊고 있다가 두어 시간 만에 나가보니 화분이 보이지 않았다. 감쪽같이 사라진 것이다.

처음엔 누가 버린 건 줄 알고 가져갔나 보다 생각하고 동네를 돌며 대문이 열린 집은 집 안까지 여기저기 살폈으나 도저히 찾을 수가 없었다. 할 수 없이 마지막 방안으로 담벼락에다가 <여기 놓여 있던 화분

프로 직장인, 아마추어 직장인에게 말하다

은 버린 게 아닙니다. 다시 갖다 놓아 주시면 고맙겠습니다.)라고 하얀 종이에다 써 붙여 놓았다. 며칠이 지나 그 종이가 너덜너덜해질 때까지 아무런 소식이 없었다.

하루, 이틀, 일주일을 기다려도 정든 꽃 화분은 끝내 돌아오지 않았다. 기다린 내가 어리석은 것일까. 그때까지 내가 참 순진했나 보다. 주인 할머니는 달리 방법이 없는지 그저 안타까워하는 내 마음을 위로의 말씀으로 달래주셨다. 때마침 만난 골목 안 옆집 아저씨한테 자초지종을 이야기했더니 고물장사가 지나가다가 가져갔을 거라고 한다. 그제야 완전히 포기할 수 있었다.

외로운 생활 속에 말없이 위안을 주던 작은 벗이 내 곁을 떠났다. 잘 챙겨 주지 못해 미안한 마음이 물씬 들었다. "그래, 더 좋은 주인 만나 양지 바른 곳에서 예쁘게 잘 자라렴." 하고 마음속으로 기도하며 이제 그만 잊어버리기로 했지만 그래도 보고 싶은 마음은 오래도록 가슴 한편에 늘 자리 잡고 있었다. "누군가 가져가 잘 키우려고 한 것이지 훔쳐 간 게 아니다."라고 자위하면서, "서운하지만 그래도 기쁘다. 억지로라도 기뻐해야 한다. 그래야 모든 것이 잘된다."라고 자꾸 자신을 다그쳤다.

신이 선물한 다섯 개의 보물

신이 사람에게 선물한 다섯 개의 큰 보물이 있는데, 그것은 시간, 건강, 돈, 사랑, 직장이다. 이들을 마음껏 즐기고 향유하라고 선물한 것이다. 다만 이 모든 것이 무한정 주어지는 것은 아니며, 때로는 그 속에 날카로운 가시가 숨어 있기도 하다. 그러므로 진솔한 마음으로 자신의 책임 하에 이들을 적절하고 유용하게 써야 한다. 종착점에 이르러서야 이 소중한 선물의 가치를 깨닫는 사람이 있는데, 그때는 이미 늦었으며 더 이상 할 수 있는 일이라고는 전혀 남아 있지 않다.

시간

사람에게 주어진 시간은 각자마다 총량이 한정되어 있어 길어야 날수로 치면 3만 일(82년) 정도이며, 때로는 사람이 하는 일에 제약을 가한다. 시간은 쇠털같이 많은 것처럼 보이지만 어느새 소진되어 종착역에 다다른다. 그 시간 속에서도 어디건 무한정 머물러 있을 수 있는 곳은 없으며, 어렵게 구한 고귀한 직장이라고 해서 끝없이 그 속에서 안주할 수는 없다. 그나마 사람은 시간을 자르고, 나누고, 구분 지어 시간의 울타리를 짓기도 하고, 스스로 시간의 감옥에 갇히기도 한다.

평소에 우리가 별생각 없이 주어진 틀 속에서 보내고 있는 이 시간이 부족해지면 당장 하고 싶은 일을 할 수가 없다. 또한 같은 시간에는 한 가지 일밖에 할 수가 없다. 두 가지 일을 같은 시간에 할 수가 없는 것이다. 낮 12시에 서울에서 부산으로 떠나는 열차를 타고 갈 사람이 같은 시간에 비행기를 타고 제주도에 갈 수는 없다. 아침 10시에 본사 회의에 참석할 사람이 같은 시간에 지방 출장을 떠날 수는 없는 것이다. 주어진 그 시간에 오직 한 가지 일만 할 수 있을 뿐이다.

시간은 흘러갈 뿐 돌아오지 않는다. 학교를 졸업한 후 다시 학창시절로 돌아갈 수 없으며, 어제의 잘못을 되돌리려고 시간을 거슬러 올라갈 수도 없다. 시간은 가까운 미래만 간직하고 있다. 사람으로 하여금 사전에 준비하고 대비할 기회만 주는 것이다.

사람은 돌이킬 수 없는 시간, 자신에게 주어진 제한된 시간의 의미를 망각한 채, 그리고 같은 시간에 한 가지 일밖에 할 수 없는 현실적 제약에 갇힌 채, 이 소중한 시간을 붙들고 아등바등하기도 하며, 속절없이 시간을 흘려 보내기도 하는 것이다. 매일 시간의 소중함을 아로새기며 지내야 한다.

건강

사람에게 건강은 더할 나위 없는 축복이지만 이것도 제한되어 있다. 사람은 자신이 건강할 때는 건강의 소중함을 잊고 지내지만 불의의 사고, 질병, 마음의 병으로부터 언제까지나 자유로울 수는 없다. 돈을 벌기 위해 건강을 잃기도 하고, 건강을 지키기 위해 돈을 쓰기도 한다. 사람은 머리끝부터 발끝까지 신체의 어느 한 부분에 이상이 찾아오면 당장 활동에 제약을 받는다. 그 시기는 예측할 수가 없다. 게다가 정신적인 건강은 더욱 중요하다. 어느 날 불현듯 건강에 적신호가 켜지는 날, 우리는 하나둘씩 하던 일을 접어야 하거나, 일시에 모든 일을 내려놓아야 한다.

나에게 주어진 고귀한 건강에 늘 감사해야 한다. 특히 건강에 이상이 생기더라도 감사하는 마음을 간직하여야 하며 긍정적인 생각으로 내 몸을 보살펴야 한다.

돈

사람에게는 일생 동안 자신이 소유할 수 있는 돈의 총액이 정해져 있다. 많은 돈을 갖고자 아무리 동분서주해도 자신의 뜻대로 잘 되지 않는다. 돈은 가장 말을 잘 듣는 착한 종이자 심부름꾼이 되기도 하고, 가장 악랄한 주인이 되기도 한다. 사람의 욕심이 더 많은 돈을 갖도록 자신을 부채질하는데, 어느 정도까지는 사람의 생존과 사회 발전의 원동력이 된다.

돈에 대한 욕심이 없다면 사람은 생존 자체가 불가능해진다. 대중교통을 이용하려고 해도 열차, 버스, 택시를 운전할 기사가 없을 것이며, 먹고 싶은 짜장면을 사 먹으려고 해도 힘들게 면발을 뽑아 짜장면을 만들어 줄 주방장이 없을 것이다. 이처럼 돈에 대한 욕심이 사람을 떠밀고 움직이게 하여 자신과 남들의 생존을 가능하게 하는 것이다. 쉽게 말해 돈에 대한 욕심이 없다면 어느 누구도 뙤약볕 아래 들판에서 농사를 짓지 않을 것이며, 복잡한 지하철을 타고 매일같이 출퇴근할 직장인은 아무도 없을 것이다.

그런데 이 소중한 돈을 아무리 벌려고 해도 잘 안 되는 사람이 있는가 하면, 돈을 벌 줄만 알았지 쓸 줄 모르는 사람도 있다. 힘겹게 벌어들인 돈으로 많은 양의 금을 사서 아무도 모르게 숨겨두었다가 그대로 둔 채 세상을 떠나는 사람도 있다. 실제로 80% 이상의 사람들이 자신이 평생 모아 놓은 돈을 제대로 써 보지도 못하고 생을 마감한다고 한다.

돈은 올바르고 힘겹게 벌어야 결국 자신의 재산이 되며 가치가 있는 것이다. 물론 사람마다 재주나 능력이 달라 같은 기간에 벌어들이는 액수의 차이가 있겠으나, 굳은 땅에 물을 붓는 것과 모래땅에 물을 붓는 것이 다르듯이, 정직하게 벌어들인 돈은 오래도록 살아남아 있으나 그렇지 않은 돈은 쉽게 소멸되어 버린다. 즉 정직하지 않은 방법으로 벌어들인 돈은 쉽게 증발하는 것이다. 그러므로 돈에 대하여 쓸데없는 허망한 욕심을 버리고 오늘 내가 하는 일에 정직하게 충실해야 한다. 이것은 굳은 땅에 물을 붓는 일이라 작지만 차곡차곡 쌓여가면서 기쁨과 행복을 불러 오게 된다. 아무리 많은 물을 가지고 있다고 한들 모래 위에 쏟아붓게 된다면 무슨 소용이 있겠는가.

사랑

신이 사람에게 내려준 축복 가운데 가장 보편적이면서 특별한 선물이 사랑이다. 또한 사랑은 유일하게 무한정 주어지기도 하고 제한적이기도 하다. 이상하게도 쓰면 쓸수록 더욱 풍부해지는 것이 사랑이다. 베풀면 베풀수록 더 많이 채워지는 것이 사랑이라는 것이다. 그러나 쓰지 않고 베풀지 않으면 곧 메말라 버리는 것이 또한 사랑이다. 사랑이 메말라지면 공포와 죽음에 직면한다.

사랑으로 직접 돈을 벌지는 못하지만 사랑은 돈 이상의 역할을 한다. 신은 사랑을 선물하여 모두가 더불어 행복하게 살아갈 수 있도록 했다. 남녀 간의 사랑에는 더없이 달콤한 쾌락을 동반하며, 이 같은 사랑이 없으면 후손이 끊기어 인류의 지속적인 생존이 불가능하다.

만물의 영장으로서 사람은 자신만을 위한 삶에 배타적 특권을 누릴 권한이 부여된 것이 아니라, 이 사랑을 남에게 베풀라는 것이다. 남을 존중하고, 감싸주는 사랑을 하라는 것이다. 함께 살아가는 동물, 식물, 돌, 바위와 같은 무생물조차 사랑하라는 것이다. 직장 동료, 상사, 부하 직원을 사랑하라는 것이다. 회사는 고객을 사랑하고, 고객은 회사와 직원을 사랑하라는 것이다. 사람은 때로는 사랑을 제대로 이해하지 못해 증오, 갈등, 슬픔, 분노, 후회 등 온갖 부정적

프로 직장인, 아마추어 직장인에게 말하다

인 감정의 소용돌이 속으로 휘말려들기도 한다. 그것은 사랑 에너지
가 메말라 버린 탓이다.

직장

사람은 삶에서 가장 길고 중요한 시간을 직장이라는 울타리 안
에서 보낸다. 물론 그렇지 않은 사람도 있지만 그들이 어디에서 어
떻게 시간을 보내건, 그곳은 그들의 고귀한 일터이자 직장이라고 할
수 있다. 사람은 직장에서 자신의 소중한 시간과 에너지를 바친 대
가로 돈을 벌어 자신과 가족의 생존을 지킨다. 또한 직장은 자신의
능력을 발휘하고 주위 사람들과 협력하여 유용한 시간을 보내고 사
회에 기여하는 훌륭한 기회를 제공한다. 때로는 언젠가 떠날 수밖
에 없는 한시적인 직장 속에서 상호 간 아귀다툼으로 힘겨운 시간
을 보내기도 한다.

우리는 나 자신이 다니고 있는 직장에 대하여 어떤 입장을 취하
고 있는가? 그저 생계 수단으로서 보수를 받는 대가로 노동력을 제
공한다는 피동적인 생각을 하고 있지는 않는가. 일생의 대부분을
보내는 직장을 비관적인 시각으로 바라보고 있지는 않는가. 선대로
부터 이어져 오는 전통적 사고방식과 관습의 영향은 있겠지만, 직장
에 대한 기본 마인드가 바뀌어야 한다. 나의 열정과 창의, 존중과 배
려, 배움과 훈육, 기쁨과 행복의 원천이 바로 직장인 것이다.

직장에 대한 인식을 새로이 자리매김해야 한다. 매일 반복되는 '아
침 일찍 일어나 출근하고 일하고 퇴근하는 것'에 새로운 의미를 더

해야 한다. 나 자신을 그저 매월 월급 받아 가족의 생계를 책임지는 자동화 기계(?)로 치부해서는 절대 안 된다. 삶은 매 순간 붙잡아 느끼며 감동하는 것이다. 이 순간을 음미하고 즐거움을 만끽하는 것이다. 직장을 바라보는 시각을 바꾸자. 억지로라도 그렇게 해야 한다. 중요한 것은 바로 오늘 이 순간이기 때문이다. 나중에는 돈을 들여도 '지금'을 살 수가 없다.

프로 직장인, 아마추어 직장인에게 말하다

사람의 심리

사람은 무엇이고, 무엇이 사람을 움직이며, 사람은 어떻게 정의할 수 있는가? 사람의 마음은 무엇이며, 생각이란 무엇인가? 왜 사람은 기쁘다가도 불현듯 우울해지고, 끝없는 욕심은 그칠 줄을 모르는가. 사람에 대해 탐구해 보는 것은 그들의 가정이나 사생활뿐만 아니라 직장과 현실 사회에서의 모습을 간파하는 데 더없이 유익한 시사점을 던져줄 것이다.

☀ 종잡을 수 없는 사람의 마음

'사람'이 이 땅에 발을 디딘 이래 수많은 명석한 선각자들이 '사람'에 대해 심층적으로 연구하고, 그 실체를 규명하고자 혼신의 힘을 기울였으나 지금까지 명쾌한 답은 나오지 않고 있다. 다만 철학, 뇌과학, 심리학 분야 등의 발전에 따른 수많은 임상적 실험과 수술 및 심리적 관측으로 극히 부분적으로 그 실체가 드러나고 있을 뿐이다. 이는 신의 오묘한 섭리인지라 사람이 감히 접근하지 못하는 철옹성 요새와도 같다고 할 수 있다.

사람의 행태를 보면 각양각색이다. 행여 길가의 작은 벌레라도 밟을까 조심스럽게 걸을 정도로 소심한 사람이 있는가 하면, 자연 속에서 살아가는 동물을 포획하고 잔인하게 사살하여 자신의 이익을 챙기는 데만 혈안이 되어 있는 사람도 있다. 자신이 손해를 감수하는 일이 있더라도 남에게는 털끝만큼도 피해를 입히지 않고 살아가는 사람이 있는가 하면, 수차례 범법 행위를 저지르고도 또다시 똑같은 범행을 자행하는 사람도 있다. 또한 불의를 보면 절대 그냥 지나치지 못하는 사람이 있는가 하면, 항시 불의를 일삼는 사람도 있는 것이다.

속이 다 들여다보이도록 잘난 체하는 사람이 있는가 하면, 알고 있으면서도 묵묵부답으로 일관하는 사람이 있고, 남의 일에는 아예 간섭하지 않는 사람이 있는가 하면, 주위의 일에 시시콜콜 끼어드는 사람도 있다.

사람은 때로는 그들이 지향하는 목표가 제대로 설정되어 있는지 종잡을 수 없게 행동한다. 사람은 학교교육을 통해 무엇을 가르치고자 하며, 무엇을 평가하고자 하는지 의아스러울 때가 있다. 억지로라도 학생들의 성적을 산출하여 줄을 세우려고 하는 것일까.

고등학교 국어 교과서에 자신의 시가 실린 한 시인이 있었는데, 하루는 학교 시험에 자신의 시가 출제된 것을 보고 문제를 풀어보았다. 그 시를 직접 쓴 작가인데도 불구하고 공교롭게도 한 문제도 정답을 맞힐 수가 없었다고 한다. 한 미국인은 수능 영어 시험 문제를 풀어보고는 고개를 갸우뚱한다. 생활 영어인데도 불구하고 수십 년간 영어를 모국어로 쓰고 있는 자신(native speaker)도 문제의 정답을 잘 모르겠다고 한다.

사람은 대부분 보이지 않는 가면(persona)을 쓰고, 자기중심적으로 살아가고 있다.

- 일상생활 속에서 사람은 주위 사람들로부터 자신이 바쁜 사람으로 보이길 원한다. 바쁜 척해서라도 자신이 바쁜 사람으로 보이길 원한다. 사실은 자신이 중요한 일을 하는 사람으로 보이길 원하는 욕심이 작용한 것이다. 사람은 왜 그럴까. 토요일에는 예식장에 간다는 이유로 다른 약속은 기피하고, 막상 예식장에 가서는 중요한 약속이 있어 일찍 가야 된다고 하면서 먼저 떠나고, 그 약속 모임에 가서는 채 몇 분이 지나지 않아 또 다른 급한 일이 있어 먼저 일어나야 된다고 한다. 결국 그의 발걸음은 저녁 일찍 집으로 향한다.

- 사람은 헬스장에서 땀을 뻘뻘 흘리면서 다람쥐 쳇바퀴 돌듯 끝

없는 조깅은 즐기면서, 정작 일상생활 속에서는 버스로 몇 정류장도 되지 않는 길을 기어코 택시를 잡아타고 간다. 사람은 한가한 시간이 찾아오면 무슨 즐거운 일이 생기지 않나 궁리한다. 누군가 놀러 가자거나 골프 라운딩 가자고 하는 사람이 없나 기다려진다. 되도록이면 주위 사람들을 위해 내가 먼저 나서서 즐거운 일을 만들고자 하는 노력은 아끼려고 한다. 러셀은 "좋은 친구를 기다리기보다 스스로 좋은 친구가 되라."고 했다.

- 하루는 초등학교에 다니는 여자아이가 어머니한테 다가와서는 "엄마, 우리 반에 왕따를 당한 아이가 있는데 아무도 가까이 다가가지 않아 너무 안돼 보여서 내가 말도 건네고 친구해주고 싶은데 괜찮아?"라고 묻는다. 이에 대하여 어머니는 "얘야, 괜히 네가 나서지 말고 그냥 모른 체해!"라고 일러준다. 그날 밤, 그리도 예쁘고 귀여운, 어린 여자아이는 높은 아파트 베란다에서 뛰어내려 소중한 생명의 끈을 놓게 된다.

때로 사람의 마음은 훈훈한 정을 담고 있다. 추운 겨울날 가끔씩 포장마차에 들러 핫도그를 사먹을 때가 있었다. 그때마다 주인아주머니는 핫도그를 전자레인지에 데우는 동안 꼭 어묵 하나를 먹으라고 권했다. 그저 '하나라도 더 팔려고 그러시는가 보다'라고 생각했는데, 나중에 알고 보니 계속 어묵 값을 받지 않았던 것이다. 왜 어묵 값을 받지 않느냐고 물어보았더니 날씨가 추워 서비스로 준다고 하셨다.

프로 직장인, 아마추어 직장인에게 말하다

그다음에 갔을 때 전에 계산하지 않은 어묵 값을 다 쳐서 드렸더니 그 아주머니는 한사코 받지 않으려고 하셨다. "추운 날씨에 밖에서 고생하시는데 제값도 다 안 받으면 뭐가 남습니까?"라며 기어코 전하기는 했으나 뒤에서 밀려오는 서민의 훈훈한 정이 촉촉이 느껴졌다.

　한편 호의를 베풀면서 상대방의 자존심을 상하지 않게 하는 것도 쉽지 않다. 미국 프로야구 추신수 선수는 고액 연봉을 받기에 팁도 보통 사람들보다 많이 낸다고 한다. 하루는 택시를 탔는데 요금이 6천 원이 나와 만 원을 내고 거스름돈을 받지 않았다. 또 하루는 그가 포장마차에 들러 평소 좋아하는 어묵을 사 먹었는데 어묵 값이 4천 원이 나왔다. 이번에도 만 원권 지폐를 내면서 거스름돈을 받지 않으려고 했더니, 주인이 "내가 거진 줄 아느냐"고 호통을 치면서 거스름돈 6천 원을 내주었다고 한다.

　이처럼 사람은 타고난 성품과 성장 환경, 때와 장소, 그날의 심리적 상태에 따라 이해하기 어려운 다양한 양상을 보인다. 사노라면 즐거운 일도 많지만, 때로는 못마땅한 일도 있고, 문득 속이 편치 않은 일들이 생겨난다. 어떤 때는 남의 일에 시시콜콜 간섭하고 끼어들다가도 또 어떤 때는 괜한 일에 나서서 참견하기를 주저한다. 그러나 자신과 내 가족, 그리고 마음에 드는 사람만 챙기고 나와 아무런 관계가 없거나 거리가 먼 '남'들을 도외시하며 살아가려 하는 것은 하늘이 부여한 소명을 다하지 못하는 어리석은 생각이다. 나의 일이 곧 남의 일이며, 남의 일이 곧 나의 일로 되돌아오기 마련이기 때문이다. 나와 남은 다른 사람이 아닌 하나이다.

다음 세 가지 사례를 통해 진솔한 사람의 마음을 음미해 보자.

〈사례 1〉 친구의 결혼식 축의금

갑병과 정무라는 이름의 두 친구가 있었다. 갑병 님은 학교에 다닐 때 공부를 잘하여 좋은 직장에 취직했는데, 어떤 사유인지 중도에 그만 두고 개인 사업을 하였으나 실패를 거듭하여 어렵게 살고 있었다. 한 편 정무 님은 고전 끝에 갑병 님보다 몇 년 늦게 취직하였으나 매사에 열정적일 뿐만 아니라 회사로부터 인정받아 임원에까지 이르렀다. 세월이 흘러 갑병 님의 딸이 결혼을 하게 되어 친구 정무 님은 결혼식에 참석하여 축의금으로 1백만 원을 냈다.

그로부터 몇 년이 지나 정무 님의 아들이 결혼을 하게 되었는데 갑병 님은 고민의 늪에 빠지게 된다. 어려운 살림에 축의금을 얼마나 할 것 인가가 문제였다. 할 수 없이 지인으로부터 간신히 돈을 빌려 똑같이 1백만 원을 축의금으로 전했다. 며칠 후 친구 정무 님이 만나자고 한 다. 정무 님은 봉투를 내밀며, "야, 네 사정 다 아는데 무슨 축의금을 그렇게 많이 했어? 이거 받아! 네 성의만 받을게."라고 한다. 갑병 님이 집으로 돌아가 봉투를 열어보니 95만 원이 들어 있었다.

프로 직장인, 아마추어 직장인에게 말하다

〈사례 2〉 명절날 주고 받는 용돈의 가치

명절날 일가친척들이 모이면 서로 다른 가족 아이들에게 용돈을 준다. 산술적으로는 서로 주고받지 않는 것과 똑같다. 그런데도 사람들은 곧잘 그렇게 한다. 아무런 이해득실이 없지만 그렇게 함으로써 마음이 편해진다. 그렇게 하지 않는 것과 비교해서 어떤가. 사람만이 할 수 있는 일이다. 명절날 처가를 방문한 사위가 장모에게 용돈을 드리면 처가를 떠나 집에 거의 도착할 즈음 장모가 딸에게 전화를 한다. 단호박 보따리에 돈 도로 넣어 두었다고. 그것도 더 보태서……

〈사례 3〉 '오는 정 가는 정'을 너무 따지지 말자

병계 님은 바쁜 일정에도 불구하고 친구 부친상에 먼 길을 직접 내려가서는 큰절을 두 번 하고 삼가 고인의 명복을 빈다. 조의금을 내고 한참 머물다가 장시간 운전을 하느라 피로에 지쳐 파김치가 된 채 밤 늦게야 겨우 집으로 돌아왔다. 그런데 그 이듬해 막상 자신이 어려움을 당했을 땐 그 친구의 모습은 볼 수 없었고 아무 기별도 없었다. 그래도 병계 님은 그 친구를 더욱 사랑한다고 한다. "친구의 고마움은 바위에 새기고, 친구의 잘못은 모래 위에 적는다."고 하지 않던가.

꿈틀거리는 욕망

사람의 행동방식을 결정하는 근본 요인은 '탐욕'과 '공포'라고 한다. 대부분의 사람들에게는 이 탐욕과 공포가 상호 견제와 균형을 이루어 개인은 물론 사회의 안정과 발전에 긍정적으로 작용한다. 자신의 처지에 상관하지 않고 하루하루를 열심히 살아가게 하는 원동력으로 작용하는 것이다. 그러나 이 원만한 상호작용에 이상이 생겨 한쪽이 지나치거나 왜곡되는 현상이 일어나면 여러 가지 많은 폐단이 초래된다.

관상 전문가 방산 노상진 선생은 "성공한 많은 사람의 얼굴에는 성공할 수밖에 없는 氣가 흐르고 있다." "마음을 닦아야 좋은 인상이 만들어진다." "마음 따로, 얼굴 따로, 관상 따로가 아니라 마음·관상·얼굴이 하나다."라고 했다. 그런데 사람마다 왜 관상이 달라지는 것일까. 노 선생은 탐욕 때문이라고 진단했다. 그는 "누구나 원래 좋은 관상을 가지고 있는데 욕심이 지나쳐서 관상이 틀어지는 것"이라며 "자신이 하고 있는 일을 즐기고 사랑하면 관상도 좋아진다"고 했다. (매일경제, 2011년 1월 14일.)

조금 다르게 표현하자면, 사람에게는 두 가지 중요한 욕망이 있는데, 그 욕망을 채우거나 비우는 것이 사람의 감정을 좌우한다는 것이다. 즉 '소망하는 것을 이루거나 가지고픈 욕망'과 '싫어하거나 무서워하는 것을 피하고 싶은 욕망'이 바로 그것이라고 한다.

사람은 99.99%의 보통 사람들 속에 살면서 0.01%의 위험한 사람

프로 직장인, 아마추어 직장인에게 말하다

들이 두려워 다른 사람을 신뢰하지 못하고 살아가고 있다. 대부분을 차지하는 안전함 속의 편안함보다는 극히 확률이 떨어지는 두려움에 대한 회피, 방어 본능이 더 강하게 작용하도록 진화해 온 것이다. 그래야 생존의 가능성이 더 커진다고 믿기 때문이다.

어린 시절에 있었던 일인데, 사업을 하는 할아버지와 삼촌이 장거리 출장을 갔다가 우리 집에 들를 때면 가끔 양복 안쪽 호주머니 아래로 30cm 이상 예리한 칼로 그어진 자국을 볼 수 있었다. 지갑을 도난당한 것이다.

"서울에서는 한눈 팔면 코 베어간다."라는 말을 어려서부터 많이 들으면서 자랐다. 그 영향인지 늘 낯선 사람을 경계하고 의심하게 된다. 또한 언제 어디서나 옷매무새를 챙기고, 대중교통을 이용할 때면 지갑이 들어 있는 안주머니에 항상 신경을 곤두세우고 필요시 감싸고 다니기까지 한다.

이 방어 본능은 수십 년이 지난 현재에까지 이어져 오고 있다. 부모로부터 답습한 효과가 있었는지 모르지만, 요즈음 중학생들도 성격이 좋으면 사기를 잘 당하고, 사람을 잘 믿으면 손해를 본다고 생각하는 학생이 많다고 한다.

다른 심리학 이론에서도 사람의 욕심과 공포가 원초적으로 영향을 미치고 있음을 알 수 있다. 제이 애플턴의 '조망과 피신(prospect and refuge)' 이론에 의하면 '인간은 다른 사람들에게 쉽게 들키지 않으면서도 자신은 바깥세상을 쉽게 내다볼 수 있는 곳'을 선호하게끔 진화해 왔다고 한다. 즉 볼 수 있는 전면은 확 트이게 하여, 사람이 찾아올 때나 들짐승이 출현할 때 쉽게 간파할 수 있도록 하고, 보이지 않는 등 뒤편과 머리 위는 안전한 벽과 천장으로 자신을 보호하려 했던 것이다.

전통적인 가옥에서 배산임수를 선호하게 된 이유가 여기에 있다고 한다. 욕망은 탁 트이게 하고, 불안과 공포는 차단하고 싶은 사람의 본능이 작동한 것이라 볼 수 있는 것이다. 최근 안에서는 밖이 잘 보이는 대신 밖에서는 안이 들여다보이지 않도록 유리에다 특수 코팅을 한 카페가 인기가 있는 것도 다 같은 맥락이라고 볼 수 있겠다.

사람이 혈연, 지연, 학연에 매달리는 것도 장·단기 미래의 불안을 회피하려는 원초적 본능에서 유래됐다고 볼 수 있다. 가급적이면 연이 닿는 사람이 믿음이 가며 불안도 덜 느끼게 될 것이기 때문이다. 재벌 그룹 회장이 예외 없이 자기 자식에게 경영권을 승계하고자 하는 것도 불안을 덜고자 하는 태곳적 본능에서 유래된 것이라 할 수 있다. 그러다가 그 자식이 함량 미달인 경우에는 여러 가지 폐단을 초래하고 심각한 사회 문제를 일으키게 되기도 한다.

이기적 본성을 지닌 사람의 모습을 현실에서 살펴보자.

◆ 사람은 5시간, 10시간씩 힘든 산행은 마다하지 않으면서, 짐을 가득 실은 허름한 리어카를 끌고 낑낑거리며 오르막길을 올라가고 있는 연로한 할머니의 힘겨워하는 모습에는 못내 시선을 피하고 만다. 이익보다 손해에 민감한 본능적 심리 때문일까.

◆ 사람은 명분과 실익이 받쳐주지 않는 한 행동에 옮기는 것을 꺼린다. 누군들 내 업무에, 승진에, 출세에 아무런 영양가도 제공하지 못할 사람과 점심 식사를 하고, 거금(?)을 들여 소주와 맥주를 마시며 아까운 저녁 시간을 보내려고 하겠는가.

◆ 학교 선생님들은 학생들에게는 사교육을 받지 말라고 하면서 자신의 자녀에게는 대부분 사교육을 시키고 있다고 한다.

사람의 이기적 본성은 동물에게서도 종종 찾아볼 수 있다. 새끼를 낳은 어미 고양이는 남의 새끼를 보면 물어 죽인다고 한다. 다른 새끼들로 인해 제 가족이 먹을 먹이가 줄어들 것이라는 우려 속에서 나오는 생존 본능이며 본능적 이기심이 작동한 것이기도 하다.

☀ 운명의 힘, 어떻게 받아들여야 하나

사람은 누구나 자신만의 고유한 꽃을 피운다. 해바라기처럼 큰 꽃을 피우는 사람이 있는가 하면, 예쁘고 탐스러운 꽃을 피우는 사람이 있고, 풀섶에 가려 보일 듯 말 듯한 작은 꽃을 피우는 사람도 있다. 그 꽃이 아무리 크다 하여 부귀영화를 누리며 마냥 행복한 삶을 사는 것은 아니며, 또한 그 꽃이 아무리 작다 하여 고관대작에 이르지 못하여 불행한 것은 아니다. 이처럼 사람이 살아가는 모습을 보면 자신이 스스로 선택한 것으로 보기 어려운 저마다 타고난 운명이 상당 부분 존재함을 알 수 있다.

어떤 사람은 부유한 가정에서 태어나 좋은 환경에서 좋은 교육을 받고 좋은 직장에 다니는 데 비해, 어떤 사람은 불우한 환경에서 성장하여 험난한 삶에서 한시도 벗어나지 못한다. 또 어떤 사람은 한 번에 고시에 합격하여 안정된 직장에서 승승장구하는가 하면, 또 어떤 사람은 각고의 노력을 다하여도 매번 실패의 늪에서 헤어나지 못한다. 어떤 사람은 운동으로 성공하여 상상하기 어려운 보수를 받는 반면, 어떤 사람은 피나는 훈련에도 불구하고 생활고에 시달리는 현실을 피하기 어렵다.

어떤 연예인은 연간 수입이 수십억 원을 훌쩍 넘는 데 비해 대다수 연예인은 월 50만 원도 벌기 어려워 대리 기사로 전전하는 경우도 있다. 실제로 연예인 중 80% 이상은 연명하기조차 힘들다고 한다.

이처럼 사람은 견디지 못할 정도로 딱한 처지를 신의 명 또는 하늘이 내려준 운명이라고 여기며 당연히 거쳐 가야 하는 관문으로 받아들이며 살아가고 있는 것이다. 똑같이 태어나 동일한 환경에서 성장하는 데도 행복하게 사는 사람이 있으며, 늘 불안과 불만 속에서 어렵게 살아가는 사람도 있는 것이 피할 수 없는 현실이다.

삶은 파도에 비유할 수 있다. 사람은 누구나 자신만의 파장을 가지고 있다. 큰 파장을 가진 사람은 삶에서 잦은 변화가 없이 긴 세월에 걸쳐 이어지지만, 작은 파장을 가진 사람은 짧은 세월에도 잦은 변화를 겪게 되는 것이다.

어느 한 분야에서 최고가 되기 위해서는 1만 시간 동안 노력해야 한다는 '1만 시간의 법칙'이 있다. 과연 그럴까. 최근 한 연구 결과를 보면 투입한 시간이 실력에 기여하는 비율은 학술 분야에는 4%, 음악, 스포츠 등의 분야에는 20%에 불과하다고 한다. '큰 성공은 타고난 재능이, 작은 성공은 노력이 좌우한다'고 보는 것이다.

사람은 누구나 자신이 좋아하는 일이 있고, 잘할 수 있는 일이 있으며, 지금 하고 있는 일이 있다. 자기가 좋아하는 일이 잘할 수 있는 일이고 지금 그 일을 하고 있다면 그것은 신의 축복이라고 할 수 있을 것이다. 성공한 사람들 대부분이 그렇다. 세계 굴지의 기업인 삼성, 현대, 애플, 구글, 페이스북, 마이크로소프트의 창업자들이 한결같이 다 그렇다.

피겨 스타 김연아 선수의 예를 들어보자.

김연아 선수의 아버지가 "연아는 하늘이 피겨를 시키려고 내려 보낸 것 같아요. 하느님이 어느 부모에게 보낼까 하다 우리한테 보냈어요."라고 말한 적이 있다. 스스로 만족하면 그만이지 꼭 금메달을 따와야 한다고 부추기지도 않고 강요하지도 않았다고 한다. 피겨는 김연아 선수가 좋아하는 일이었고, 또한 그 일이 잘할 수 있는 일이었으며, 그 일을 지독하게 열심히 했기 때문에 성공에의 길로 들어설 수 있었다. 물론 대부분의 사람들은 이것이 매칭이 잘 안 된다. 주목해야 할 점은 자신이 좋아하지 않더라도 잘할 수 있는 일을 우선적으로 해야 한다는 것이다.

직장은 미래에 대한 예측 가능성이 떨어진다. 사람은 준비하지 못한 상태에서 불현듯 생계 수단이자 일터인 직장을 홀연히 떠나야 할지도 모른다. 옥스퍼드대 사이먼 스트링거 교수는 향후 20년 이내에 47%의 직업이 사라질 것이라고 한다. 다른 예측에 의하면 그보다 훨씬 더 많은 비율의 직업이 없어진다고 한다. 사람의 수명은 더 늘어나는 데 비해 줄어드는 일자리에 미리 대비해야 한다. 이미 컴퓨터가 사람의 영역을 많이 침범했으며 앞으로는 더욱 가중될 것이므로, 우선 컴퓨터가 대체하기 어려운 직종에서 자신의 전문성을 키우는 것이 바람직할 것이다.

일을 통해 풍족하게 벌지는 못하지만 즐거운 마음으로 살아가는 사람들도 있다. 태국에서 있었던 다음의 두 가지 사례를 보자.

〈사례 4〉 자신이 하고 있는 일을 제대로 숙지하지 않고도 살아가는 사람들

골프장에서 세컨샷을 한 볼이 그린까지 90m 정도 남은 곳에 떨어지자, 캐디에게 수차례 'A'라고 외쳐도 8번(eight) 클럽을 가지고 온다. 골프장 캐디로서 반드시 숙지하고 있어야 할 기본적인 사항(아이언별 샷의 평균 거리)도 준비하지 않고 있었던 것이다. 더군다나 언어가 통하지 않아 내장객들에겐 답답함만 가중된다. 그래도 그 캐디는 라운딩을 마치고 적잖은 팁을 넙죽 받아 챙긴다. 외국 손님이 많으니 영어를 좀 배우라고 해도 못 알아듣는다. 그들은 풍족하게 잘살고 있지는 않지만 그래도 만족하며 살아가고 있는 것 같았다.

〈사례 5〉 긴박함이 없는 삶

대부분 손님이 외국인인 비어 숍에서 종업원에게 "What's your name?"을 외쳐도 못 알아듣는다. 외국 손님이 많은데 영어를 좀 배우라고 해도 막무가내다. 지금처럼 살아도 지장이 없다는 자신만만한 표정이다. 그들 역시 풍족하게 잘살고 있지는 않지만 현실에 만족하며 살아가고 있는 것 같았다.

이에 비하여 우리나라에서의 삶의 모습은 많이 다르다. 그나마 선진국 대열에 들어설 수 있었던 이유를 실감하게 된다. 골프장에서는 캐디가 거리를 목측하여 척척 알아서 맞는 클럽을 가져다준다. 그것도 일절 혼동 없이 네 명의 클럽을 각각 갖다 준다. 완벽하니까 그리 말이 필요 없다. 그래도 그들의 삶은 고달프기만 하다.

"운명에는 이틀이 있다. 하루는 당신의 편, 다른 하루는 당신에게 등을 돌리리라. 그러므로 운명이 당신의 편일 때 자만하거나 무모하지 말며, 운명이 등을 돌릴 때 참고 기다리라. 모든 자랑거리를 내려놓고 늘 자신의 무덤을 기억하라." (회교 사원의 벽에 쓰인 시 중에서)

지나간 시간에 절대 미련을 두지 말아야 한다. 아무리 현실이 못마땅하더라도 '~더라면' 하는 인생을 살지 말자. (~을 했더라면, 하지 않았더라면/~에 갔더라면, 가지 않았더라면/~를 만났더라면, 만나지 않았더라면,…) 팔고 난 주식을 들여다보며 자신을 책망하지 말라. 우물쭈물하다가 매수 타임을 놓친 주식이 연일 상한가를 치더라도 무릎을 치며 한탄하지 말라.

흘러간 강물은 되돌아오지 않는다. 다만 빗물이 되어 다시 돌아올 날을 느긋하게 기다리며 다른 기회에 대비해야 한다. 그게 다 운명일지도 모른다. 좋지 않은 일이 생겨도 운명 탓으로 돌리면 마음이 편안할 때가 많다. 절대 과거의 후회스러운 일을 되새기지 말자. 현재와 미래까지 좋지 않은 영향을 미치니까 말이다.

팬티 위에 거들 팬티까지 몇 겹씩이나 껴입었다고 해서 안 되는 게 아니고, 노팬티라고 해서 쉽게 되는 게 아니다. 될 운명이면 오뉴월 따사한 햇볕에 윗도리 벗어 던지듯 이루어지는 것이다.

이순신 장군은 "죽고 사는 것, 이기고 지는 것은 다 하늘의 뜻이다."고 했다. 다만 그 하늘의 뜻이 무엇인지 현재로서는 알 수 없으므로 '좋은 뜻'을 찾아 끊임없이 연마하고 개척해 나가야 한다는 것이다.

사람은 곧 현실로 다가올 내일이란 미래의 시간을 미리 엿볼 수 없도록 설계되어 있다. 내일 볼 시험문제를 오늘 개봉해 볼 수 없는 것과 같다. 그 알 수 없는 내일을 '착한 운명'으로 받아들이기 위해 오늘을 현명하게 열심히 살아야 하는 것이다.

사람만이 가진 부정적 비교 심리

사람은 서운함을 먹고 사는 동물이라고 한다. 남이 잘돼도 서운하고, 내가 조금 안돼도 늘 서운하다. 그런데 그 '남'이라는 데 대한 감정이 심리적, 물리적 거리와 경쟁심을 유발시키는 범위 설정에 따라 다르게 작동한다. 내 자식이 잘되면 누구나 좋아한다. 반면 한 발치 떨어진 내 이웃이 잘되면 "사촌이 논을 사면 배가 아프다."라는 옛말처럼 선뜻 썩 좋은 느낌은 들지 않는다. 이웃집 아들이 내 자식보다 조금 더 나은 직장에 다니면 왠지 그 사람이 달갑게 받아들여지지 않는다.

그럼 조금 더 멀리 떨어진 경우를 볼까. 김연아 선수, 류현진 선수, 추신수 선수와 인기 정상에 있는 연예인들에 대한 느낌은 어떤가? 대한민국 국민이라면 누구나 예외 없이 이들을 자랑스럽게 생각하고 축하와 격려의 박수를 아낌없이 보낸다. 그들이 벌어들이는 수입이 아무리 많더라도, 그들이 아무리 호화스러운 저택에 살더라도 질투나 시샘 같은 부정적 감정보다는 부러워하면서 순수한 찬사의 감동을 자아낸다.

똑같은 현상에 대해서 어떤 때는 좋은 감정이, 또 어떤 때는 별로 내키지 않는 감정이 일어나는 경우도 있다. 이것 또한 내 편이라고 생각하는 심리적 울타리의 범위가 크고 작음에 따라 느낌이 달라지며, 경쟁 심리를 유발시키는 범위 내에 있는지 여부에 따라 다르게 작용하는 것이다.

사람은 생각의 잔인함이 숨겨진 본능인지 후진국에서 열병으로 수많은 사람이 병마에 시달리는 장면을 보고 안타까워하다가도 금방 잊고는, 정작 자신의 손가락의 작은 상처에 온 신경을 집중하고 병원에 달려가는 데 급급하다.

자영업을 하는 사람들의 이야기를 들어보면, 자신의 가게가 조금 잘된다 싶으면 경쟁 관계인 이웃이 온갖 험담을 늘어놓으며 방해 공작을 펴고, 반면 조금 안 된다 싶으면 모른 체하고 그냥 지나친다고 한다.

이처럼 사람은 이기심이라는 천부적인 무기로 무장한 채 자신만의 감정의 울타리 안에 갇혀 시간과 장소에 따라 변하는 감정을 숨긴 채 살아가고 있다.

사람은 쉴 새 없이 가까이에 있는 사람과 비교를 하면서 살아간다. 그것도 자신에게 아무런 이득이 되지 못하는 부정적인 방향으로 몰고 간다. 가까이에 있는 사람이 잘되는 것을 내가 잘못되는 것으로 인식하게 되므로 그것을 견디기 어려워한다. 자신의 부족함을 인정하는 것은 받아들이기 어려운 감정이기 때문이다.

반면 물리적, 심리적으로 동떨어진 사람은 경쟁심을 유발시키지도 않아 그리 심각하게 비교할 대상으로 삼지 않는다. 이것은 가급적 에너지를 아끼려는 본능에서 비롯된다고도 볼 수 있다. 비교는 자아 발전에 도움이 되기도 하지만 부정적인 감정으로 내몰아갈 때 문제가 되는 것이다.

사람은 형제끼리도 비교하며 살아간다. 특히 여성이 더 그렇다. 언니보다 조금이라도 못하면 안 된다는 비교 심리가 요동친다. 가까운 사람보다는 조금이라도 더 잘돼야 한다는 생각에 사로잡혀 있기 때문이다.

나 자신은 유일무이한 존재다. 건설적인 비교가 아닌 한 비교하지

프로 직장인, 아마추어 직장인에게 말하다

말라. 선의, 존중의 마음에서 우러나오는 비교는 자기 발전의 원동력이 될 수 있다. 대부분의 경우 자타 간 비교하는 것은 실망, 자괴감, 질투, 갈등 등 온갖 부정적인 감정을 낳는다. 이것들이 쌓여 결국 중병의 원인이 될 수도 있다.

사람은 주위의 가까운 사람이 잘되는 것에 속이 편하지 않다. 심지어 남의 실패에 대한 기쁨보다 더한 기쁨이 없다고도 한다. 어떤 영업사원은 고객과의 면담 시 자연스럽게 명문 대학에 입학한 자식 자랑을 늘어놓는다. 마주 보고 앉아 있는 그 고객의 아들은 정작 대학에 들어가지 못해 재수를 해야 할 입장인데도 말이다. 진실만큼 사람의 귀에 거슬리는 말은 없다고 한다. 그만큼 사람은 합리적인 존재가 아니라는 것이다. 상대방 속도 모르고 잘난 내 자식 자랑 늘어놓는 실수를 하지 말아야 한다.

☀ 삶의 모든 것, '사랑'의 가치

뜬금없이 웬 '사랑 타령'이냐고 반문할 수도 있겠지만 그만한 가치가 있기에 그냥 지나칠 수가 없는 것이 '사랑'이다. 사랑은 지고지순(至高至順)의 숭고한 가치를 지니고 있다. 이 세상 모든 것을 가장 잘 대변해 주는 것이다. 사랑이란 말은 실생활에서 많이 쓰이는 단어이기도 하지만, 신의 모습을 가장 잘 드러내고 있는 것이다. 사랑은 믿음, 소망, 신뢰, 용서, 자비 등 모든 고귀한 말들을 포용하고 있다. 영어에서는 'compassion'(연민)과, 'sympathy'(공감)가 가장 '사랑'을 잘 대변하고 있다. 전작 『그래서 사람이다』에서 사랑에 관하여 상세히 기술하였으므로 여기서는 간략히 이 책의 포괄적인 이해를 돕는 선에서 정리하고자 한다.

삶에서 사랑은 여러 가지 모습을 보인다. 청춘 남녀의 청순한 사랑, 가족 간의 사랑, 이웃에 대한 사랑, 어려움에 처한 절박한 사람들에 대한 사랑을 거쳐 신의 경지에 이르는 사랑에 이르기까지 이 한 단어가 무한한 포용을 이룬다. 우리는 '사랑'을 통해 신의 모습과 행동을 체험할 수 있게 되는 것이다.

삶의 기적을 낳는 무한 에너지가 사랑이며, "세상에서 가장 힘세고 건강하고 행복한 사람이 되는 길은 바로 사랑하는 것이다."(에멧 폭스) "사랑은 용서를 통하여 감정의 노예로부터 해방시켜 준다. 사랑을 주는 것은 사랑 받는 것보다 아름답고 행복하다."(헤세) "사랑은 시간의 위력을 무력화시키고 미래와 과거를 영원히 결합한다."(빌헬름 월러)

무엇보다 먼저 자기 자신을 사랑해야 한다. 이순신 장군은 자신을 끔찍하게 사랑했다. 내가 나 자신을 사랑하고 존경해야 남도 나를 사랑하고 존경한다. 나아가 내가 남을 사랑할 수 있게 되는 것이다. 이 '남'에는 예외가 없다. 나를 좋아하는 사람뿐만 아니라 나를 질투하고, 미워하고, 위해를 가하려고 하는 사람까지 사랑해야 하는 것이다.

프로 직장인, 아마추어 직장인에게 말하다

<사랑 에너지 이론>

'사랑 에너지'는 사랑의 힘이 긍정적 감정 에너지로 작용하는 것이다. 총 일곱 개의 감정의 병 상단에 각각 채워지며, 각 병의 명칭은 증오의 병, 갈등의 병, 질투의 병, 욕심의 병, 공포의 병, 폭력의 병, 화약의 병이다. 마지막 일곱 번째 '화약의 병'에 있는 사랑 에너지는 총괄 컨트롤타워 역할을 수행하고 있다. 즉 앞에 위치한 여섯 개의 감정 에너지의 병 상단에 채워지는 사랑 에너지의 최종 공급원으로서 최후 보루의 역할을 수행한다.

일곱 개의 감정 에너지가 채워지는 각 병의 명칭은 문제를 일으키는 부정적 감정 에너지를 대표하는 것으로 정해져 있다. 각 병의 하단에는 부정적 감정 에너지가 자리 잡고 있으며, 이들은 언제든지 병을 탈출하려는 속성을 지니고 있다. 이들이 분출하게 되면 각 병의 특성에 따른 부정적 감정 에너지가 작동하기 시작한다.

일곱 개의 감정의 병은 서로 연결되어 상호 감정 에너지를 주고받을 수 있도록 되어 있다. 평상시 감정 에너지의 병은 밸브로 닫혀 있어 감정 에너지가 임의로 방출되는 것을 막고 있다. 잠이 들어 있을 때나 명상을 할 때에는 감정 에너지의 작동이 멈춘다.

전단에 위치한 일곱 개의 감정의 병에 충전된 사랑 에너지가 방전되면 마지막 일곱 번째 화약의 병에 충전되어 있는 사랑 에너지가 보충하여 주는데, 이 일곱 번째 병은 다른 병에 비해 상당히 커서 충전되는 사랑 에너지의 양도 크다. 화약의 병에 들어 있는 부정적 감정 에너지가 넘치고 사랑 에너지의 충전량이 줄어들 경우 최후의 방출을 시작하는데, 이때는 사악하고 잔혹한 그야말로 최악의 사태를 초래하게 된다.

자신의 감정을 추스르지 못하여 고속도로에서 앞차를 가로막고 세우다 대형 사고로 이어져 참변을 당하는 경우, 사소한 주차 시비가 살인에까지 이르는 경우 등은 이 사랑 에너지가 고갈되어 나타나는 극단적이고 비극적인 상황이다. 그러므로 전단의 여섯 개에 들어 있는 사랑 에너지인 긍정적 감정 에너지가 소진되어 부정적 감정 에너지가 분출되는 사태를 미연에 방지하기 위해 평소에 마음을 다스리고 사랑 에너지가 방전되지 않도록 노력해야 한다.

이 부정적 감정 에너지 층 바로 위에는 '이성 에너지'가 자리 잡고 있어 부정적 감정 에너지가 쉽게 분출하지 못하도록 완충 역할을 수행한다. 이성 에너지는 사랑 에너지의 보완제로 부정적 감정 에너지가 분출되는 것을 막는 버팀목 역할을 하는데, 사랑 에너지가 충만할수록 이성 에너지도 잘 작동하며, 사랑 에너지가 고갈되면 이성 에너지도 그 힘이 약해진다.

최상층에는 긍정적 감정 에너지인 사랑 에너지가 채워진다. 이 긍정적 감정 에너지는 가변성이 커서 수시로 충전과 방전(사랑 에너지가 채워지는 것을 충전 또는 생성이라고 하고, 고갈되는 것을 방전 또는 방출이라고 지칭한다)을 반복한다. 이 긍정적 감정 에너지인 사랑 에너지가 방전되어 그 층이 약화되면 언제든지 부정적 감정 에너지가 분출하게 되는 위험에 처하게 되는 것이다.

한편 이 사랑 에너지는 사람뿐만 아니라 동식물과 무생물에도 똑

프로 직장인, 아마추어 직장인에게 말하다

같이 적용되는데, 사람만큼 감정이 복잡하지 않고 단순하며, 감정 에너지의 충전과 방전에 오랜 시일이 걸린다.

쉽게 설명하자면, 회사에서 나를 시기하고 질투하는 동료 직원을 미워하는 대신 품어주고, 보살펴 주면 사랑 에너지가 충전되는 것이다. 반면, 동료 직원이 먼저 승진하는 걸 못마땅하게 여겨 방해 공작을 펴고, 해코지를 하려고 마음먹는다면 사랑 에너지는 방전되고, 질투, 증오, 갈등, 욕심 등 부정적 감정 에너지가 분출되는 것이다. 더 간단히 말하자면, 부정적 감정 에너지는 암을 일으키는 요소이며, 사랑 에너지는 부작용이 전혀 없는 항암제, 즉 행복 에너지라고 생각하면 되겠다.

〈사례 6〉 부정적 감정 에너지의 폭발

대치 상황에 있는 갑과 을 두 나라가 있다. 서로 질시와 반목이 거듭되는 좋지 않은 관계에 처해 있다. 평화 제스처가 오가며 사랑 에너지가 채워지기도 하지만, 간헐적으로 지엽적인 충돌과 마찰이 발생하면서 사랑 에너지가 고갈되기 시작한다. 평온하게 제자리에 있던 부정적 감정 에너지가 꿈틀거리기 시작하지만 이성 에너지가 다독거려 평온을 되찾는다.

그러다가 양국 간 무역 마찰, 교민 간 갈등 등 다양한 불협화음이 심화되자 부정적 감정 에너지인 '갈등'과 '증오', '욕심'이 분출되기 시작한다. 급기야 '공포'의 병이 들썩이고 '폭력'의 병이 진동하자 최종 보루인 '화약'의 병에서 긍정적 감정 에너지가 긴급 출동하지만 막무가내다.

최후의 보루가 깨어지며 '화약'의 병에서 부정적 감정 에너지가 분출되기 시작하면 걷잡을 수 없는 전쟁으로 치닫는다.

☀ 나를 바로잡아 주는 자존감

자존감(自尊感)은 자아존중감(自我尊重感, self-esteem)을 줄여 쓴 말이다. 자아존중감이란 자신이 사랑받을 만한 가치가 있는 소중한 존재이고 어떤 성과를 이루어낼 만한 유능한 사람이라고 믿는 마음이다. 반면, 자존심(自尊心)은 자기에 대해 일반화된 긍정적인 태도 또는 남에게 굽히지 아니하고 자신의 품위를 지키는 마음이다. 다시 말해 자존감은 자존심에 비해 사람이 지녀야 할 한 차원 높은 품성이라고 할 수 있다. 자존감이 파괴되면 낙관주의, 창의력, 대담함, 정신의 자주성이 억눌리며 무용지물이 된다고 한다. (위키백과 한국어판 웹사이트, '자존감' 검색 결과.)

여기에서 사랑은 에너지로 작용한다. 홍삼 엑기스처럼 이 사랑 에너지를 우리 마음속에 많이 축적해 두면 둘수록 여유가 생기며 행태적인 면에서 비교하자면 돈과 유사한 점이 있다고 할 수 있다. 가진 돈이 많으면 지출하는 데 어려움이 별로 없다. 또한 실수로 조금 잃거나 다른 사람이 조금 가지고 가더라도 견딜 수가 있다. 반면, 가진 돈이 적으면 여유도 줄어든다. 작은 지출에도 신경이 많이 쓰이게 되고 누가 내 돈을 가지고 간다면 참으로 견디기 어려울 것이다.

프로 직장인, 아마추어 직장인에게 말하다

이처럼 내 마음속에 사랑 에너지가 엑기스처럼 축적된 상태가 바로 높은 자존감이다. 이때는 외부로부터 마음의 상처를 훨씬 덜 받게 되며, 상처의 치유가 빠르고 더 나아가 자신보다 남을 먼저 생각하는 마음의 여유가 생기게 되는 것이다. 한편 이 사랑 에너지는 돈과는 달리 쓰면 쓸수록 재충전이 잘 이루어진다. 복잡한 거리에서 반짝반짝 빛나는 내 구두를 밟은 사람에 대하여 언짢은 표정을 짓기보다는 오히려 "괜찮으세요?"라고 상대방을 배려하며 되물을 때 사랑 에너지가 충전되는 것이다.

온 국민에게 치유와 힐링의 기회를 주고 있는 류현진 선수의 이야기다. 그는 한화 시절 김인식 감독으로부터 "류현진은 바보다. 아직 멀었다."라는 말을 수차례 들었다고 한다. 또한 김 감독은 류현진 선수에게 "넌 대한민국을 대표하는 투수다. 진짜 에이스는 동료들 실수까지 껴안아야 한다."고 호통을 치기도 했다.

채찍은 류현진의 심장을 강하게 했다. 동료가 부진하거나 실수를 하면 오히려 생글생글 웃으며 "일부러 실책을 하는 선수가 어디 있나. 삼진으로 잡지 못한 내 잘못이다."라고 했다. 그는 주심마다 다른 스트라이크 존에 대한 다른 투수들의 불평에도 이렇게 이야기한다. "스트라이크 존이 달라지면 심판에 맞춰야지요."라고. (중앙일보, 2013년 5월 30일.)

류현진 선수는 사랑 에너지로 충만한 자존감이란 엑기스를 마음속에 담고 있기에 외부로부터의 부정적인 자극이나 상처에 담담하며 오히려 이를 긍정적인 성과로 승화시켜 사랑 에너지를 충전시키는 선순환의 키를 지니고 있다. 작년 뉴욕 메츠와의 경기에서 우리는 그를 잘 알 수 있었다. 그는 극도의 위기 상황에서도 아랑곳하지 않고 투구에만 전념한 결과 타자를 삼진 아웃시키는 성과를 일궈냈다. 남의 잘못을 탓하는 대신 오히려 자신을 채찍질하는 진정한 자존감의 귀결이었다.

다른 사례를 보자.

오갈 데 없는 청소년을 10년 넘게 돌봐온 한온교(54, 여) 목사의 이야기다. 한 목사는 "결혼을 하지 않아 실제 엄마가 되지는 못했지만 딱한 처지의 아이들을 돌보며 엄마의 기쁨을 느낀다. 우리 사회의 가장 연약한 구성원인 청소년들을 세상이라는 태풍으로부터 보호하는 바람막이 역할을 하고 싶다. 내 정체성은 목사도 사회복지사도 아닌 엄마였다."라고 했다(중앙일보, 2013년 5월 24일). 한 목사는 마음속에 사랑 에너지로 충만하다. 진정한 자존감을 지니고 있기에 심신이 불편해도 늘 행복 속에 살아가고 있는 것이다.

그럼 자존감이 낮은 사람의 경우를 보자.

결혼한 부부의 30% 이상이 이혼한다고 한다. 가장 큰 이혼 사유는 '성격 차이'로 밝혀졌는데, 이는 문제의 원인을 상대방에게 전가한 탓이다. 자존심을 먼저 앞세우고 자존감이 극도로 낮은 경우에 나타나는 현상이다. 문제의 중심을 자신에게로 가져가야 한다. 먼저 자신에게 책임을 묻는 길을 회피하고 타인에게 뒤집어씌우고자 하는 마음으

프로 직장인, 아마추어 직장인에게 말하다

로는 평행선 위를 달릴 뿐 해결의 실마리는 찾을 길이 없다.

유머이지만 이런 사례를 보자.

〈사례 7〉 앞뒤 가리지 않고 자신의 이익만 좇는 사람들

어느 험상궂은 한 청년이 평일 대낮에 성당으로 들어갔다. 단상 앞에 서 있는 큰 성모상 앞으로 성큼성큼 다가가서는 "이번 주 로또 당첨 안 되면 다시 와서 확 부셔버릴 거야."라는 말을 남기고 성당을 떠난다. 마침 단상 뒤에서 기도를 하고 있다가 이 말을 들은 신부가 벌벌 떨며 그 성모상을 다른 데다 옮겨 놓고 대신 작은 아기 예수 상을 그 자리에 갖다 놓았다. 며칠 후 다시 그 청년이 성당 안으로 들어가서 작은 아기 예수 상을 바라보고는 "야! 네 엄마 어디 갔어?"라고 고함을 지르는 것이었다.

이는 자존감이 극도로 낮은 상태로 사랑 에너지가 고갈된 경우에 나타나는 현상이다. 즉 온 마음이 부정적인 감정에 휩싸인 결과인 것이다.

직업에 자존감을 살려주기 위해 서울특별시가 용어를 정리했다. '잡상인'을 '이동상인'으로, '고령자'나 '노인' 대신 '어르신'을 쓰기로 한 것이다. 자연적 연륜을 비하하고 직업의 귀천을 담고 있는 용어들을 무작위로 사용하여 시민의 자존감을 손상시킬 필요는 없을 것이다.

하루는 아침 출근 시간대 직장인들로 붐비는 지하철을 타고 가는 데 등산 복장을 하고 등산 배낭을 멘 한 중년 남자가 있었다. 참 대담한 사람이라는 생각이 들었다. 어떤 면에서는 이런 사람이 자존감이 높은 사람이라고 할 수 있다. 자신이 하고자 하는 일을 묵묵히 할 뿐 주위 사람들에게 별다른 지장을 초래하지 않는 한 괜히 다른 사람들의 시선과 눈치를 의식하지 않는 올바른 행동으로 보여지는 것이다.

사람은 이기적인 동물이다. 늘 자기 본위로 생각하고 행동하려고 한다. 겉으로는 안 그런 척 할 뿐이다. 전술한 바 있지만 '스티브 잡스는 동경하면서 친구 아들이 획기적인 어플을 개발해 큰 돈을 버는 것은 배 아파한다.' (롤프 도벨리, 『스마트한 선택들』, 두행숙 옮김, 걷는나무, 2013년.) 또한 대중은 본능적으로 강자의 추락에 쾌감을 느낀다고 한다. 리더들은 자신의 잘못된 의사결정을 바꾸면 스스로 잘못을 인정하는 꼴이 되어 절대 바꾸지 않는다고 한다. 이들은 모두 자존감이 부족해서 일어나는 이기심의 발로이며 비뚤어진 자존심이 작동한 것이다.

자존감은 자신을 비우고 자신의 잘못을 인정하고 남의 잘못을 감싸주며, 나보다 뛰어난 사람들을 존중하는 마음으로 받아들이는 것이다. 아울러 자신보다 못한 사람들에 대해서는 더욱 겸손하고, 사랑으로 감싸주는 것이기도 하다. 이기심으로 무장한 사람들에 대해서는 기다려 주고, 온정의 손길로 달래주는 것이 바로 사랑 에너지로 충만한 자존감 높은 사람의 태도인 것이다.

프로 직장인, 아마추어 직장인에게 말하다

출신 학교가 명문이라고 할 때, 사실 명문은 특정 학교라서 명문이 아니다. 동창회 모임 시 '내가 만나는 사람들에게 무슨 도움을 줄 수 있을까', '내가 모교를 위해 무슨 기여를 할 수 있을까'를 생각하며 참석하면 명문이고, '내가 이번 모임에서 무슨 도움을 받을 수 있을까', '참석하면 어떤 이익이 있을까'라고 생각하면서 참석하면 명문이 아니다. 이렇듯 어느 학교를 졸업했는지가 아니라, 졸업한 학교에 대한 나 자신의 마음가짐이 명문, 비 명문으로 구분 짓는다.

나는 간접적으로나마 내가 졸업한 고등학교에 기부를 했고, 어떤 기여를 할 수 있을까 고민도 하며, 동창회 모임에 나갈 때면 내가 어떤 도움을 줄 수 있을까 생각한다. 고로 나는 명문고를 졸업했다고 볼 수 있다. 반면 나는 내가 졸업한 대학의 기부금 모금에 일조한 적이 없고, 모교에 어떤 기여를 할까 생각해 본 적이 없으며, 동창회 모임에는 실익이 없을 것 같아 참석하지 않는다. 고로 나는 명문대를 나오지 않은 것이다. 이처럼 명문은 나의 태도에 따라 결정되는 것이지, 그 자체로 명문이 정해져 있는 것이 아니다.

날씨가 무더워지면 땀을 많이 흘리니 불편을 느끼고 짜증도 나겠지만 사실은 우리 몸은 그 더위를 식혀 정상 체온을 유지시키기 위해 스스로 땀을 배출하여 자신을 보호하는 것이다. 이처럼 마음의 상처를 자가 치유하여 스스로 내적 위상을 높이고 주위 사람들에게는 따뜻하면서도 시원한 이미지를 전하는 것이 진정한 자존감이라고 할 수 있을 것이다.

이 세상은 나를 위해 창조되었으며 나는 유일무이한 특별한 존재라는 마음으로 스스로 위안을 가져 보자. 그리고 주위를 둘러보자. 사랑이 샘솟는 다정한 눈길로……

※ 내 안의 '부정적인 생각'에 끌려 다니지 말자

나 자신이 '생각'하는 것은 실제(fact)와 다른 경우가 많다. 내 생각은 부정적인 방향으로 곧잘 흘러 들어가는 경향이 있다. 사람은 남이 내 것, 내 생각을 비판하거나 공격하면 실체인 나 자신에 대한 공격으로 받아들인다. 내 생각에 대해 논쟁하고 다스려야 한다. 내 생각의 지배자가 되어야 하는 것이다.

삶에는 한계가 없고, 생각의 한계가 삶의 한계를 만든다고 한다. 한계가 있다면 단지 생각의 한계일 뿐이라는 것이다. 팔자, 운명, 유전이라고 여기는 자신의 생각이 실제 한계를 만들어낸다고 한다. 나의 실체는 우주고 신이고 사랑이다. 내 안에 있는 나쁜 자아가 엉뚱한 생각을 만들어내는데 그 나쁜 자아를 나 자신이 다스려야 한다.

사람은 삶이 힘들 때 나 자신이 힘든 것으로 착각한다. 나의 실체는 언제나 강건하다. 나쁜 자아가 마치 나와 복제된 것처럼 주인 행세를 하고 다니며, 자신의 몸을 가둔 감옥보다 더 무서운 것이 스스로 만든 생각의 감옥이라고 한다. 내 생각을 갇힌 감옥으로부터 탈출시켜야 한다는 것이다.

'내가 나를 어떻게 생각하느냐'가 곧 내 운명이 되고, 내 생각이 곧 내 운명이라고 한다. 사람이 느끼는 행복은 유전적 요인이 50%, 환경적 요인이 10%, 그리고 생각과 행동이 40%를 차지한다고 한다. 인체의 치유 메커니즘도 생각과 감정에 의해 지배된다고 한다. 실제 환자들의 경우, 질병 치료의 75%가 플라시보 효과(placebo effect)라고 한다. 마음이 99%이며, 암이 우리 몸을 망가뜨리기 전에 쓸데없는 생각들이 우리 몸을 망가뜨린다는 것이다.

부정적인 생각을 배척할 것이 아니라 받아들이고 달래야 한다. 그리고 다스려야 한다. 생각이 나를 스트레스에 시달리게 하고, 힘들게 하는 것이다. 내 생각의 함정에 스스로 빠져들어 나를 고통 속으로 몰아넣어서는 안 되며, 오히려 험난한 계곡 속으로 빠져들어 가려고 하는 그 생각을 구해 내어 바른 길로 인도하여야 한다. 나 자신이 내 생각과는 다른 신성한 존재이기 때문이다. 이처럼 우리는 생각의 노예가 되어 이리저리 끌려 다니기가 쉽다. 그 생각을 바로잡아 온전한 나 자신을 보호하고 올바른 길로 나아가야 한다.

생각이 어떻게 작용하는지 실생활에서 그 사례를 보자.

폭염이 계속되는 날, 그늘 한 점 없는 뙤약볕 아래 걷고 있다. 그러나 무더위가 사람을 지치고 힘들게 할 수는 없다. 그 더위로 인해 내 몸이 온통 땀으로 젖고 얼굴도 검게 그을릴 것이라는 생각(어설픈 착각과 두려움)이 온몸을 엄습하고, 그 모습을 타인이 바라볼 것이라는 생각(공포)이 나 자신으로 하여금 견딜 수 없게 만드는 것이다.

내 생각이 무더위에 지치게 하고 견디지 못하게 하며, 짜증마저 나게 만드는 것이다. 이러한 생각에서 그저 탈피하려고 할 것이 아니라, 그 생각을 받아들여 달래주고, 다스리면 평온이 찾아온다.

내 몸은 내가 생각한 대로 느끼고 반응한다. 한 청년이 냉동차에 갇혀 삶을 포기한 채 시간을 보내다가 이튿날 싸늘한 시신으로 발견되었는데, 사실은 냉동실이 고장이 나 작동이 안 된 상태여서 실내 온도가 18℃였다고 한다.

평소 내 생각과 논쟁하고, 내 생각이 혼미한 길로 빠져들어 가려고 할 때 바로잡아 주어야 한다.

치유와 상처를 주는 '말'에 담긴 가치

말에는 영적인 힘이 깃들어 있다. 좋은 말을 하면 좋은 일이 생긴다. 남을 비난하거나 자신을 비하하는 말을 반복하게 되면 자신도 모르는 사이에 내면화되어 사실처럼 느껴지는 인지 오류가 생길 수 있다고 한다. 긍정적인 말, 기쁨 주는 말, 따뜻한 분위기를 돋우는 말을 해야 한다.

꼭 가시 돋힌 말을 불쑥 꺼내는 사람이 있고, 비아냥거리는 말을 즐겨 하는 사람이 있다. 이것도 일종의 습관인데 무엇보다 자신의 건강에 좋지 않으며, 상대방의 마음에 상처를 주게 되는 것이다. 그 상처는 곧 나에게도 영향을 미친다. 부드럽고 생기가 돌며 상대방의 심기가 편해지는 말을 골라서 해야 한다.

서로 지인 관계인 가시 님과 길동 님의 대화를 통하여 상대방의
감정 변화를 상상해 보자.

가시: 지난달에 얼마나 팔았니?

길동: 오백만 원 정도…….

가시: 너 일가친척들한테만 팔았어도 그 정도는 넘겠다.

길동: …….

가시: 안 될 게 뻔한데 왜 또 하려고 하니?

길동: …….

"가는 말이 고와야 오는 말이 곱다."라고 하는 데는 이유가 있다.

◎ 버스 맨 뒷좌석에 젊은 남자들이 앉아 있는데, 가운데 빈 좌석에
한 여성이 앉자,

남자: 개밥에 웬 도토리야?

여자: (몇 정거장 후 먼저 내리면서) 개밥들아 잘 있거라. 도토리는 먼저
내린다.

◎ 종점에서 출발하는 버스가 출발하지 않고 정차가 지연되자,

승객: 이 똥차 언제 출발해요?

버스 기사: 똥이 차야 출발하지요.

◎ 모텔에 투숙하려던 남자가 먼저 객실을 둘러본 후, 썩 마음에 안 들었는지 카운터에 와서는,

남자: 이 '돼지우리'에서 하룻밤 묵는 데 얼맙니까?

주인: '한 마리'에 5만 원이요.

어쩔 수 없이 무엇을 따지거나 부정적인 감정이 들어간 말을 꺼낼 때는 자기를 중심으로 말해야 한다.

"그런 얼토당토않은 말씀을 하시다니, 근거가 있습니까?" (×)

"저는 그 부분에서 다르게 생각합니다." (○)

"어떻게 그런 무례한 말씀을 저한테 할 수 있습니까?" (×)

"그런 말씀을 들으면 제 마음이 상처를 받습니다." (○)

극단적 이원론으로만 말하지 말자. 두루 좋은 말만 꺼내자.

"주택 뭐 있습니까? 전세 아니면 월세죠." (×)

"직장 뭐 있습니까? 취업 아니면 실업이죠." (×)

"인생 뭐 있습니까? 죽기 아니면 살기죠." (×)

"인생 뭐 있습니까? 기쁨 아니면 즐거움이죠." (○)

어려운 부탁을 할 때는 말머리에 '쿠션 용어'를 써서 상대방으로

하여금 거부감을 완화시켜 조금이라도 편안한 분위기를 연출하자. '죄송합니다만…', '실례합니다만…', '바쁘시겠지만…', '괜찮으시다면…' 등을 말머리에 붙여 미리 상대방 감정의 예각을 무디게 하자.

복잡한 지하철에서 사람들 사이를 비집고 나오며 하차하려고 할 때 이렇게 양해를 구하자.

승객 1: 내리겠습니다.(×)
승객 2: 잠시만요.(△)
승객 3: 죄송하지만 좀 내리겠습니다.(○)

직장 상사가 부하 직원에게 지시할 때는 더욱 예의를 갖추어야 한다.

상사 1: 내일까지 보고해.(×)
상사 2: 이것 좀 내일까지 보고해 주세요.(△)
상사 3: 바쁘겠지만 이것 좀 내일까지 보고해 주시겠어요?(○)

말은 정말 조심히 정제해서 꺼내야 한다. '생각 먼저, 말 나중'을 언제 어디서건 절대 명심하자. 탈무드에 의하면, "말이 입안에 있을 때는 내가 말을 지배하지만, 말이 입 밖에 나오면 말이 나를 지배한다."고 한다.

같은 의미라고 하더라도 긍정적인 말, 기분 좋은 말을 쓰자. 핸드폰으로 문자를 주고받을 때도 가급적 긍정적인 표현을 쓰자.

"거무레한 구름이 온 하늘을 뒤덮으니 기분이 우울해지네." (×)
"안개 빛깔 솜털 구름에 가린 파란 하늘이 기분을 상쾌하게 하네." (○)

"뭐 그런 사람이 다 있어? 저 혼자 잘난 체하고. 에이, 밥맛이야! 다시는 안 만나야지." (×)
"그분은 아는 게 많으니 자신감도 넘치고 배울 점이 많아. 좋은 만남!" (○)

머릿속 생각도 긍정적으로 밝은 마음으로 해야 한다.

"오늘은 왜 이리 머리가 아픈 거야? 체한 건가? 뭘 잘못 먹었나? 하필이면 회의가 있는 오늘 같은 날 그래. 정말 재수 없어." (×)
"그동안 머리가 맑고 상쾌한 날들을 주셔서 고맙습니다. 늘 좋을 수는 없지요. 미소 지으면 통증도 완화된다는데 아파도 웃어 봐야지요." (○)

✳ 항상 기뻐하고 감사하며 미소 짓는 여유

삼라만상 모든 일이 다행이고 축복이라고 생각하라. 비 오는 날, 달리는 자동차가 진흙탕을 내 신사복에 튀겨도 홀딱 다 젖지 않아 다행이라 생각하며 웃고, 몸을 다치지 않아 다행이라 여기고 감사하라. 재미 교포 미식축구 선수 하인즈 워드는 항상 팔뚝에 미키 마우스를 그리고 다녔다고 한다. 동네 아이들이 인종차별로 괴롭힐 때마다 그 그림을 쳐다보면서 웃으며 위안을 삼았다는 것이다.

시각 장애인인 한 걸인이 지하철 복도 계단에서 적선을 갈망하며 쭈그리고 앉아 있었다. 그때 지나가던 신사가 큰 종이에다 이렇게 써 주면서 들고 있으라고 했더니 동전이 쏟아져 들어왔다고 한다. "Spring is coming, but I can' t see it."

전신마비 구족화가이자 시인인 이상렬 님은 새해 소망을 이렇게 빌었다고 한다. "새해에는 더도 덜도 말고 손가락 하나만 움직이게 하소서."

밥을 먹고, 잠을 자고, 물을 마시고, 화장실에 잘 다녀올 수 있다는 것만으로도 엄청난 신의 축복이다. 평생 '물 한 잔만 들이킬 수 있었으면……' 하고 살아가는 사람들도 많다.

이건희 회장은 "항상 기뻐하고 감사하라. 그래야 기뻐할 일들이 줄줄이 따라온다. 힘들어도 웃어라. 절대자도 웃는 사람을 좋아한다."라고 말했다. 전설적 야구 선수 Babe Ruth는 가장 많이 삼진 아웃을 당한 선수였으나 그때마다 그는 늘 입가에 미소를 잃지 않았다. 미소는 반가움, 좋아함, 한편이라는 표시라고 한다.

고 장영희 교수는 미국에서 다 완성된 박사 논문을 도둑맞고 "다시 시작하는 법을 가르쳐 준 도둑에게 감사합니다. 인생이 짧다지만 다시 시작하는 법을 배우기 위해 1년은 충분히 투자할 가치가 있다."고 말했다고 한다. "불평불만은 하면 할수록 부정적인 생각의 늪으로 빠져들 뿐이다. 나에게 주어진 '오늘 이 시간에 최선을 다하며 긍정적인 생각을 갖는 것이 바람직한 길이다."라는 말을 명심하자.

먼저 미소 짓고 인사하자. 나는 회사에서 고객 서비스 관련 업무로 많이 시달리다가, 일상생활로 돌아와서는 고객으로서 마땅한 대우를 받으려고 했다. 택시를 탈 때도 내가 고객이니까 택시 기사님이 먼저 나한테 인사를 해야 하고, 버스를 탈 때도 버스 기사님이 먼저 승객에게 인사를 해야 한다고 생각했다. 그러나 세상은 그렇지 않았다. 택시를 탈 때마다 스트레스를 받아야 했다. 먼저 인사하지 않는 기사님과 무언의 침묵 속에 살얼음판을 걷는 것과 같은 불안과 냉기가 흐르곤 했다. 그런데 그게 아니었다. 이제 나는 버스를 탈 때나 택시를 탈 때나 한결같이 내가 먼저 "수고하십니다."라고 인사한다. 그러면 내 마음이 편안해진다. 다만, 그 기사님이 '인사는 보는 사람이 먼저 해야 하는 것'이라고 느끼면 고마울 따름이다.

사람은 늘 재미를 추구한다. 먹고, 일하고, 자고, 일어나 활동하면서부터 늘 재미를 찾는 것이다. 유머는 상황을 긍정적으로 반전시켜 주는 특효약으로 작용할 수 있다. 상대방을 웃게 만들 수 있다면 물건을 팔 수 있다. 웃어라. 기분 나빠도 웃고 아파도 웃어라. 입을 다

문 채 입술 양끝을 살짝 당겨주기만 해도 달라진다. 머리가 나쁘고, 마음이 차가운 사람은 웃지 않는다고 한다. 웃음은 통증에 특효약이다.

"직장에서 익살스러운 말을 자주 하거나 낙천주의를 퍼뜨리는 쾌활한 사람은 다른 동료에 비해 승진 제의를 자주 받는다." (요헨 마이·다니엘 레티히, 『현실주의자의 심리학 산책』, 오공훈 옮김, 지식갤러리, 2012년.)

세상에 이유 없이 생기는 일은 없다. 처녀가 임신을 해도 다 이유가 있다. 누군가 그 이유를 찾아 만든 유머를 하나 소개할까 한다.

판사가 절도 피의자인 한 청년에게 "왜 도둑질을 했지?"라고 물었더니, 청년은 "배가 고파서요."라고 대답했다. 판사가 "그런데 신발은 왜 훔쳤지?"라고 물으니, 그 청년은 "맨발로 도둑질을 할 수는 없잖아요."라고 대답했다. 판사가 "근데 왜 그렇게 많은 빵을 훔쳤지?"라고 물으니 청년은 "동생들도 먹어야지요."라고 대답했다고 한다.

긍정적인 마인드는 칭찬에서 시작된다. 시시비비를 가리고, 따지고, 비판하기 전에 '그럴 수도 있겠지'라며 인정하고, 칭찬부터 먼저 하자. 칭찬은 아끼지 말아야 한다. 미루지 말고 즉석에서 바로 칭찬해 주어야 한다. 사람은 누구나 칭찬에 굶주려 있다고 한다. 특히 여성에 대해서는 과장해서라도 칭찬을 해 주어야 한다. 칭찬은 잘게 나누어서 하는 것이 좋다. 반면 질책은 한 번에 몰아서 해야 한다.

자만심에만 가득 차서 가까이 있는
행복을 너무 멀리서 찾으려고 하지 말자.
사무실에 내가 앉을 책상과 의자가 있고 비좁지만 나만의
공간이 있다는 것은
얼마나 큰 축복인가! 더 열심히, 더 잘하자,
내 발등에 떨어진 불씨처럼.
오늘보다 더 나은 내일을 위하여!

2부
성공하는 직장인
톺아보기

∞

사람은 사람과의 만남과 상호 관계 속에서 삶을 영위하고 있다. 저마다 주어진 사회적 역할을 수행하면서 살아가며, 삶의 가장 중요한 시기이자 오랜 세월을 직장이라는 울타리 안에서 보낸다. 광의의 개념으로 볼 때 직장은 기관, 단체, 회사, 자영업만을 의미하는 것은 아니며, 생계 수단 여부와 상관없이 종교인, 무속인, 자선 모임, 취미 모임 등 삶의 터전을 총망라하고 있다. 그 명칭과 성격에 관계없이 그 기저에 작동하는 원리는 대동소이하며 일맥상통하다고 볼 수 있겠다. 심지어 학생, 청소년, 취업 준비생, 실직자, 은퇴자 들도 예외가 아니다. 그들은 가정, 학교, 학원, 도서관, 노인정, 모임 등이 그들의 역할을 수행하는 훌륭한 일터이며 직장이라고 볼 수 있다.

본 장에서는 협의의 의미에서의 직장, 즉 정기적으로 보수를 받는 대가로 노동력을 제공하는 일터로 제한해서 살펴보기로 한다.

삶에 있어서 더할 나위 없이 소중한 직장을 지배하는 포괄적 원리는 '사랑'으로 귀결된다. 직원에 대한 직장의 사랑이 커지고, 직장에 대한 직원의 사랑이 깊어갈수록 회사가 건전하게 발전하고, 직원

프로 직장인, 아마추어 직장인에게 말하다

의 삶의 질이 향상될 것이다. 직원 상호 간, 상하 직원 간, 노사 간, 회사와 고객 간 등 모든 관계 속에 '사랑 에너지'가 샘솟는다면, 출근하고 싶고, 일하고 싶으며, 상사와 동료, 부하 직원이 보고 싶은 직장 분위기가 조성될 것이며, 이를 둘러싼 모든 관계가 원만하게 이루어져 결국 성과 창출에 기여하게 될 것이라 믿는다.

삶에 있어 대부분을 차지하는 직장 속을 들여다보고 그 현장을 살펴보는 것은 궁극적으로 건강하고 아름다운 삶을 영위하기 위한 초석을 다지는 것이다. 한편으로는 나 자신이 궁핍해지면 남을 위하는 생각, 어려운 이웃에 대한 고귀한 사랑도 고운 빛을 발하기가 쉽지 않을 것이라는 현실적인 입장에서도 직시해 볼 필요가 있을 것이다. 누구나 의심할 여지없이 우선 내가 잘 살아야 더 나은 행복을 누리고, 주위 사람들에게도 더 잘 베풀 수 있을 것이기 때문이다.

직장과 상사, 직원, 직장 내 갈등과 자신감을 분석해 보고, 직장 생활에서의 가치 창조 방안을 도출해 내며, 여성과 직장에 관련된 사항들을 현장 속에서 조명해 봄으로써 사람의 사회적 역할에 대한 가치를 실감나게 음미할 수 있을 것이다. 그리하여 즐겁고 밝은 직장, 신명 나는 직장을 가꾸어 직장 생활 속에서 행복한 삶을 구가할 수 있을 것이다.

가급적 쉽고 빠른 이해를 돕기 위해 식당 등 실제 사례를 많이 채택하였다.

내 직장 바로보기

✿ 지금 '이 순간'을 즐기고 사랑하자

　전반의 'Career 탐방'을 요약하면 다음과 같이 간단히 요약할 수 있겠다.

　유년기에는 동네에서 뛰어놀며, 잠자리, 매미, 메뚜기를 잡으러 온 산야를 돌아다니는 것이 그렇게 재미있고 신날 수가 없었다. 중학생이 되어서는 좋은 고등학교에 진학해야 하니 열심히 공부할 수밖에 없었으며, 고등학교 때는 대입 준비를 해야 하니 1학년 때부터 공부에 총력전을 펼쳤다. 그러다 대학에 진학해서는 조금 여유를 가졌으나 그것도 잠시, 남자가 군대에 갔다 오지 않으면 도저히 사람 행세를 할 수 없을 것 같아 군에 입대했다.

제대하고 복학한 이후 대학 졸업을 앞두고 취직 시험공부를 하지 않으면 안 되었다. 우여곡절 끝에 다행히도 입사 시험에 합격하였다. 그때 이후 스트레스 팡팡 받으며 열심히 전력투구하며 직장에 다녔으나, 세월의 흐름에 밀려 만 51세가 지나가기도 전에 이 한 몸 다 바쳤던 직장을 불현듯 떠나야 했다.

사람은 한시도 현재에 만족하지 못한 채 터널 시야(tunnel vision)가 되어 좁아진 시야로 오로지 앞만 보고 허겁지겁 달려간다. 다만 유년기는 과거에 집착하지 않고 미래를 걱정하지도 않은 채 오로지 현재를 즐기며 지낸 진정 행복한 시간이다. 사람은 소중한 보물인 '지금 이 순간'을 너무 홀대하며 지나쳐 간다.

이 '현재'가 너무 고귀해서 영어로는 이 '현재'(present)가 '선물'(present)과 글자가 같다. 즉 '현재=고귀한 선물'인 것이다. 그중 가장 길면서도 중요한 시간인 직장에서의 삶을 '좀 더 즐겁고, 보람 있고, 의미 있게 보내야 했지 않나'라고 돌이켜 볼 때면 후회에 더하여, 적막에 사로잡힌 채 알 수 없는 깊은 상념에 빠지곤 한다.

오늘 이 순간이 쌓여 과거가 되는 것이며, 미래란 허구이며 존재하지 않을 수도 있다. 이미 지나간 과거가 더 이상 내게 무슨 의미가 있으며, 내가 살아 보지도 않은 미래가 무슨 의미가 있단 말인가. 내일은 그저 머뭇거리며 다가올 뿐 지금 이 순간 즉 현재를 만끽하며 열심히 살아야 한다. 그것이 바로 의미 있고 착한 미래를 거머쥐는 것이기도 하다.

이 소중한 '현재'를 살고 있는 직장인들은 그저 자신이 제공하는 노동력의 반대급부로 보수를 받는 것이라는 피동적인 사고에서 벗어나 오늘, 바로 지금 이 순간을 어루만지고, 보듬으며, 사랑으로 감싸 주어, 신이 내려준 고귀한 선물의 의미가 퇴색되지 않도록 하여야 한다.

이른 아침 천박한 알람 소리의 역정에 마지못해 깨어나는 시늉을 할 것이 아니라, 깊은 산속에서 새 아침, 새 희망을 품고 정겹게 지저귀는 산새 소리로 받아들이자. 마치 월급 값 못 하는 직원으로 치부하는 듯 큰 소리로 야단치는 상사의 언성을 듣기 거북한 괴성이라 속단하지 말고, 부하 직원을 육성하고 일깨우려는 큰 뜻이라 생각하고 고맙게 받아들이자.

❀ 직장인의 속성

우리나라 직장인들의 속성을 잠시 살펴보자.

우리나라 직장인들은 개인보다는 우리를 중요시한다고 한다. 팀워크가 좋고 조직에 대한 로열티도 강한 반면, 추진력이 뒤떨어지고 과거의 익숙한 일에 얽매여 혁신을 이루어내기가 어렵다는 것이다. 이에 반하여 서양 직장인들은 로열티가 약하고 개인주의 성향이 강해 협업이 잘되지 않고 이직이 잦은 반면, 변화에 대한 욕구가 강하고 혁신이 잘 이루어진다고 한다.

프로 직장인, 아마추어 직장인에게 말하다

어느 외국인이 한국 직장인의 모습을 지적한 바에 의하면, 한국의 직장인은 야근이 많은데도 노동 생산성이 떨어지며, 상명 하달식 의사소통에 치우쳐 진정한 소통이 부족하다고 한다.

우리나라 직장인은 하루 업무 시간 중 두 시간가량을 업무와 관련 없는 개인적 용무로 보낸다고 한다. 게다가 불필요하거나 비효율적이라고 생각되는 업무에 쓰는 시간도 두 시간 삼십 분 정도나 된다고 한다. 미국의 경우 대학농구(NCAA) 시즌에는 86%의 직장인이 업무 시간에 경기를 봤으며, 심지어 근무시간에 포르노를 보는 경우도 있었다고 한다. 이들에게 꼬박꼬박 월급을 챙겨주고, 복리 후생에다 성과급까지 얹어주어야 하는 경영주로서는 아무리 생각해도 아연실색할 노릇이다.

스웨덴의 사회학자 Roland Paulsen이 공허 노동(empty labor)에 관하여 밝힌 내용을 살펴보자.

"회사에서 업무와 무관한 일에 시간을 보내는 태만적 행동을 '공허 노동'이라고 하는데, 한마디로 업무 시간에 딴짓을 하는 것이다. 저임금의 블루칼라 노동자보다는 업무에 자율성이 높은 전문 사무직에 많이 발견되는데, 그 이유는 과업 수행을 위해 필요한 시간과 노력 투입 정도를 관리자가 파악하기 어렵기 때문이다. 이러한 공허 노동은 업무의 몰입도를 저하시킬 뿐 아니라 성과와 효율성도 나빠질 수밖에 없다."

우리나라 근로자의 노동시간은 OECD 회원국 중 2위나 되지만 노동생산성은 OECD 국가 대비 80%밖에 되지 않는다고 한다. 한편

구글의 경우, 이런 공허 노동이 근로자로부터 기발한 생활 속 아이디어를 건져내는 원동력이 된다고 한다.

직장 분위기도 급속도로 바뀌고 변화하고 있다. 상사는 편애하는 직원이 따로 있어 나는 실력과 열정이 있어도 늘 눈 밖이다. 나를 미워하더라도 불편한 모습을 보이지 않으려고 노력하는데도 그게 말처럼 쉽지 않다. 사람 간에는 눈빛만 마주쳐도 척척 장단이 맞게 잘 돌아가는 사람이 있는가 하면, 아무리 긴장하고 노력해도 상사의 비위를 맞추기가 어려운 사람이 있다.

직원 시절이었다. 하루는 국장이 점심을 내겠다고 하여 직원 10여 명이 함께 외식을 하게 되었는데, 나는 하던 일을 마무리하고 가려다가 조금 늦게 혼자 사무실을 나서게 되었다. 예전에 귀에 익은 식당이라는 생각에 쉽게 찾을 줄 알았는데, 아뿔싸. 정작 가보니 그 식당이 아니었다. 몇 군데 수소문해 보았지만 알 길이 없어 결국 시간의 흐름 속에 이러지도 저러지도 못한 채 결국 어쩔 수 없이 포기할 수밖에 없었다(당시는 애석하게도 핸드폰이 없던 시절이었다).

식사를 함께 하지 못한 것도 억울한데, 점심 식사를 마치고 들어온 국장으로부터 "국장이 점심 한번 사겠다고 하는데 참석도 안 해?"라는 핀잔 섞인 꾸중을 들어야 했다. 어떤 변명을 해 봐야 나만 우스운 사람이 될 것 같아 그냥 가만히 있을 수밖에 없었다. 한번 눈 밖에 나면 아무리 발버둥 쳐도 자꾸만 더 멀어질 수밖에 없는 것일까.

직장에서는 위로 올라갈수록 자기만의 렌즈를 통해 세상을 본다고 한다. 지금까지 자신에게 축적된 경험과 지식, 교육이라는 자신만의 렌즈를 통해 주위를 바라보는 것이다. 그 렌즈가 낡아 제대로 초점이 맞지 않거나, 스크래치가 생겼을 경우 문제가 되는 것이다. 결국 사람은 있는 대로 보는 것이 아니라 보이는 대로 보는 것이다.

직장에서는 선배가 먼저 승진하고 후배가 그 뒤를 따르는 위계질서가 사라진 지 오래며, 여자 상사 밑에서 일하며 어떠한 질책도 감수해야 하는 것이 현실이지만, 자신에게 달갑지 않고 오히려 역겨운 환경은 훌륭한 내공과 면역력을 키워주는 기회가 될 수도 있다고 한다. 나한테 가해지는 곤경을 자신을 도약시키는 발판으로 환원시키는 인내와 용기가 필요한 것이다.

전국에 걸쳐 수백 개의 점포를 가진 '밥버거' 업체 사장은 만약 자신이 주먹밥을 팔던 학교 앞에서 쫓겨나는 신세를 경험하지 못했더라면 지금까지도 계속 주먹밥을 파는 신세를 면하지 못했을 거라고 회고한다.

지금 어떤 일을 하고 있는지도 중요하지만 그 일을 어떻게 하고 있는지가 더 중요하다. 매일 출근해서 의미 없이 인터넷 산책이나 하면서 기다리다 상사가 시키는 일만 하려고 해서는 자신의 안위와 발전은 물론, 직장의 미래도 장담할 수가 없다. 결국 머지않은 미래에 나 자신이 먼저 아늑한 둥지를 떠나야 할 시간밖에 돌아오지 않을 것이다.

직장과 상사

❀ 내리사랑을 실천하는 경영인

사람은 누구나 할 것 없이 모두가 존경받아야 한다. 각자가 맡은 역할을 충실히 수행함으로써 우리 사회에 어떻게든 기여하고 있기 때문이다. 그중 특히 기업인은 존경받아야 한다. 물론 태곳적부터 척박한 땅을 경작하여 곡식을 거두어들이고 거친 파도를 헤치며 물고기를 잡아, 사람이 생존하는 데 필수불가결한 농수산물을 생산, 공급하는 1차 산업 종사자들이 우선적으로 존경받아야 하지만, 그에 못지않게 기업인이 존경받아야 하는 것이다.

그들은 전쟁보다 치열한 경쟁을 헤쳐 나가며 온갖 스트레스와 역경 속에서도 안정적인 기업 경영을 통하여 우수하고 값싼 제품, 서비스를 생산·가공·공급하여 수많은 사람들이 안락한 삶을 영위할 수

프로 직장인, 아마추어 직장인에게 말하다

있도록 할 뿐 아니라, 직원들을 고용하여 그들로 하여금 가족을 꾸리고 후손을 출산, 양육하여 인류가 존속할 수 있는 터전을 마련해 주고 있기 때문이다. 세간을 떠들썩하게 하는 그 어떤 부작용이나 폐해에도 불구하고, 기업인은 어느 누구보다 우선적으로 존경받아야 할 사람임에 틀림없다(바라건대 최소한 윤리적으로는 흠결이 없어야 한다).

이와 같이 중요한 사회적 역할의 중심에 서 있으면서 기업의 최고 정점에서 회사의 존망을 좌우하는 CEO는 그 권한을 올바르게 행사하여야 한다. 누군가 '훌륭한 경영인은 조직원들에게 새로운 시도와 생각하는 버릇을 들임으로써 효과적으로 피곤하게 만드는 사람'이라고 하는데, 사실 직원들은 위로부터의 간섭과 통제가 적을수록 더 높은 성과를 거양한다고 한다.

무엇보다 CEO는 윤리 경영에 기반을 두고 일관성을 유지하여야 하며, 정렬성을 지키는 일이 중요하다. 직원들을 혼미하게 해서는 안 된다. 부하 직원을 믿고 맡겼으면 신뢰해야 한다. 사내 공식 라인에서 올라오는 보고를 비선 라인을 통해 몰래 검증하는 것은 내부 갈등만 조장하며 회사 이익에도 마이너스 효과를 가져 온다.

예를 들어 인사팀장으로부터 인사 안을 보고 받은 CEO가 그것을 비공식적으로 다른 직원이나 외부 인사로부터 검증받는다면 어떻게 될까. 물론 공개된 절차를 거치는 것은 바람직한 일이다. 다만 자신이 임명한 사람이 규정된 절차에 의해 보고하는 것을 신뢰하지 않고 비공식 라인을 통해 수정, 보완하려는 의도가 문제가 되는 것이다.

줄(line)은 한 줄이면 충분하며, 더 이상 줄의 수가 늘어나면 직원들이 우왕좌왕하게 된다. 직원들의 성과는 왜곡되고, 업무에 전념하기가 어려워진다. 결국 직원들이 이러한 CEO 밑에서 일하는 것이 부끄러운 일이 될 것이다. 그러지 않아도 직원들 중 70%가 인사 평가에 대해 공정하지 못하다고 생각하고 있지 않는가.

한편 이러한 기업에 소속된 임직원은 자신의 생존 기반인 회사를 보호하고 안정적으로 유지·발전시키기 위하여 최선을 다하여야 한다. 과연 그들이 어떻게 하는 것이 바람직한 일인지 살펴보기로 하자.

성공하는 기업은 우선적으로 직원을 만족시킨다. 만족한 내부 고객만이 외부 고객을 만족시킬 수 있다는 진리를 잘 알고 있기 때문이다. 직원을 인정하고 칭찬해 주며 격려해 주는 것이 가장 효과적인 보상책이다. 직장인의 90%가 이에 대한 불만을 표출한다. 직장인의 가장 강력한 동기부여 요인은 상사로부터 진심 어린 격려의 말을 듣는 것이라고 한다.

이렇듯 상사보다 부하 직원을 먼저 챙겨주는 기업문화가 절실하다. 가부장적 부권 사회가 득세하던 시절에는 온 가족이 밥상에 둘러 앉아 식사를 할 때, 맛있는 반찬은 아버지가 먼저 시식을 했으나, 지금은 세상이 바뀌었다.

회사에서는 상사보다 하급 직원을 먼저 챙겨주는 아량이 필요하다. 상사 스스로도 부하 직원에게 먼저 양보하는 미덕을 보여야 한다. 표창을 수상할 일이 생기면 부하 직원부터 먼저 챙겨주어야 한다. 아직 회사의 기업문화에 익숙하지 않지만 기발한 아이디어가 샘솟고 회사에 기여할 기회가 훨씬 더 많은 부하 직원을 먼저 배려해 주어야 하는 것이다.

가족에 있어서의 '내리사랑'은 회사에서도 그대로 통한다. 한 조사 결과에 의하면 직장 내 스트레스 요인 중 70%가 상사 때문이라고 한다. 과도한 업무량은 그다음 순위였다.

회사의 구성원으로서 나는 누구한테 제일 잘해야 하는가? 부하 직원이 최우선이고 그다음이 동료 직원이며 맨 마지막이 상사다. 긴 안목으로 봤을 때, 직장에서의 내 운명은 부하 직원이 쥐고 있다. 겉으로 보이는 상사나 인사권자가 아니라, 부하 직원이 자신의 진로를 꽉 잡고 있다는 것이다. 자기 자신의 안위를 위해서보다는 활력 있는 조직, 생산적인 분위기를 조성하기 위하여 부하 직원에게 잘하자.

특히 계약직 직원, 인턴사원, 용원, 운전기사, 경비원, 미화원, 식당 근무 직원 등 이해관계가 적을 듯한 사람들에게 먼저 인사하고, 겸손하게 대하고, 인간적으로 예우하자. 그렇다고 사면초가에 놓인 상사를 경시하라는 말은 절대 아니다. 늘 존경하는 마음과 성의 있는 태도를 깔끔하게 유지해야 한다.

쇠막대기와 나무 막대기 이야기

우리는 어떤 사람의 성격을 두고 '대쪽 같은 성격'이라는 말을 많이 하곤 한다. 그 말은 어떤 때는 장점이 되기도 하고, 또 어떤 때는 단점이 되기도 한다. 사람은 쇠막대기도 아니고 나무 막대기도 아니다. 하지만 때로는 쇠막대기가 되기도 하고, 때로는 나무 막대기가 되기도 한다. 쇠막대기는 무겁고 단단하지만 구부릴 수 있는 반면, 나무 막대기는 가볍고 잘 부러지지만 절대 구부릴 수는 없다. 마찬가지로 상사는 부하의 성격과 다양한 감정 변화를 잘 읽어낼 수 있어야 하며, 이를 적절하게 업무에 활용할 준비가 되어 있어야 한다.

경영주와 직원 간은 상호 협력 관계이면서 한편으로는 본능적 대립 관계에 있다. 다음은 각기 다른 방향으로 움직이는 직원과 CEO의 내면 심리를 묘사해 본 것이다.

직원의 좌불안석

즐거워야 아이디어가 샘솟는다고 하는데, 놀듯이 일해야 성과가 난다고 하는데, 상사는 부모의 마음으로 부하 직원을 돌봐야 한다고 들었는데, 어느 구석을 둘러보아도 내 직장 현실은 그렇지 않은 것 같다. 어디서 무엇을 얼마나 하든 성과가 중요할 텐데, 오늘도 이 눈치 저 눈치 보며 야근을 해야 하나. 다행히 금주에는 수요일과 금요일이 휴일이다. 신난다. 야호!

CEO의 볼멘소리

매달 꼬박꼬박 월급은 잘 챙겨가면서 실적은 변변찮은 직원들을 어떻게 감당해야 할지 한숨 소리가 하늘을 찌르는 것 같다. 더군다나 이 달에는 공휴일이 많아 직원들이 빈들빈들 놀면서 금싸라기 같은 월급을 그저 챙겨 가는 것 같아 볼멘소리만 메아리가 되어 뒷머리를 쑤셔

오는 것 같다.

무엇보다 경영진과 직원 간 상호 이해에 의한 신뢰감 형성이 중요
하다. 내 부하 직원에 대해서는, 신뢰와 배려, 보살핌으로 노력과 과
정을 칭찬하고 격려하여 성과를 거양하도록 하고, 나의 상사에 대해
서는, 오늘도 회사를 위해 '갑' 손님 모시고 달갑잖은 쓴 술 연거푸
들이키며 밤늦도록 분위기를 맞추고 있는 그 고맙고 힘겨운 노고에
감사하는 마음을 가져야 한다.

✿ 흔들리는 내면의 여러 자아

어느 겨울, 간밤에 내린 눈으로 온 천지가 하얀색으로 장식된 월
요일 아침, 정기 님의 하루를 적시해 본 것이다.

예년에는 그리 흔하지 않던 하얀 눈이 온 산야에 펼쳐지니 천연
의 신비로운 장관을 연출한다. 인터넷 블로그에 올린 각양각색의 눈
꽃 사진들을 펼쳐보니 자연의 경이로움에 심취되어, 한없이 지속될
것 같은 암울한 겨울 추위가 저 한편 구석으로 내몰리는 것 같다.

밤새 하얀 눈이 내린 2월 어느 월요일 아침, 정기 님은 회사에 정
시에 출근하지 못할까 안절부절못하고 그야말로 좌불안석이다. 출

근길에 대중교통이냐 자가용이냐 양자택일을 두고 망설인다. 그래도 지하철은 정시 출근을 보장해 줄 것 같기는 하지만, 월요일 아침 출근길에 집중적으로 몰려 들 인파의 북새통 속에 낯선 사람들과의 달갑잖은 부대낌을 상상하니 지레 겁부터 난다. 반면 자가용은 우선 door-to-door로 줄곧 앉아서 갈 수 있어 편하긴 한데 과연 눈길 위를 제대로 주행해서 정시 출근을 보장해 줄 수 있을 지 의문이다.

'만약 지각이라도 하는 날이면 직속 상사인 김 부장이 그 칼날 같은 따가운 시선으로 몰아붙일 텐데……. 에라, 이렇게 눈이 많이 내렸는데 날씨 핑계로 조금 늦는 것 정도야 윤허(?)가 되겠지. 아니야, 눈이 내렸으면 미리 길어질 출근 소요 시간을 감안하여 왜 집에서 일찍 출발하지 않았느냐고 정곡을 찌르면 헤어날 길이 없을지도 몰라'

이 아름다운 자연의 고귀한 선물인 하얀 눈이 월요일 아침부터 정기 님의 마음을 이리 흔들고 저리 흔들고 난리가 아니다. 사실 그렇다. 일 년 열두 달이 지나도록 단 한 번도 지각하지 않는 직원은 성실해 보이고 신뢰가 간다. 그것 때문에 직장인들은 절대로 지각하는 흠결을 보이지 않으려고 애쓴다. 완벽 그 자체다. 그러나 직장인에게는 그것이 은근히 스트레스로 다가온다. 상사의 입장에서는 출근이 늦은 부하 직원은 왠지 게을러 보이고, 일을 맡기면 어쩐지 책임감 있게 처리하지 못할 것 같은 예감이 들기 때문이다.

아침 8시 30분이 지나고 일과 시간이 가까워지자 여직원이 마치 의무감에서 억지로 하는 듯 생수가 담긴 유리컵을 김 부장 책상 위에 탁 올려놓고 휑하니 떠나는 뒷모습에 냉기가 감돈다. 휴일을 보

프로 직장인, 아마추어 직장인에게 말하다

낸 월요일 아침, 가까스로 출근한 직장에서 동료들 간의 아침 인사마저 왠지 경쟁자에 대한 날카로운 시선을 머금은 듯 썩 반갑게 느껴지지 않는다. 자판기로 우르르 몰려가 커피를 한 잔씩 뽑아 든다. 사람들은 몇 닢 동전으로 알량한 인심을 얻을 수 있는 기회라도 잡으려고 하는지 서로 먼저 자판기 동전 주입구를 선점하려고 아등바등한다.

직원들끼리 서로 궁금해하는 휴일담을 나누며 감칠맛 나는 모닝커피를 막 마시려고 하는데, 누군가 김 부장이 호출한다는 메시지를 전해 온다. 정기 님은 허둥지둥 사무실로 들어간다. 혹시 지난주 금요일에 제출한 보고서에 문제가 있는 건지, 아니면 뭔가 잘못된 건지……. 그러잖아도 요즈음 김 부장의 정기 님에 대한 시선이 썩 곱지 않은 터인데, 지레 불안감이 머리 위를 스쳐 지나간다.

오전 일과가 채 지나기도 전에 정기 님은 불현듯 사랑하는 가족이 떠오른다. 이제 돌을 갓 지난 아들이 감기가 심해 고생하고 있는데다 장모가 편찮다는 소식까지 접한 아내의 심기가 이중으로 불편하다. 변명 같지만 오늘 저녁에 있을 회식에 참석하지 않으면 안 되는지 지레 이리 재고, 저리 재고 심란한 마음이 오락가락한다.

❀ 문제의 발견과 치유

나 자신이 생각하고 있는 '나'는 남이 생각하는 '나'와 다르다

우선 정기 님은 직장 생활에서 출근 시간을 철저히 지켜야 한다는 강박관념에 사로잡혀 있는 듯하다. 사람의 마음속에는 자신을 중심으로 여러 개의 자아가 존재한다. 이 자아가 자신을 긍정적이고 바람직하게 인도하기도 하고, 때로는 자신을 왜곡하여 곤경에 처하게 하기도 한다.

말하자면 사람이면 어느 누구에게나 자신의 실체인 자아가 있으며, 자신이 그럴 거라고 생각하는 자아가 있고, 또한 다른 사람이 자신을 이렇게 생각하고 있을 거라고 상상하는 자아 등 여러 개의 자아가 자신을 둘러싸고 긍정적으로 작용하기도 하고 부정적으로 작용하기도 하는 것이다. 우리가 남들로부터 뜻밖에 칭찬을 듣기도 하고 괜한 오해를 사기도 하는 것은 다 자신을 둘러싼 다수 자아의 왜곡 현상 때문이다.

직장인이라면 때로는 회사에 지각할 수도 있다. 정기 님이 지각할까 두려워하는 마음은 실체인 자아에 의한 정직한 시각임에는 틀림없다. 그러나 상사가 자신의 행동에 대하여 책망할 것이라는 불안에 싸인 자아에 의해 자신이 지배받게 되는 것이 문제다.

즉 상사가 기상 상황과 같은 불가항력적 변수에 의한 교통체증을 감안하지 않은 채, 회사 규정 위반인 지각 자체를 아예 묵인해 주지 않을 것이라는 고뇌가 정기 님의 자아를 형성하게 되는 것이다. 그

프로 직장인, 아마추어 직장인에게 말하다

것은 곧 자신을 스트레스로 압박하여 아침 출근 문제로 인해 지레 갈등에 휩싸이게 하고, 결국 그날 아침 무리하게 출근을 감행하게 되는 것이다.

한 가정을 책임지고 있는 가장으로서 정기 님은 안팎으로 작은 일에도 허점을 보이지 않으려는 완벽 추구형 직장인으로서 올바른 삶의 원칙 앞에서 흔들리는 자아의 모습에 긴장하고 있는 것이다.

우선 지각 자체를 논의하기 위해 잠깐 학창 시절로 돌아가 보자. 수업이 열정적으로 진행되고 있는 중에 출입문을 드르륵 열고 들어오는 급우가 있었다. 대부분 장거리 열차 통근 학생인데 가끔씩 농땡이 학생도 섞여 있기도 했다. 한창 수업을 진행하던 교과 선생님은 그 학생을 앞으로 불러다가 꿀밤을 한 대 먹이는 일도 있었다.

한 학생이 지각함으로써 다소 수업의 열기와 집중에 찬물을 끼얹는 부정적 영향은 있겠지만, 그 학생에 대하여 과도한 핀잔을 줄 정도는 아니다. 사람이면 누구나 그럴 수도 있다. 만약 그 학생이 시골 부모님을 떠나 자취를 하고 있는데, 이른 아침에 동생 밥을 챙겨 주고, 옷을 입혀 주고, 설거지까지 마친 후 등교한다는 사실을 선생님이 알게 된다면 어떨까. 오히려 칭찬해 줘야 하지 않을까.

직원이 출근 시간을 제대로 지키지 못하고 가끔 지각한다고 하여 과연 그것이 부서 성과에 큰 지장을 초래하게 되는 것일까. 지각한 직원이 미안한 마음에 업무에 더욱 열중하여 기대 이상의 성과를 낼 수 있다는 기대는 무시해도 되는 것일까.

직장에서 발생되는 크고 작은 문제의 발단은 대체로 상사에게 있다. 매일경제신문이 최근 시행한 '2014년 직장 문화 만족도' 조사 결과에 의하면 '현 직장에 만족하지 않는다'고 답한 응답자 중 82.2%가 직장 상사로 인한 스트레스 때문이라고 한다.

　김 부장의 생각으로는 자신에게 아무런 문제가 없다고 생각할 수도 있다. 근무시간을 준수하는 것은 직원으로서 당연한 일이다. 게다가 다른 부서 직원들은 정시보다 일찍 출근해 열심히 일하고 있는데, 자신의 부하 직원만 줄줄이 지각하여 일과 시작 시간이 훨씬 지났는데도 빈자리를 보인다면, 이를 보는 외부 시각으로는 직원들이 잘못한 것으로 판단하기 전에 상사인 김 부장 자신에게 문제가 있을 거라는 선입견을 가질 가능성은 물론 있다.

　여기에서 김 부장은 다른 사람들이 자신을 긍정적으로 보지 않을 거라고 예단할 우려가 생기는 것이다. 즉 주위 사람들의 속마음을 김 부장 혼자만의 상상으로 왜곡하여 판단하게 되는 것이다. 이로 인하여 김 부장은 은연중에 부하 직원을 심리적으로 압박하는 효과를 낳게 되고, 소속 직원들은 사소한 일에도 스트레스를 받게 되어 결국 부정적 감정이 생성되는 것이다. 이는 개인의 건강과 성과에도 영향을 미칠 뿐만 아니라 직원의 원만한 가정과 사생활에도 부정적인 영향을 미치게 된다.

주위 사람을 편안하게 해 주려는 마음가짐이 경쟁력의 원천이다

여기에서 '편함의 원리'를 적용할 수 있겠다. 우리는 항상 나 자신을, 그리고 다른 사람을 편안하게 대해 주어야 한다. 우리가 등산을 하거나 운동을 하고 나서 목욕을 하고 깨끗한 옷으로 갈아입고 침대 위에 두 다리를 쭉 뻗고 드러눕는다고 상상해 보자.

그때 우리는 뭐라고 말하는가? '기분 좋다', '행복하다', '편안하다', '편하다'라고 한다. 이와 마찬가지로 먼저 우리가 주위 사람들을 편안하게 대해 주면 그 좋은 기운이 물결처럼 퍼져 나가 본연의 업무가 즐거워지며, 결국 나 자신이 자연스럽게 편안해지는 것을 느끼게 된다.

한 연구 결과에 의하면 내가 다른 사람들에게 하는 모든 행동은 나의 운명에도 영향을 미친다고 한다. 서로 적대적인 관계에 있는 사람도 운명적으로 연계되어 있다고 하는 것이다.

이처럼 회사는 상사가 먼저 부하 직원의 마음을 편안하게 해 주어야 한다는 기본 입장을 견지하고 있어야 한다. 그렇게 해도 월급 받고 놀려고 하는 직원은 없을 것이다. 만약 그런 사람이 있다면 채용 단계에서 그 사원의 태도에 대한 정확한 평가를 제대로 하지 못한 것이다.

어떤 직원이든 입사할 때 그 정도 이상 소양은 지니고 있다. 그리고 직원에 대한 평가의 기회는 두고두고 얼마든지 있다. 상대방을 편하게 해 준다는 것은 그 사람으로 하여금 최고의 컨디션에서 열정을 쏟아붓게 하는 효과를 낳게 되는 것을 의미한다. 이것은 곧 사랑을 베풀고 몸소 실천하는 것이어서, 그 긍정적 효과는 다방면으로 나타나게 된다. 남을 편하게 대해 주는 것은 바로 '사랑 에너지'가 생산해 내는 긍정적 감정 에너지를 솟아나게 하는 원천인 것이다.

날씨가 썩 좋지 않은 날에는 아침 일찍 부하 직원에게 일일이 전화하거나, 문자로 '지각해도 좋으니 급하게 서두르지 말고 안전에 유의하세요'라는 메시지를 미리 전하면 어떨까. 월요일 아침부터 상사가 부하 직원의 집에까지 전화한다고 그 직원이 기분 상할까? 그런다고 정작 그들이 고의로 지각하는 길을 선택할까?

정기 님의 가정에 대한 고민과 관련해서 잠시 살펴보자. 직원이 직장에서 최대의 성과를 내기 위해서는 우선 그의 가정이 편안해야 한다. 가정에서 남편은 아내로부터 인정받아야 하며, 아내는 남편으로부터 인정받아야 한다.

가족의 안전이 우선 보장되어야 직장에서 더 많은 성과를 낼 수가 있다. 실제로 회사에서, 또는 상사가 그런 배려를 하고 있다고 말하는 것도 중요하지만, 그 당사자인 직원들이 실제로 그렇게 느끼고 있는지가 더 중요한 것이다.

전쟁에서 승리하는 군대는 전투에 참가하는 장병들의 가족부터 먼저 안전한 후방으로 대피시켜 준다고 한다. 정기 님은 아이가 감기에 걸린 상태에다 장모가 편찮다고 했다. 상사는 평소에 부하 직원이 걱정하고 있는 일이 무엇인지, 무슨 고민을 하고 있는지를 세심하게 관심을 기울여야 한다. 회사는 직원들에게 일과 시간 내내 그리고 초과 근무시간까지 더해서 오로지 회사 업무에만 집중하라고 강요할 수는 없는 일이다.

마이클 브린 인사이트 커뮤니케이션즈 회장은 한국의 직장인에 대하여 이렇게 피력한다. "야근을 일삼는 한국인이 낮 시간에 효율적으로 일하는가는 의문이다. 낮에 어영부영 일하다 밤늦게 남아 일하는 게 무슨 소용인가. 업무 시간에 부지런히 일에 매달리고 일찍 퇴근해 가족과 시간을 보내는 게 훨씬 효율적이고 바람직한 삶일 것이다."

상사가 부하 직원들의 개인적 고민을 공유하고 함께 해결하고자 할 때 업무 성과는 더욱 값진 것이 된다. 적어도 직원이 자신의 고민을 자연스럽게 털어 놓을 수 있도록 상사는 늘 마음의 문을 열어 놓고 있어야 한다. 그날 부서 회식이 아무리 중요하다고 하더라도 어느 한 직원이 자신의 가정을 더 소중하게 생각한다면 편안하게 그렇게 할 수 있도록 배려해 주어야 한다. 이는 그 직원이 자신의 가정을 잘 돌봄으로써, 회사 업무에 더 열정적으로 매진하도록 길을 열어 주는 것이다.

직원이 회사보다 개인적이고 사적인 일에 더 비중을 두는 것처럼 보인다는 이유로 핀잔을 주는 근시안이 되어서는 안 된다. 오늘 아침 정시에 출근하는 것, 저녁 회식에 참석하는 것 못지않게 거시적 안목에서 마음에서 우러나오는 직원에 대한 배려가 결국 바람직한 성과 창출에 기여하는 것이다. 이 배려는 진정한 사랑을 품은 맑은 마음에서 우러나와야 한다.

〈사례 8〉 상사의 조심성 부족한 행동이 직원의 사기를 떨어뜨린다

피부관리실에 근무하는 달빛 님은 어느 날 옆방에서 자기보다 경력이 짧고 실력도 뒤떨어지는 박 실장이 원장과 월급 이야기를 나누고 있는 현장을 목격하게 되었는데, 박 실장이 자기보다 월급을 훨씬 더 많이 받는다는 사실을 알게 되었다.

나중에 알고 보니 박 실장은 제대로 관련 학과를 졸업했고, 학벌도 자신보다 낫다는 것이 그 이유였다. '손님들이 인정하고 만족하는 것이 중요하지 학벌이니 전공이니 다 무슨 소용인가'라는 볼멘소리가 달빛 님의 머릿속을 맴돌았다. 달빛 님은 기분이 상해 일자리를 다른 데로 옮길 것인지, 아니면 야간대학이라도 들어가 공부를 더 해야 하는 것인지 갈등에 휩싸인다.

일견 더욱 열심히 일해서 손님으로부터 인정받은 후 나중에 별도로 피부관리실을 차려서 손님을 빼내 가면 될 것 아니냐는 감정적 해결 방안까지 생각해 보게 된다. 결국 달빛 님은 고민 끝에 문제를 감정적으로 해결하려 해서는 안 되며, 우선 어렵겠지만 자신의 일에 최선을 다한 후 원장과 상의해 보는 긍정적인 방법을 선택한다.

원장은 직원 개인 신상과 처우에 관한 개별 면담 시, 다른 직원이 엿들을 수 있는 시간과 공간을 선택한 것이 뭔가 미진해 보인다. 직원 개개인에 대한 세심한 배려가 부족함을 느낄 수 있다. 자신의 일터와 직원을 세심하게 바라보는 균형 감각이 뒤떨어지는 모습이다.

❀ 사다리 위로만 쳐다보려는 상사의 마음을
부하 직원에게 돌려야 한다

사다리를 타고 나무에 오르는 사람은 위만 쳐다보지 아래는 내려다보지 않는다. 회사에 몸담은 사람들은 항상 15도 위로만 보고 지낸다고 한다. 그래야 마음이 편하고 장래에 대한 불안을 덜 수 있어 마음이 놓이는가 보다. 당장 자신에게 아무런 영향력도 미치지 못하는 부하 직원에 대해서는 별로 챙기고 싶은 마음이 없다는 의미다. 매사에 이해득실을 따져 행동하는 보통 사람의 그저 그런 태도가 그렇다.

그러나 상사는 부하 직원과 공감하고 함께 어울리는 것이 중요하다. 그들의 기쁨에는 함께 즐거워하고 아픔에는 동병상련하는 자세가 필요한 것이다. 오죽했으면 상사의 인사고과에 부하 직원의 평가를 반영시키겠는가 말이다. 그저 내 목줄을 쥐고 있는 윗사람 눈치만 살피며 편한 길을 택하려고 할 것이 아니라, 나만 쳐다보며 일밖에 모르는 내 부하 직원들을 따뜻하게 감싸주고 챙겨주어야 한다.

오히려 위로는 불평을, 아래로는 칭찬과 배려를 할 줄 알아야 한다. 이순신 장군이 존경받는 이유가 바로 그래서다. 항상 위로는 사실을 왜곡하지 않고 진언하여 부담을 주고 시정·개선을 요구하는 반면, 부하들에 대해서는 그들의 말을 경청하고, 칭찬을 아끼지 않았으며, 관대하고 배려심에 충만했던 것이다.

한편 사람은 자신에게 잘해주는 사람을 위해서가 아니라 자신을 알아주고 인정해주는 사람을 위해서 목숨을 바친다고 한다.

맥도날드 매장 8개를 운영하고 있는 김 사장은 객지에서 근무하는 직원을 위해 전세 아파트를 얻어 주고, 직원이 군에 입대할 때는 부모 대신 따라가 주는 등 직원들에게 진심으로 성의를 다한다고 한다. 김 사장에게 직원은 모셔야 할 상전이자 자신에게 돈을 벌게 해 주는 소중한 존재라는 것이다.

직원을 상전으로 모시며 스킨십으로 일할 동기를 부여한 결과 최근 3년간 근 500명에 달하는 직원 중 단 2명만 회사를 떠났다고 한다. 누가 시키지 않아도 다른 매장 매니저와 아르바이트생들끼리 서로 문자를 돌려 도와주러 올 만큼 서로 팀워크가 좋다고 한다.

김 사장은 "한 매장에서 직원과 소통하기 위해 이른 점심을, 다음 매장에서는 늦은 점심을 먹다 보니 하루 점심 2끼, 저녁 2끼를 먹곤 한다."며, 자신은 "능력 있는 직원을 뽑고, 그들이 역량을 발휘할 수 있게 하는 게 내 일 가운데 90%"라고 한다. (중앙일보, 2014년 4월 24일.)

리더의 위치에 있는 임직원이라면 회사 전체를 볼 줄 아는 능력을 가지고 있어야 할 뿐만 아니라, 부분적이고 지엽적이라 하더라도 회사 발전에 부정적으로 작용하는 요인들을 조목조목 추려 낼 줄 알아야 한다. 회사에서 그 능력을 인정하기에 보수를 더 많이 주는 것이다.

#<단상 2> 직장과 술 문화

사람은 술을 멋있게 잘 마심으로써 자신의 파워, 위력을 과시하고, 건장함을 보여주고자 하며, 건강에 해로운 술을 함께 함으로써 역설적으로 상대방과 한편이라는 친밀한 관계를 돈독하게 하고자 한다.

술을 마시면 여러 가지 긍정적인 효과가 있다. 술에 들어 있는 알코올 성분이 뇌를 흥분시켜 감정의 날카로움을 무디게 하고, 이성(理性)의 예리함을 둔하게 만들어 대화를 부드럽게 하고, 화기애애한 분위기를 조성한다. 술을 마시게 되면 대부분 편안하고 느긋한 마음으로 바뀌게 된다. 그러나 한편으로는 술을 마실 때 감정의 통제에 더욱 신경 쓰지 않으면 안 된다.

'적당히'란 말만큼 실천하기 어려운 일도 없다. 그만큼 자신이 하는 일인데도 통제하기가 여간 버겁지 않은 일이 있는 것이다. 사람이 술을 마시다가, 술이 술을 마시고, 결국 술이 사람을 마시는 데까지 이르러서는 안 된다. 우스갯소리로 처음에는 '신사'였는데 술이 들어감에 따라 '예술가'가 되고, 더 마시면 '토사'가 되고, 여기에 더 마시면 '개'가 된다고 한다. 주벽이 심한 사람은 당장 술을 끊어야 한다. 주위 사람을 이롭게 하지는 못할망정 불편, 부담을 주는 행동은 절대 금물이다. 직장에서 성공은 물론 버티기조차 어렵다. 어느 분위기 좋은 날, 동료 직원에게 살짝 물어 보고 조언을 구한 후 바로 실천에 옮기자.

사람의 뇌에는 다양한 감정이 들어 있는 병이 있는데 이를테면, 기쁨,

슬픔, 분노, 우울, 존경, 인내, 질투, 증오 등의 감정이 적당한 긴장 상태로 차곡차곡 잘 보관되어 있으며, 평소에는 그 뚜껑이 잘 닫혀 있다. 술을 마시게 되면 알코올 성분이 뇌의 긴장을 이완시켜 감정의 병뚜껑이 느슨해진다. 이는 마치 주전자의 물이 끓을 때 뚜껑이 들썩이는 것과 같다고 보면 되겠다.

어느 정도 취기가 오르면 다양한 좋은 감정이 자연스럽게 감정의 병으로부터 흘러나와 대화가 부드러워진다. 평소에 말이 없던 사람도 말이 많아지게 되어 분위기가 고조되는 효과가 있다. 하지만 술을 계속 마시게 되면 부정적 감정도 통제되지 못한 채 흘러나오는 데 문제가 있다. 평소 억누르고 있었던 생각들이 말이 되어 쉽게 흘러나오고, 상호 간 자존심에 자극이나 상처를 주는 말에 대해서 인내심이 떨어지는 역효과가 우려되는 것이다. 즉 평소에는 참고 지나가는 말인데도 취기가 오르면 분노의 병이 쉽게 열려 맞받아칠 가능성이 커지게 된다.

술 이야기가 나왔으니, 명심보감에 나오는 금언을 하나 소개한다. 사람의 아전인수격 이기적 본성이 드러나고 있지만, 한편으로는 자신이 잘돼야 주위에 사람들도 모여들므로, 평소 자기 개발과 수양에 몰두하라는 의미로 받아들이는 게 편할 것 같다.

酒食兄弟는 千個有로되, 急難之朋은 一個無라.

(서로 술 마시고 밥 먹을 때는 형이니 동생이니 하던 친구가 천 명이더니, 급하고 어려운 일을 당했을 때에 도와줄 친구는 한 사람도 없느니라.)

술자리에서 꼭 지켜야 할 몇 가지 유의 사항을 알아보자. 이것만 잘 지키면 술 매너로서는 완숙된 경지라고 할 수 있겠다.

◆ 술을 마실 때는 꽤 친밀한 친구 관계가 아닌 한 절대로 상대방보다 먼저 취해서는 안 된다. 정신을 바짝 차리고 마시면 폭탄주 몇 잔쯤이야 마실 수 있겠지만, 술에 약하면 일찌감치 몇 잔만 마시고 컨디션이 안 좋다고 하면서 둘러대든지, 아니면 취한 적이라도 해서 스스로 통제에 들어가야 한다. 먼저 술에 취해 횡설수설하는 것만큼 바보스러운 것은 없다. 잘되던 일도 망치고 만다. 특히 취기가 오르면 음성이 커지는 사람이 있는데, 주위 사람들에게 불편을 주게 되므로 적절히 통제할 줄 알아야 한다. 사람은 적어도 매사에 주위 사람들로부터 눈총받는 일은 없어야 한다. 한번 취하면 그 날 저녁에는 회복이 불가능하므로 귀하신 분이 권하는 술이라고 넙죽넙죽 다 받아 마시지 말고, 자신의 주량에 따라 조절해야 한다는 사실을 명심하자. 수시로 자리에서 일어나 화장실에 오가면서 자신의 취기 정도를 확인하는 것도 좋은 방법이다.

◆ 술만 마시면 잠에 취하는 사람은 특히 조심해야 한다. 술잔을 기울이며 대화하는 자리에서 꾸벅꾸벅 졸고 있으면 상대방은 일견 무시당하는 느낌을 갖게 된다. 더군다나 잘못하면 추운 겨울날 혼자 헤

매다가 동사(凍死)할 수도 있다. 이런 사람은 술에 약한 사람들과 마찬가지로 가급적 술자리를 피해야 한다. 다소 자기중심적이긴 하지만, 대인 관계에 명석한 사람은 자신이 술에 약한 단점을 잘 알고 있어 꼭 점심때만 약속을 잡는다.

◆ 술잔을 부딪치며 건배하는 동안 눈빛을 마주쳐야 한다. 서로 상대방 눈을 바라보며 잠깐 동안 상대방 눈 빛깔을 탐색하는 것이 예의인데, 상호 존중의 의미가 담겨 있는 것이다. 상호 간에 악수할 때와 마찬가지라고 생각하면 되겠다. 악수할 때 상대방과 눈빛이 마주치지 않거나, 시선도 주지 않은 채 허겁지겁 악수하고는 다음 사람한테로 넘어가는 것은 참으로 상대방을 무시하는 처사다. 고위직일수록 그런 실수를 잘한다. 격려차 현장에 나갔다가 시간에 쫓기어 다수 직원과 악수하다가 무지와 오만을 드러내고야 만다. 현장에 안 가느니만 못하다. 직원들이 실망한다. 너 나 할 것 없이 대부분의 사람들이 다 그런 실수를 한다.

◆ 술을 권할 때는 술잔을 내 손에서 상대방 손으로 전달해야 한다. 테이블에 탁 내려놓지 말라는 것이다. 이것은 상대방을 무시하거나 한 수 아래로 볼 때 취하는 태도다. 일전 불사하겠다는 표시이기도 하다. 그리고 술을 받았을 때는 한 모금이라도 마시고 술잔을 내려

프로 직장인, 아마추어 직장인에게 말하다

놓아야 한다. 술을 받자마자 술잔을 테이블에 내려놓는 것은 마찬가지로 상대방을 대수롭지 않게 생각하거나 무시한다는 마음의 표시다. 특히 부하 직원들과 어울릴 때일수록 깍듯이 예의를 다하자. 조상이 양반이라 존경받는 것이 아니라, 평소 행동으로 존경받을 수 있는 것이다. 이는 술자리에서만 적용되는 것이 아니라 명함을 건넬 때도, 물건을 건네줄 때도 다 마찬가지다.

◆ 술을 마시기 전에 주위 상황을 살펴 두어야 한다. 화장실은 어디에 있으며, 출입문에서 나왔을 때 오른쪽으로 가야 할지, 왼쪽으로 가야 할지 방향을 미리 파악해 두어야 한다. 술에 취한 채 마치고 나왔을 때 당황스러울 경우가 있기 때문이다. 조금이라도 우왕좌왕하는 모습을 상대방이 보게 되면 실수이긴 하지만 경망스럽게 보일 때가 있으며, 신뢰감이 무너질 수도 있다.

다음은 술자리에서 매너가 좋은 사람부터 꼴불견인 얄미운 사람 순으로 정리해 본 것이다.

◆ 자기는 잘 마시면서 주위 사람한테는 주량을 물어보며 상대방이 원하는 만큼 적당히 따라 주는 사람('선량한 애주가'형, '리더'형, '포용'형)

◆ 자기는 적당히 마시면서 주위 사람의 술잔이 빌 때마다 잊지 않고 따라 주는 사람('호감'형)

◆ 자기가 잘 마신다고 다른 사람한테도 똑같이 억지로 권하는 사람 (막무가내형, '살아도 같이 살고 죽어도 같이 죽자'형)

◆ 자기는 주위 사람들한테 따라 주지 않으면서, 자기 술잔이 빌 때는 주위 사람에게 따라 주지 않는다고 핀잔을 주는 사람('독불장군'형)

◆ 자기는 별로 마시지 않으면서 건배를 자주 제의하여 주위 사람들이 많이 마시도록 유도하는 사람('분위기 메이커'형)

◆ 자기는 마시지 않으면서 주위 사람한테는 부지런히 술잔을 채워 주는 사람('얌체'형)

◆ 자기가 마시지 않는다고 주위 사람한테도 안 따라 주고 그냥 가만히 앉아 있는 사람('나 몰라라'형)

술자리에서는 적어도 '나 몰라라'형 사람은 되지 않아야 하며, 마지막 세 가지는 속보이는 행동이므로 가급적 삼가도록 하자. 어차피 술자리에서는 술을 누가 마셔도 마셔야 되는 것이기는 하지만, 참석자의 성향과 태도가 알몸처럼 잘 드러나는 곳이 바로 술자리이기 때문이다.

프로 직장인, 아마추어 직장인에게 말하다

❀ 사랑으로 공감하는 상사

오랜 경험과 축적된 Know-how에도 불구하고 직장에서 상사의 위치는 예전과 다르게 불안해지고 안팎으로 자신의 입장을 대변해 주는 사람도 점차 줄어들고 있다. 책임만 무성하고 조심성은 더욱 예민해져 간다. 가만히 있자니 일 안 하는 것 같고, 뭘 하려고 하면 온갖 화살이 자신에게 쏠리는 것 같다. 제대로 성과를 못 내는 직원은 일하지 않아서가 아니라 일하는 방식이 잘못되어 시간을 허비하고 아까운 자원을 낭비한다고 한다. 그렇게 열정을 다하며 보낸 지난 세월의 방식이 급격하게 녹슬고, 어느 새 자신감을 잃어버린 구닥다리가 되어 상사가 되레 부하 직원들의 눈치를 봐야 한다. 위로는 과거처럼 해 오던 대로 단절 없이 격식을 갖춰 깍듯이 처신해야 하고, 아래로는 부하 직원들을 일일이 챙겨 주고 달래 주고 보살펴 주어야 한다.

즐겨야 이길 수 있다는데 도대체 즐거울 구석이 없다. 쫓기는 생활 속에서도 뾰족한 해답은 없이 주변만 맴돈다. 자신감은 갈수록 위축되고 누군가 사기를 북돋아줄 것 같은 기대도 자꾸만 저만치 멀어져 가는 것 같다. 소통이 중요하다고 하여 억지로 시간을 내어 부하 직원들과 밤늦게까지 술자리를 함께했지만, 진정한 소통의 의미를 자신만 모르는지 자꾸만 분위기가 냉랭해지는 것 같다.

회사를 떠나는 신입 사원들의 내막을 들여다보면 대부분이 상사 때문이라고 한다. 가정생활에 대해 잘 멘토링해 주는 상사에게는 일에서도 큰 신뢰를 하게 된다고 한다. 이제 상사는 부하 직원의 가정 생활까지도 일일이 챙겨줘야 하는가.

코스맥스의 이경수 회장은 지(知)에는 지적 무지만 있는 게 아니라 정서적·감성적 무지는 더 큰 문제라고 하면서, "자신이 어떤 정서적·감정적 상태에 있는지 파악하지 못하는 리더는 부하 직원과 공감(empathy)할 수 없다. 타인과 공감하지 못하는 리더는 타인의 열정을 이끌어낼 수 없다."라고 한다.

최용수 감독은 프로 축구 첫 경기 도중 폭우가 쏟아져 새 양복이 비에 흠뻑 젖는데도 그대로 그라운드에서 꼼짝도 하지 않고 서 있었다. 사력을 다해 빗속을 뛰어 다녀야 하는 선수들과 한마음이 되어 똑같이 비를 맞으며 말뚝처럼 우뚝 서 있는 그에게 선수들은 끝내 승리의 기쁨으로 보답했다.

상사에게는 말을 정제해서 부드럽게 하는 기술이 더욱 절실하다. 말을 세련되게 해서 상대의 마음에 상처를 주지 않도록 해야 한다. 점심시간을 지나 늦게 자리에 돌아온 부하 직원이 있다면 어떻게 대해야 할까. 자신의 과거 시절에는 일과 시간을 어기는 일이 있을 수 없었고, 지금도 시간을 철저히 지키고 있어 선뜻 고운 말이 나가기가 쉽지 않다. 하지만 자신의 경험에만 비추어, 규정에만 입각하여, 생각나는 대로, 감정이 시키는 대로 그렇게 해선 안 된다. "오후 일과 시작 시간에 늦을까 봐 급하게 식사하지는 않았나요?"라고 하면 어떨까. "지금 몇 신데 이제 들어와?"라고 감정 섞인 어조로 말하는 것과 비교해서 어떤가. 차라리 "김 대리는 점심을 어디 가서 먹길래 매일 늦어?"라고 호통 쳐야 성질이 풀린다면 상사의 자격이 의심스러워지게 되고, 본인 건강만 해칠 뿐이다. 적어도 다 똑같은 사람으로 하향평준화가 되는 것이다.

문제는 그런 말을 꺼내는 순간 '사랑 에너지'는 방전되기 시작하고, 자신도 심리적 손상을 입는다는 것이다. 감정이 격한 상태에 있을 때 어떤 변화가 있는지 맥박을 재 봐라. 내 감정은 나 자신이 스스로 잘 다스려야 한다. 무작정 인내한다고 되는 것이 아니고 꾸준한 마음 수양이 필요하다. 부정적인 감정에 휩싸인 채 말할 수밖에 없는 상황에 처하면 부하 직원뿐 아니라 상사 자신도 스트레스를 받게 된다. 직장에 월급 더 받는 상사가 있고, 월급 적게 받는 부하 직원이 있어 구분되는 것은 바로 이런 경우에 있어 처신을 잘하라는 것이다.

실제로 봐도 그렇다. 지각하는 사람과 정시 출근하는 사람을 비교했을 때 누가 더 아침에 서두르겠는가. 점심 식사 후에 사무실에 늦게 들어오는 사람과 일찍 들어오는 사람 중에 누가 더 서둘렀겠는가 말이다. 지하철이고 버스 승강장이고 회사에 지각할까 봐 허둥거리며 뛰어가는 사람들을 자주 목격하지 않는가.

부하 직원을 인정해 줄 줄 알아야 한다. 관용이다. 믿는 것이다. 안전한 보호막을 씌워 주는 것이다. 상대방으로 하여금 미안한 마음이 들도록 하는 것이다. 더 나아가 그 미안한 마음마저 가셔 주는 것이다. 결국 고마운 마음이 들게 하는 것이다. 그러면 진정으로 사랑하는 마음이 싹트게 된다. 사랑 에너지가 충전되기 시작하는 것이다. 이것이 상사의 바람직한 태도이며, 진정한 리더십의 근본이 되는 것이다. 결국 모든 일이 탁월한 성과로 귀결된다.

태양이 아무리 높이 떠 있어도 그늘은 있다고 했다. 인재들이 직장을 떠나는 이유는 자신의 존재가 인정받지 못했기 때문이다. 유능한 직원을 오래 붙잡아 두려면 그 사람을 인정해 주어야 한다. 잘한 일에 대한 포상, 성과에 대한 보상을 내가 먼저 차지하기보다 과감히 부하 직원에게 양보하는 존경받는 상사가 되고 싶지 않은가.

출근하자마자 직원이 보고를 하러 내 자리에 다가오면, 다소 바쁘더라도 "그래, 거기 두고 가세요!"라고 하기보다는, "그래요, 수고 많았어요. 이쪽으로 와서 앉아요. 차 한잔 같이 하면서 검토해 볼까요?"라고 하면 어떨까. 그게 어려우면 "미안한데요, 지금은 좀 바빠서 그런데, 이따가 같이 한번 볼까요?"라고 하면 어떤가. 작은 부드러움이 감동을 낳고 신뢰를 안겨 준다. 직급이 자신보다 낮다고 해서 그 부하 직원을 가볍게 대할 수 있는 권한마저 상사에게 주어진 것은 결코 아니다. 평소 베푸는 작은 사랑이 쌓여 어려운 시기에 따뜻한 위로와 버팀목이 되어 보답으로 돌아온다.

사람은 자기 자신이 먼저 낮추고 굽히는 것을 꺼린다. 자신이 걸어 온 길을 바꾸려고 하지 않는다. 절대로 자신이 쳐 놓은 자존심의 울타리를 허물려고 하지 않으며, 그 울타리를 낮추려고도 하지 않으며, 열어 주려고도 하지 않는다. 소통하려고 해도 평행선만 달릴 뿐이다. 자신의 내면을 꼭꼭 틀어막고 소통하자는 것은 일방적으로 상대방에게 요청하는 것이며 강요하는 것이어서 실제로는 소통하지 말자고 하는 것과 같다. 자신이 서 있는 높은 위치에서 조금도 내려 올 의향은 없으면서, 자연스럽게 흐르는 강물을 역행시키려고만 하고 있는 것이다. 자신의 복장은 막 잠에서 깨어 난 그대로이면서 다른 사람들에게는 복장을 단정히 하라고 외치는 격이다. 사랑은 열린 마음에서 뿜어져 나오는 것이다.

값비싼 책상, 좋은 의자에 앉아 있는 것이 중요한 일이 아니다. 거기에 앉아 무슨 생각을 하고 있는지가 중요하며, 무슨 일을 어떻게 할 수 있는지가 관건이며, 현재 어떤 모습으로 어떻게 하고 있는지가 포인트다. 목에 힘주고 먼저 인사 받으려고 하지 말고, 내가 먼저 웃으며 다가가 온화함을 보여주자. 상사라고 해서 먼저 부하 직원에게 인사하지 못할 이유가 없다. 복도 저편에서 걸어오는 부하 직원이 먼저 인사하기 전에 내가 먼저 미소를 보이며 인사하는 것이 존경받는 상사의 바람직한 태도가 아닐까.

부하 직원이 인사하기를 기다리는 것은 오히려 스트레스로 다가온다. 만약 그 직원이 인사를 안 하면 어떡하지? 엄청 무안해지고 썰렁해질 거다. 직급이 좀 높다는 이유로, 직위가 고상하다는 이유로, 그 직원에게 다가가 왜 인사 안 하느냐고 따지기도 그렇잖아. 중·고등학교 학생과장 선생님처럼 학생들 가르치는 입장에 있는 것도 아니고 말이야.

그런 소심한 마음에서 탈피하여 내가 먼저 사랑의 손길을 내밀자. "김 대리, 잘 지내?", "박 과장, 아들 공부 잘해?", "이 차장, 부인 건강은 좀 어때?"라고 먼저 말해 주는 것이 그냥 가만히 지나치는 것보다 자신의 건강 측면에서나, 그날 컨디션 관리 측면에서나, 듣는 사람 기분 측면에서나, 모든 면에서 한결 낫다. 져 주는 것이 진정 이기는 것이다.

마냥 기다리고만 있어서는 사랑이 물결치는 아름다운 세상은 절대 제 발로 찾아오지 않는다. 나 자신이 스스로 나서서 가꾸고 만들어 나가야 하는 것이다. 삶은 그렇게 창조해 나가는 것이다. 그것이 행복한 삶이고 기쁨 넘치는 직장이다. 거기에서 경쟁력 있는 아이디어가 나오고 괄목할 만한 성과가 창출된다.

✤ 감싸주고 포용하는 열린 마음

심리학 용어 중에 '조하리의 창(Johari Window)'이라는 용어가 있다. 사람의 자아는 네 개의 창으로 이뤄져 있는데, 그중 '열린 창'은 나도 알고 다른 사람도 아는 것(open)이며, '비밀의 창'은 나는 알지만 다른 사람은 모르는 것(hidden)이며, '장님의 창'은 나는 모르지만 다른 사람은 아는 것(blind)이며, '미지의 창'은 나도 모르고 다른 사람도 모르는 것(unknown)이다.

이 네 개의 창들은 사람에 따라서 각각의 크기가 다른데, 그 창의 크기에 따라서 사람들 간에 커뮤니케이션이나 신뢰도가 좌우된다. 첫째, 열린 창을 가진 사람은 감추는 것 없이 인간관계를 투명하게 하는 사람이다. 둘째, 비밀의 창을 가진 사람은 자신의 문은 닫고 남의 것만 알려고 하는 사람이다. 이기적이면서 열등감에 쌓여 있는 경우가 많다고 한다. 셋째, 장님의 창을 가진 사람은 주제 파악을 못 하고 다른 사람에게 상처를 줄 가능성이 크며, 넷째, 미지의 창을 가진 사람은 나 자신도 나를 모르고 다른 사람도 나를 모르니 대책이 없는 사람이다.

상사의 위치에 있는 사람은 열린 창을 갖도록 노력해야 한다. 또한 은연중에 자신이 열린 창에서 벗어나 있음을 감지할 줄 알아야 하며, 비밀의 창, 장님의 창에서 벗어나야 한다. 그래야 부하 직원이 믿고 따른다. 열린 마음(open mind)이란 이걸 두고 하는 말이다.

설, 추석 명절을 앞두고 누가 나한테 선물을 보내 주는지 챙기지 말고, 내가 선물할 대상, 그것도 부하 직원에게 선물할 것부터 먼저 챙기자. 부하 직원한테 주는 선물은 뇌물도 아니잖아. 꽃이 만개하여 온 세상이 아름다울 때, 꽃을 피우지 못하는 봉오리를 찾아내자. 부하 직원이 감동한다. 하늘이 보고 있다. 다 자신을 위한 일로 돌아온다.

어려운 문제다. 똑같은 모양으로 찍혀 나오는 붕어빵처럼 자신의 생각의 틀이 고정되어 있는 것은 아닌지, 진정 마음을 열 자세가 되어 있는지 원점에서 살펴보아야 한다. 어렵고 힘든 문제는 내가 떠안거나 함께 고민하고, 편하고 쉬운 문제는 상대방에게 안겨 주며, 베풀고 보듬어 주려는 포용이 필요하다.

왜 사람은 자꾸만 자기중심적으로만 생각하는가. 내가 벌 수 있는 돈을 남이 벌었다고 왜 배 아파 하는가. 내 동료가 먼저 승진하여 보수도 많이 받고 지위도 상승되는 것이 왜 나의 비위에 거슬려야 하는가. 나보다 능력이나 열정이 부족한 사람이 승진했다고 착각하지 말라. 혼자 생각하고 주관적으로 판단해서는 안 된다. 잣대는 여러 가지다. '우물 안 개구리'라는 옛말은 그저 생긴 교훈이 아니다.

우리는 다양한 가능성을 항상 열어 놓고 있어야 한다. 여러 가지 상황을 다각도로, 입체적으로 사고할 수 있어야 한다. 사람은 코너에 몰려 헤어나지 못할 때 그 사람의 진면목을 잘 알 수 있다. 물이 모자란 사막에서 동료들에게 어떻게 처신하는지를 보고 그 사람을 판단할 수 있다. 어려움을 겪는 상황에서 처신하는 모습을 보고 우리는 그 사람의 참된 포용력을 판단할 수가 있는 것이다.

상대의 눈높이에 맞추려고 노력하자. 어른이 자신의 무릎에도 미치지 못하는 어린아이와 대화하려 할 때 어떻게 하는가. 무릎을 구부리거나 앉은 자세로 아이와 눈높이를 맞추려고 하지 않는가. 어린아이가 구태여 고개를 뒤로 젖혀 하늘 쳐다보듯이 위로 치켜 보며 키 큰 어른과 대화하려고 하지는 않을 것이다. 아이가 무엇이 그리 달갑다고 불편한 자세로 어른과 대화하려고 하겠는가 말이다.

어느 전방 군부대에서 육군 준장이 방위병과 족구를 즐겼다. 볼을 주우러 뛰어가는 모습에 주위 사람들로부터 방위보다 못한 장군이라고 웃음거리가 되고 놀림감이 되었으나, 그는 부하 사병들의 눈높이에 맞추고, 포용할 줄 아는, 존경받는 참된 장군이었다.

프로 직장인, 아마추어 직장인에게 말하다

직장과 직원

❀ 피동적·수세적 입장에서 벗어나
　　존중받게 된 직원

　인드라 누이 펩시 CEO는 "직장은 살기 위해 일하러 가는 곳이 아니라 한 명 한 명의 삶을 의미 있게 만들어 주는 곳"이라고 했다. 직장이라는 개념은 회사에 소속된 종업원으로서의 관점이 아니라 행복을 추구하는 개인의 이해가 반영된 일터라는 것이다. 물론 기업은 종업원인 개인의 행복뿐만 아니라 소비자 편익 증진, 주주의 권익 보호, 사회 공헌을 통한 사회 발전에의 기여를 함으로써 소중한 가치를 지니고 있다.

　직원 가치의 변화 과정을 살펴보기로 하자.

　전통적으로 기업은 그 규모의 크기에 관계없이 종업원의 시간, 인력, 두뇌를 결합한 노동력의 무제한적 희생에 대한 반대급부로 최소한의 보수를 지급하는 소극적 태도를 견지해 왔다. 기업의 입장에서는 풍부한 노동력 확보가 보장되는 상황에서, 직원들에게 지급하는 보수에 상응하는 가치보다 월등한 성과를 거양하기 위하여 더 많은 시간, 더 강도 높은 노동을 통하여 지속적인 회사 발전에의 기여를 강요한 것이다.

한편 직원 개인의 입장에서는 생계 수단으로 보수를 받기 위한 어쩔 수 없는 피동적 희생이라는 소극적인 태도를 견지할 수밖에 없었다. 일방적, 우월적 지위에 있는 고용주의 절대적 지배하에 놓인 직원은 직장에서 순종할 수밖에 없는 상황에 처했던 것이다. 이는 마치 상호 간 정반대 방향으로 잡아당기는 줄 당기기처럼 회사와 종업원의 이해가 상반되어 상호 원원(win-win)보다는 각자의 이기적 이익이, 배려보다는 무시와 질시가, 신뢰보다는 감시와 의심이, 선심보다는 무관심과 인색이 성행하는 구조가 지속되었던 것이다.

이를 소비자의 입장에서 살펴보면, 독점 공급자의 힘이 우세할 때에는 약자의 위치에 처해 있는 소비자는 다소 미흡한 제품이나 흠결 있는 서비스를 제공받는다 하더라도 감히 이에 불만을 제기하거나 저항할 엄두를 내지 못하는 것이다. 독점적 지위에서 나오는 재화의 제한적 공급을 무기로 하여 공급자는 선량한 소비자의 만족을 일부 채우지 못한다 하더라도 이에 대한 개선·시정의 수위에 이를 정도의 소비자 불만과 저항에 직면하지 않았던 것이다. 이러한 구조는 공급자로 하여금 '땅 짚고 헤엄치기' 식으로 제품을 생산하면 생

프로 직장인, 아마추어 직장인에게 말하다

산하는 대로 팔리는 손쉬운 사업 영위를 가능하게 했던 것이다.

그러던 것이 작금에 와서는 노사 간의 일방적, 불균형적 구도는 더이상 존립할 수 없게 되었다. 이에 가장 큰 영향을 미친 것은 바로 다수 공급자 출현에 의한 경쟁 심화와 이의 수혜자인 소비자의 태도 변화라고 할 수 있다. 산업 발달과 글로벌 경쟁 등으로 공급 및 공급자 과잉이라는 새로운 국면을 맞게 되자 소비자의 지위가 점진적으로 향상되기 시작하여 급기야 소비자의 힘이 공급자에 비하여 우세한 국면에까지 이르게 되었으며, 공급자로서는 이와 같은 대내외적인 변화의 물결을 거스를 수 없는 수세적 입장에 처하게 되었다.

우선 고용주의 직원에 대한 태도 개선이 도마 위에 오르게 되었다. 크게는 인권에 대한 새로운 인식이 확산되었을 뿐만 아니라 기업의 경쟁력의 원천인 품질과 서비스의 중요성이 한층 부각되자, 고용주의 직원에 대한 일방적 우월적 지위는 더 이상 행사하기가 어렵게 되었다. 즉 고용주는 종업원 만족 없이 소비자 만족은 실현할 수 없음을 점차 체감하기 시작하였으며, 종업원은 스스로 생존력을 확보하고 결속력이 강화되어 고용주 측에 동등한 지위로 맞설 수 있는 노동조합을 결성하기까지 이르게 된 것이다.

즉 직원에게 있어서 직장은 생계를 유지하기 위한 중요한 수단이자 행복을 추구하고자 하는 인간 본연의 원천적 욕구를 충족시켜 주는 삶의 중요한 부분으로 새로운 자리매김을 하게 된 것이다. 또한 직장 분위기는 긍정적, 우호적인 방향으로 개선, 변모하였으며 근로자의 근무 여건, 보수, 복지, 여가 시간 활용 등은 종전과 현격한 차이를 보일 정도로 달라진 모습을 보이게 되었다.

이제 회사는 직원을 고객만큼 잘 챙기지 않을 수 없게 되었다. 아니 그 이상으로 존중해 주지 않으면 안 되는 상황에까지 이르렀다. 그렇게 해야 경영자의 생각과 행동이 전 직원들에게 실시간으로 전파되어 실천 단계에까지 이를 수 있기 때문이기도 하다.

소셜미디어업계 구루 게리 바이너척은 이렇게 말한다. "고객과 소통을 하려는 문화는 혼자 만들어 가는 게 아니다. 고객을 향한 경영자의 메시지가 마치 자신의 입에서 나오는 것처럼 전달이 되어야 고객은 감동한다. 이를 위해 사람을 섬기고 소통하는 문화가 리더로부터 아래로 강하게 전달되어야 한다. 생큐이코노미의 시작은 직원을 챙기는 데서부터 나온다."

직원은 자신이 속한 조직에 대해 느끼는 감정이 고객을 대하는 태도에 영향을 주며, 모든 직원이 자신이 소속된 회사를 내 회사라고 생각한다면 다른 전략은 더 이상 필요하지 않다고 한다. 일방적으로 '고객 만족, 고객 섬김, 고객 감동, 고객 졸도, 고객은 왕이다'라는 등 구호만으로는 부족하다. 사람이 하는 일은 그 방향으로 나아갈 수 있도록 길을 터주고 물꼬를 마련해 주어야 이루어지는 것이지, 그저 월급 받는 대가니까 회사의 지시대로 하라는 Push형 체제로는 더 이상 기대하는 성과를 거두기 어렵게 된 것이다.

미쉐린은 창업 당시부터 '직원 중시'라는 가치를 이어 왔다. "직원이 회사를 자랑스러워한다는 게 우리 회사의 가장 강력한 자산"이라고 강조한다. 또한 "미쉐린 직원은 재능이나 기술을 소유해서 미쉐린에 입사한 게 아니라 우리의 멤버 구성원이 되기 위해 회사에 들어온 것"이라며 "재능이나 기술은 이들이 미쉐린의 철학을 회사와 공유하고 난 다음 함께 만들어 가는 것"이라고 말한다. 미쉐린은 경제 위기 속에서도 수년간 직원을 감축하지 않아 더욱 주목을 받았다. (매일경제, 2011년 6월 3일.)

이처럼 종업원에 대한 회사의 태도는 급진적으로 변화하고 있다. 출퇴근 시간을 직원 자율적으로 정하고, 일과 후 자기 개발 프로그램이 성행한다. 일하는 게 아니라 노는 것처럼 직장 분위기를 바꾸어 준다. 그런데도 성과는 예전보다 낫다. 이제 더 이상 관리자형, 감시형 리더는 설 땅이 없어지게 되었으며, 보살핌과 배려의 따뜻한 마음을 지닌 리더가 창조적 성과를 창출하는 새로운 직장 분위기가 형성된 것이다.

❀ 변화하기 어려운 사람의 태도

미국의 심리학자 매슬로는 "마음이 변하면 태도는 저절로 변하고, 태도가 달라지면 습관도 따라서 달라진다. 습관이 달라지면 성격이 바뀌고, 성격이 바뀌면 인생도 따라서 변화한다."고 하며 태도의 중요성을 강조했다.

'태도'는 교육, 능력, 재력, 환경 등 그 어느 것과도 비교할 수 없을 만큼 중요한 요소이며, 회사를 살릴 수도, 망하게 할 수도 있는 결정적 요인이 되기도 할 정도다. 전문 지식보다는 일에 임하는 태도가 직원들의 가치를 결정하는 가장 중요한 요인이며, 성공으로 가는 문을 열 수 있는 마지막 열쇠라고 한다. 진정한 가치를 창조하는 것은 지식이 아니라 바로 이 태도라는 것이다. 신입 사원 면접에서도 태도의 중요성이 더욱 부각되고 있는 것이 현실이다. 『태도의 경쟁력』의 저자 키스 해럴은 태도를 기르기 위해서는 가장 먼저 인생의 목표와 열정을 찾아내야 한다고 했다. 삶에 대한 바람직한 태도가 바로 성공적 삶의 열쇠가 되는 것이다.

세상을 살아가는 사람들 간의 관계에 있어서 '태도'란 단어만큼 의미심장한 말은 없을 것이다. 더군다나 일사불란하게 움직여야 하는 이익집단인 회사의 경우에 있어서 직원의 태도는 그 중요성을 아무리 강조해도 지나치지 않을 것이다. 우리는 어려서부터 이런 말을 자주 들으며 살아 왔다. "너 태도가 그게 뭐니?", "너 수업 태도가 그래서 되겠니?", "선배에 대한 태도가 어찌 그러니?" 그만큼 이 '태도'란 말에는 심각함이 담겨 있으며, 한 개인의 뿌리를 흔드는 심오한 의미가 숨어 있다. 다만 평소 그 중요성이 그리 심각하게 부각되지 않는 이유는 좋은 태도에 대해서는 별다른 찬사나 보상이 따르지 않기 때문이다. 반면에 나쁜 태도에 대해서는 가차 없이 질책이 가해지는 것이다.

직장에서의 성공 요인 네 가지가 지능(IQ), 지식(knowledge), 기술(technique), 태도(attitude)라고 한다. 어느 학자는 사람에게 있어서 태도가 전부라고 한다. '태도는 훈육될 수 없고 채용될 수밖에 없다'

고 주장하는 학자도 있다. 직원들은 자신이 다니는 회사에 대해 느끼는 감정이 고객을 대하는 태도에 영향을 미친다고 했다. 선천적이기도 하지만 성장 과정에서 체득되는 이 태도는 모든 면에서 직원 자신과 회사에 지대한 영향을 미치게 되는 것이다. 성공적인 삶에 90% 이상의 결정적 영향을 주는 것이 태도라고 한다. 훌륭한 태도가 고객 섬김으로 이어지고, 결국 회사의 가치와 직원인 나 자신의 가치 향상으로 이어지는 선순환적 구조가 형성되는 것이다.

이 태도를 사랑 에너지와 관련지어 생각해 보자. '사랑 에너지'는 어머니 배 속에서 처음 충전된다. 태아, 아기, 유년기 시절에 어머니의 사랑을 받지 못한다면 어떻게 될까. 사랑 에너지의 부족은 부정적 감정 에너지의 분출로 이어진다. 부정적 감정 에너지를 감싸고 있는 따뜻하고 촉촉한 긍정적 감정 에너지가 결핍되어 있으니, 사막처럼 마르고 독소처럼 해로운 부정적 감정 에너지가 쉽게 분출되는 상태에 직면하는 것이다. 이 상태가 지속되면서 부정적인 태도가 형성되는 것이다. 이 태도는 성장 과정에서 부분적으로 환경의 영향을 받기도 하고 친구 관계나 자기 계발을 통해서 함양되기도 한다.

어떤 '태도'를 가져야 하는가

◆ 인간관계에서는 이득이 될 때도 있으나, 이득보다는 먼저 다소 손해를 보겠다는 마음가짐이 필요하다. 사람은 매사에 자신에게 돌아올 이해득실을 따져서 행동하려 한다. 은연중에 달면 삼키고 쓰면

뺄겠다는 속마음이 깔려 있다. 하지만 삶에서 근시안이 되어서는 안 된다. 주위 사람들은 작은 일에서부터 나를 평가하고 진단하고 있다는 점을 주목해야 한다.

◆ 우리 민족의 악습과 폐단 중 하나인 '편 가르기'를 해서는 안 된다. 그것은 매사에 균형을 잃고 편파적으로 치우쳐 공정성이 실추되어 결국 조직 내 끊임없는 불협화음을 일으켜, 결국 회사의 건전한 발전을 저해하는 원인이 된다. 내 가족 구성원을 대할 때와 똑같이 주위 사람들을 늘 차별 없이 대우해 주어야 한다.

◆ 주위에 기쁨을 주는 사람이 되어야 한다. 남의 말을 귀담아 듣고, 좀 비위가 상해도 미소 지으며 수긍해 주자. 맞장구만 잘 쳐도 대화가 달라진다고 한다. 자신의 말을 잘 들어 주는 사람을 멀리 하고 싶은 사람은 아무도 없다.

◆ 친절과 배려는 어정쩡한 것이어서는 안 된다. 털실로 아무리 예쁘게 짠 스웨터라고 하더라도 매듭을 짓지 못하면 해변에 쌓아 올린 모래성에 불과하다. 깔끔하게 매듭을 지어야 한다.
복사기를 찾고 있던 한 신입 사원이 여사원이 어정쩡하게 가르쳐 준 대로 한다는 것이 분쇄기에 서류를 집어넣는 실수를 범하게 된다. 낯선 거리를 걷다가 지나가는 사람에게 길을 물어보라. 어떻게 가르쳐 주는가. 가르쳐 주는 사람 본인의 입장에서 이리저리 친절히 가

프로 직장인, 아마추어 직장인에게 말하다

르쳐주는 것 같은데도 이를 듣는 사람은 도저히 알아들을 수가 없다. 사람은 대부분 자기중심적으로 생각하고 행동하기 때문이다.

잘 알면 잘 아는 대로, 잘 모르면 잘 모르는 대로 다들 자기중심적이다. 모든 것의 중심에 자신이 있다는 것은 자기중심적인 행동과는 다르다. 원의 중심에 있는 사람은 주위를 둘러싼 사람들이 각기 제 위치를 찾도록 그 역할을 다해야 하는 것이다. 문제의 중심에 항상 내가 서 있어야 하고, 해결의 중심에서 내가 끝까지 책임을 져야 하는 것이다.

◆ 내 책상 앞에 작은 거울을 세워 두고 늘 진심이 담긴 미소를 짓는 연습을 하자. 여성만이 거울을 보는 것이 아니다. 남자 직원도 꼭 책상 앞에 거울을 세워 두자. 그리고 가끔씩 거울을 통해 내 모습을 바라보라. 하늘이 내려준 고귀한 내 얼굴이 잘생겼는지 못생겼는지를 보는 것이 아니라 내 인상, 표정을 보라는 거다. 기쁨을 주는 환한 인상인지, 욕심에 가득 찬 놀부의 심상인지, 화난 표정인지, 수심에 가득 찬 얼굴인지, 남이 바라보듯이 객관적으로 내 얼굴을 주시해 보라는 것이다.

물려받은 내 얼굴 생김새는 바꿀 수 없어도 마음먹기에 따라 인상과 표정은 얼마든지 바꿀 수 있다. 틈나는 대로 미소 짓는 연습을 하고 웃어라. 그러면 안 될 일도 슬슬 풀리기 시작한다. 아무리 아름다운 여성도 일그러진 표정을 하고 있으면 반가워할 남성은 그 어디에도 없다.

◆ 내 음성이 어떤지 녹음을 해서 들어보자. 타고난 음성은 어쩔 수가 없으나 음성이 맑고 밝은지, 발성이 너무 크거나 작지는 않은지, 발음은 정확한지를 가끔씩 들어보자. 그리고 과감하게 교정에 들어가야 한다. 맑고 밝은 음성, 차분하고 매력적인 음성이 강력한 무기요, 눈에 보이지 않는 경쟁력이다.

◆ 하루를 시작하는 마음가짐을 단정히 하자. 옷매무새만 고치려 하지 말고 내 마음이 단정한지 점검하고 출근하자. 누가 날 즐겁게 해 줄까 기대하지 말고 내가 남에게 무슨 즐거움을 선사할지 늘 고민하자. 그리고 주위 사람들을 칭찬해 주자. 남을 칭찬하지 못하는 사람은 자신에게도 관대하지 못하다고 한다. 본인이 없는 자리에서 칭찬하면 금상첨화다.

태도가 영향을 미치는 현장 사례

〈사례 9〉 자전거 판매점에서

중고 자전거를 구입하러 자전거 판매점에 들렀더니 마침 쓸 만한 중고 자전거 한 대가 보였다. 그런데 먼지가 많이 끼어 있어 가게 주인한테 좀 닦아달라고 하니 중고 자전거는 닦아줄 수 없다고 했다. 새 자전거 판매 가격이 30만 원인데 중고라 6만 원에 판다고 하여 구입했다. 낑낑거리며 자동차 트렁크에 겨우 싣고는 집에 도착하자마자 그 자전거를 열심히 닦아 조금 반짝반짝해지기는 했으나 아무래도 자전거가 많이 무겁다는 느낌이 들었다. 혹시나 하고 다른 자전거 판매상에 전화해서 물어 보니 원래 새것이 12만 원이라고 했다. 다음 날 아침 일찍 승용차에 자전거를 다시 싣고 그 가게에 환불하러 갔다. 마음에 거슬리는 주인아저씨의 태도가 겹치니 더 이상 재고의 여지가 없었던 것이다.

〈사례 10〉 신입사원 면접 시험장에서

어느 신입사원 면접이 있던 날, 대기실에서 면접 순서를 기다리고 있던 지원자들의 모습이 각양각색이었는데, 주위에 떨어진 휴지를 주워 휴지통에 넣는 사람이 있는가 하면, 대기실에서 보조 업무를 수행하고 있던 여직원을 대수롭지 않게 대한 지원자도 있었다. 나중에 보니 그 여직원은 면접 채점관 중 한 사람이었으며, 휴지를 주웠던 지원자 등 대기실에서의 태도로 가점이 붙은 지원자들은 합격이 되었다고 한다. 신입사원 지원자들의 실력은 거의 같기 때문에 합격 여부는 태도에서 결정되는 것이다.

〈사례 11〉 우수한 두뇌와 좋은 태도는 별개다

명문 법대를 졸업하고 대기업에 취직한 갑정 님은 대리 승진 시 토익 시험을 치러야 하는데, 평소 공부를 게을리하여 시험 성적이 좋지 않으면 창피당할까 봐 걱정이었다. 회사에서는 그가 어느 단계만 올라오면 키워 주려고 하는데, 최소한의 관문인 토익 시험 성적이 없으니 어떡하나. 명문대 출신 사원은 학교 다닐 때 공부를 잘해 칭찬만 듣고 지내온 터라 남한테 지게 되는 창피함을 견디지 못하는 경우가 있다. 회사에서 고위직까지 올라가는 사람을 보면 비명문대 출신이 다수 있는데, 그만큼 회사에 대한 충성도가 높은 데다 훌륭한 태도를 겸비하고 있기 때문이다. 태도는 우수한 두뇌와는 별개로 형성된다.

〈사례 12〉 사랑하는 내 가족처럼 직원을 대우해야 한다

회사의 직원에 대한 태도 역시 중요하다. 어느 소규모 회사에서 사장 부인이 직접 구내식당을 운영하여 직원들에게 급식을 제공하였는데, 직원들이 반찬을 많이 먹어 부식비가 많이 들자 소금을 많이 넣어 반찬을 짜게 만들었다. 한참 시일이 지나 남편인 사장이 그 반찬을 장기간 먹은 끝에 고혈압으로 쓰러지게 되었다. 직원을 비용으로만 생각한 부적절한 태도의 결과라 개탄스럽다.

〈사례 13〉 때로는 책임을 따지지 않는 관용(tolerance)이 더욱 효과적이다

한 통신회사의 현장에서 서비스 장애가 발생하여 고객 불편을 초래하게 되었다. 책임직이 긴급 대책회의를 소집하여 사고 경위를 확인해 보니, 장애 발생 시간이 새벽인 데다 장애 확률이 극히 미미한 산간 오지였다. 그 간부는 더 이상 자초지종 문제를 제기하지 않고 "지금 하는 방식대로 그대로 하세요."라고 마무리하면서 누구에게도 책임을 묻지 않았다. 회의 종료 이후 모든 유지 보수 직원들은 다소 의아해하였으나, 심기일전하여 각자 맡은 바 일에 더욱 매진하여 서비스 품질 유지에 전력을 기울였다고 한다. 전송망 시설이라는 것이 최선을 다한다고 장애가 발생되지 않는 것은 아니지만, 현장 직원들이 사전 품질 관리 및 사후 A/S를 완벽하게 하는 계기가 되었다.

〈사례 14〉 훌륭한 태도는 조직 문화와 조화를 이룰 때 더욱 빛을 발한다

역설적인 사례도 있다. 늘 손님이 끊이지 않는 한우 생고기 식당이 있다. 다른 식당에 비해 조금 비싸기는 하지만 고기가 맛있고 한우 고기 외에 '서비스'로 신선한 해산물을 곧잘 내놓는다. 종업원들은 항상 생글생글 웃고 친절해서 손님들이 우선 기분이 좋다. 다른 경쟁 관계에 있는 식당에서 샘내는 것은 당연한 일이다.

급기야 다른 식당에서 그 식당 직원 중 가장 태도가 우수한 여직원을 특별 대우를 조건으로 스카우트해 가기에 이른다. 그런데 정작 자기네 식당에 그 직원을 고용해 놓고 보니 기대했던 성과는 나오지 않았다. 그 직원은 종전 식당과 비교하여 일하는 분위기가 달라져 자신이 가진 역량을 최대한 발휘할 수 없는 데다 혼자서 식당 전체의 변화를 이끌어내기에는 역부족이었던 것이다. 제각기 차이가 나는 조직 문화에 따라 직원의 태도가 어떻게 발현되는지 잘 보여주고 있다.

전사적으로 선순환의 성과를 이루어 내기 위해서 직원 한 사람, 한 사람의 태도가 중요하다. 경영자는 물론이거니와 특히 중간 간부의 태도는 회사의 사활을 좌우하기까지 한다.

시스템으로 해결하는 이기적 본성

사람은 원래 게으르면서도 깔끔한 것을 선호하고, 선의의 경쟁을 무시한 채 남보다 앞서가려 하고, 가급적이면 공짜를 즐기려고 하는 본성을 가지고 있는데, 이러한 이기적 본성은 시스템으로 해결하는 것이 바람직한 경우가 많다.

사회가 전반적으로 선진화되는 과정에서 많이 개선되었지만 한국 사람은 여전히 줄 서기 문화에 취약하다. 오래전부터 여러 줄 문화에 익숙해져 있어 조금이라도 자신에게 유리한 줄을 찾아 나서는 눈치와 약삭빠름이 주위의 부러움을 샀다. 반면 서구 사회는 오래전부터 한 줄 문화에 익숙해져 있었다. 공공기관의 경우 여러 창구에서 민원을 처리할 경우 우선 한 줄로 서야 하며, 그 줄 끝 분기점에서 순서대로 비어 있는 창구로 가서 용무를 볼 수 있도록 한 것이다. 사람들에게 줄 서기를 강요할 것이 아니라 줄을 서지 않으면 안 되도록 미리 줄을 쳐 놓는 것이 급선무인 것이다. 그것도 한 줄로 말이다.

남자 화장실에 가보면 '한 걸음 앞으로', '남자가 흘리지 말아야 할 것은 눈물만이 아니다'라는 등 갖은 수단으로 청결을 호소하고 있는데도 실천이 잘 되지 않는다. 심지어 소변기 가운데 파리 모양의 그림까지 그려 놓아 한 걸음 앞으로 다가서도록 심리적으로 유인해보기도 하지만 유명무실로 되돌아온다. 언제 어디서나 사람은 자기 보호본능이 작동하게 되어 있다. 자신의 옷에 달갑잖은 것이 튀기는 걸 무의식적으로 꺼리는 것이다.

고속도로의 한 휴게소에서 머리를 짜내어 궁리한 끝에 소변기 앞에 발판을 설치해 두고 그 위에 올라가야 용변을 볼 수 있도록 하였다. 이후 화장실이 몰라보게 청결해졌다.

성남의 어느 찜질 목욕탕 화장실에 들어갔더니 아예 실내용 슬리퍼가 비치되어 있지 않았다. 처음에는 그런 분위기에 익숙하지 않아 이상한 느낌으로 들었는데, 신기한 것은 바닥이 그리 청결할 수가 없다는 것이다. 자신의 맨발에 내키지 않는 물질이 묻는 것을 반가워할 사람은 아무도 없을 것이라는 점을 역이용한 것이다. 즉 자기 보호 본능을 이용하여 문제를 시스템으로 해결한 작은 아이디어라고 볼 수 있다. 이렇게 시스템으로 조치를 하면 사람의 본성에서 우러나오는 문제가 단번에 해결되는 경우가 많다. 이성에 아무리 호소해도 사람의 본성은 잘 알아듣지 못하고 늘 하던 대로 하려고 하기 때문이다.

회사에 소속된 직원의 윤리 문제도 그렇다. 부정·비리가 개입될 수 없도록 시스템으로 장치를 마련하는 것이 문제를 해결하는 빠르고 현명한 방법이다. 쉽고 편한 길을 찾아가려는 사람의 본성을 스스로 바꾸도록 이성에 호소하는 것은, 마치 고양이 앞에 생선을 갖다 놓고는 먹지 말고 지키고 있으라고 독려하는 것과 같다. 그것은 쉽게 게을러지고, 편하게 돈 벌고 싶어 하고, 공돈을 즐기려 하고, 빈둥거리며 시간을 보내고 싶은 사람의 본성을 바로 세우는 길이기도 하다. 전술한 바와 같이 우리나라 직장인은 일과 시간에 업무와 관련 없는 개인적인 일에 약 2시간을 허비하고, 불요불급의 일에는 2시간 30분을 보낸다고 한다.

여기에서 언뜻 모순이 발생한다. 앞에서는 직원을 편하게 해주는 자율성을 강조했는데, 여기에서는 나태 본성을 시스템으로 바로잡아 주어야 한다고 했다. 다 맞는 말인데 그저 피상적으로 받아들여서는 안 된다. 대다수의 '올바르게 생각하는 사람'들은 그냥 내버려 둬도 스스로 일을 찾아서 하고, 그렇지 않은 사람은 붙잡아 두어도 요령을 부리고 도망치려고만 한다. 자유로운 분위기를 조성해 주어도 성과 평가, 실적 등 다른 장치를 통해서 회사가 항상 직원들을 주시하고 있다는 점을 간과해서는 안 된다. 대부분의 사람들이 올바르게 생각하고 행동하는 데 익숙하지만, 이 세상 어디에나 여러 부류의 사람들이 혼재해서 살아가고 있어 그렇지 않은 사람들도 존재한다는 점에 주목해야 하는 것이다.

❀ 기본과 원칙에 입각한 소신 있는 자신감

직무에 임할 때는 기본과 원칙을 지켜야 한다. 세계적 경쟁력을 가진 기업들의 공통점은 기본과 원칙에 충실하다는 것이다. 어렵고 급할수록 기본으로 돌아가야 한다. 이순신 장군이 거둔 혁혁한 성과는 평소에 기본과 원칙에 충실한 결과이다. 평소 훈련을 게을리한 채 전쟁터에서 승리를 일궈내길 기대하는 것은 공부하지 않고

프로 직장인, 아마추어 직장인에게 말하다

요행으로 좋은 성적을 기대하는 것과 별반 다르지 않다.

기본을 갖추려면 실력을 쌓아야 하고 실력을 쌓으려면 평소 공부를 게을리하지 말아야 한다. 배우고 공부하는 사람은 노화가 더디게 된다고 한다. 공부하는 사람은 알츠하이머병에 잘 걸리지 않는다고 한다. 요행이나 임기응변으로는 한계가 있으며 오래 지속되지도 못한다. 불황일수록 더욱 기본과 원칙에 충실해야 한다.

아는 것이 경쟁력이다. 학습은 끊임없이 지속되어야 한다. 지난날의 학력, 경력이 중요한 것이 아니라 지금 무엇을 어떻게 할 수 있느냐가 관건이다. 성공하는 사람은 윗사람이 시키는 일만 하지 않는다. 일신우일신(日新又日新)하지 않으면 제자리도 지키기 어렵다. 하다 보면 넘어지지 않고 할 수 있는 일은 없다. 자전거 타기도, 스케이팅도, 직장에서의 성공도, 살아가는 모든 일이 그렇다. 그러나 지나친 경쟁심으로 동료에 대한 배려의 품성이 메말라서는 안 된다. 동료와 선의의 경쟁을 하되 시기, 질투, 모함은 안 된다. 경쟁에 대한 참뜻을 이해하지 못하고, 그저 남을 이기고 짓밟고 올라서야 하는 것으로 알고 있어서는 안 된다. 결국 그 길은 자신을 패망으로 인도하는 길이기 때문이다.

'최 진사댁 셋째 딸'이란 노래에 '사윗감 없으시면 이 몸이 어떠냐고 졸라봐야지'라는 가사가 나오는데 이런 소극적인 자세로는 될 일도 그르친다. 일견 우리나라 사람의 전통적인 겸손 미가 반영된 것이라고 볼 수도 있겠지만, 자신감이 결여되어 있다. 우선 자기 자신이 사윗감으로 경쟁력이 있다는 자신감을 보여줘야 하는데, 사윗감을 고르고 골라 마땅한 사람이 없으면 자신을 불러달라는 애원이 쑥스럽기까지 하다. 스스로 자신감을 키우지 않으면, 아무리 애타게 간청해 봐야 불러 줄 사람은 어디에도 없다. 88올림픽 여자 배구 대표 선수였던 김경희 님은 현재 국내 여자 프로 배구 선수인 두 딸에게 늘 '자신감 있게 즐기면서 해라'라고 주문한다.

낫을 사러 가면 최고가 국산이고, 가전제품을 사러 가도 역시 최고가 국산이라고 한다. 쇼핑을 나가면 구매할 품목이 국산이 아닐까 봐 늘 조바심이다. 중국 심야방송 토론에서는 우수 경영 사례를 소개할 때 대부분 우리나라 기업을 인용한다고 한다. 우리가 미국, 일본 등 선진국의 우수 사례를 거론하듯이 말이다. 국내에서의 치열한 경쟁이 기업의 대외 경쟁력을 강화시키고, 나아가 국가 브랜드 가치를 향상시킨 결과이다. 이로써 기업에 소속된 직원의 자신감을 불러일으켜 기업의 경쟁력을 강화하고, 국가 경쟁력을 배가하는 선순환을 거듭하게 되는 것이다.

〈사례 15〉 내 회사 제품을 내가 먼저 자신 있게 자랑할 수 있어야 한다

하루는 모 제약회사 회장이 중앙 일간지 기자를 만났다. 회장은 그 자리에서 자신의 회사에서 생산한 청량음료를 마시면서 앞에 앉은 기자에게도 권한다. 회장은 그 음료를 하루 평균 3병 정도 마시는 것이 건강 비결 중 하나라고 자랑한다. "경영자가 돈을 얻으면 조금 얻은 것이요, 명예를 얻으면 많이 얻은 것이요, 신용을 얻으면 모든 것을 다 얻은 것이다."라고 한다. 그 회장은 자신의 회사에서 생산한 제품에 대

한 사랑을 자신감 있게 과시하고 있었으며, 이 자신감은 곧 신용의 바탕이 되는 것이다.

〈사례 16〉 좌절하지 않고 열심히 뛰며 우수 인재를 찾아 나서야 한다

모 생명보험사 지역 지점장인 갑신 님은 20여 년간 대형 시중은행에서 일하다 구조조정으로 퇴직했는데, 퇴직금으로 벌인 사업마저 망해 당장 생활비마저 쪼들리는 처지가 되었다. 그때 생명보험사에 다니던 전 직장 동료가 손을 내밀었다고 한다. 하지만 수십 년 된 의사 친구 여러 명이 모두 보험 가입을 거절할 정도로 영업 현장은 냉혹했으며, 오랜 친구들까지 등을 돌리니 실망이 너무 컸다고 한다.

그러나 그는 좌절하지 않고 기본으로 돌아갔다. 제일 먼저 출근해 고객들에게 전화를 건 뒤 방문 약속을 했다. 그로부터 2년 후 지점장으로 변신하여 우수 설계사 확보를 위해 동분서주했다. 실적이 뛰어난 지점은 모두 찾아가 비법을 물었다고 한다. 갑신 님은 보험인으로 성공하는 왕도는 따로 없다며 꾸준히 전화를 걸고 고객을 만나는 것이 비결이라고 한다. 그는 설계사들과 함께 매달 수당의 1%를 적립해 1년에 두 번씩 무의탁 노인 등을 위해 기부하는 모범도 보이고 있다.

회사 전체의 이익과 부서 이익이 상충될 때가 있으며, 또한 상급 부서의 지시라고 해서 무조건 따르는 것은 소신 없는 처신이 될 때도 있다. 상사나 상급 부서의 지시 또는 명령이라고 무조건 예스맨이 되어서는 안 된다. 규모가 비교적 큰 회사의 경우, 지역 산하 조직에서는 본사의 방침에 우선 복종하는 게 관례다. 괜한 고집으로 맞서 봐야 결국 좋은 결과를 기대할 수 없을 거라는 선입견이 앞서기 때문인데, 이는 결국 앞으로 순종하고 뒤로는 회사를 망치는 잘못을 범하게 된다. 이순신 장군은 수군을 폐지하라는 조정의 명령에 복종하지 않고 스스로 바다를 지켜냈다. 다음 구체적 사례를 통해 알아보자.

> **〈사례 17〉 그저 상급 부서의 지시에 순종만 해서는 회사의 생존과 발전은 '나 몰라라' 하는 격이다**
>
> 한 이동통신 회사에서 있었던 일이다. 통신용 전용회선을 다소 요금이 저렴한 다른 회사로 전환하라는 본사의 방침에도 불구하고 당시 이용 중이던 회선을 그대로 쓰겠다고 고집하던 지역 본부의 한 팀장이 있었다. 비용이 다소 들더라도 네트워크의 안정성, 생존성이 훨씬 더 중요하며, 이것이 결국 단기간의 비용을 극복한다는 확고한 믿음과 소신을 가지고 있었기 때문이었다. 결국 그 본부는 품질, 망 운용의 안정성, 고객 평가에서 단연 우수한 성적을 거두며 다소 높은 전용회선 비용을 훨씬 상회하는 가치를 창출했다.

다소 역설적인 경우를 보자. 퀴즈나 산수 문제 같지만 자신이 구매 담당 사원이라고 가정하고, 세 개에 1,000원 하는 사과 열 개를 얼마에 구입할 것인지 질문을 받았다고 생각해 보자. 3,333.333원이라고 자신 있게 대답할 것인가? 모범 답안은 3,000원이다. 사과 1

프로 직장인, 아마추어 직장인에게 말하다

개는 덤으로 받는 것이다. 세상일이란 게 꼭 원칙대로 되는 것이 아니라 접근하는 전략이 중요하다. 한순간의 판단으로 물건을 유리한 조건으로 100개 더 살 수도 있고, 1,000개 더 팔 수도 있는 결과가 초래되는 것이다. 무슨 일이든 산술적으로만 판단하지 말고, 자신감을 가지고 소신 있게 밀어붙이는 전략이 필요하다. 회사 일을 마치나 자신의 일처럼, 내 가족의 일처럼 해야 한다.

❀ 자신감에 넘쳐 현실에 적응하지 못해서는 안 된다

사람은 자신감에 넘쳐 늘 조급하고 근시안적인 꿈만 키우는 경우가 있다. 잘나가던 과거만 생각하고 현실을 제대로 직시하지 못한 채 전전긍긍한다. 명문 법대를 졸업한 후 수차례 사법시험에 실패한 박 대리는 국내 굴지의 대기업에 취업했으나 자존심을 앞세우며 이직을 전전하다 어느새 나이가 들어 더 이상 취업 기회를 갖지 못하게 된다. 한때 동료와 동업으로 법무사 사무실을 개업하였으나 서로 마음이 맞지 않아 이것마저 그만두고 나서는 여생을 고달픈 삶에 직면하게 된다.

고등학교를 수석으로 졸업하고 명문대 경영학과를 졸업한 후 대기업에 취업한 서 주임은 어느 천년에 대리, 과장, 부장, 임원으로 승진하나 생각해 보니 갑갑하기만 했다. 사무실에서 주위 동료를 둘러보니 자신과는 학력 면에서 비교도 안 되고, 큰소리치는 상사는 듣지도 보지도 못한 지방대학을 나와 우습게만 보인다. 결국 자존심으로 무장한 채 자신감에 가득 찬 마음을 다스리지 못하고 자진 퇴사한 후 자신의 회사를 차렸다. 컴퓨터 소프트웨어 관련 일을 했는데 초기에는 전에 다니던 회사에서 적극적으로 지원해 주었다. 그러나 우리 사회에는 컴퓨터 전문가가 너무 많아 경영학을 전공한 캐리어로는 도저히 따라잡는 데 한계에 부딪힐 수밖에 없었다. 그 후 그는 가까스로 소규모 벤처 회사에 취직했다는 소문만 있고 기억에서 영영 사라졌다.

그 후 그가 뭘 하는지 알 수가 없지만 애초 다니던 회사에 계속 근무했으면 지금쯤 사장이 됐을 거라는 입사 동료들 간의 후일담만 전해진다. 그만큼 명문대 출신이 각계각층 주요 포지션에 많이 포진하고 있어, 별다른 부담 없이 큰 도움을 받을 수 있는데도 섣부른 판단과 조급함이 자신의 좋은 운명을 바꾸어 놓는다. 어쩌면 그 길이 자신의 운명인지는 모르지만…….

어디를 가도 편안하고 아늑한 곳은 없다. 어디를 가도 내 마음에 딱 들고 내 생각대로 되는 곳은 없다. 내가 정착하여 가꾸어 나가는 길밖에 없는 것이다. "똑똑한 판사가 오판한다."는 말이 있다. 능력, 실력이 모자라서가 아니라 넘치는 자신감이 자신을 과신하게 만든다는 것이다.

조금 다른 이야기이지만 짚고 넘어가야 할 게 있다. 기본과 원칙이 잘 지켜지지 않는 경우가 있다는 것이다. 사람이 이 세상에 태어나 피할 수 없는 세 가지가 있는 데 그것은 갈등, 세금, 죽음이라고 한다. 누구나 사노라면 여러 가지 갈등과 접하게 되는데 두 사례를 통하여 살펴보자.

〈사례 18〉 상사의 똥고집에는 소신 있게 자신의 입장을 분명히 밝힌 후 물러서는 수밖에 없다

어느 중견 회사에 고집이 센 오너 사장이 있었다. 그 사장과 사업 담당인 이 팀장 사이에 의견 충돌이 생겼다. 이 팀장은 사장의 특별 지시를 몇 날 며칠에 걸쳐 다각도로 검토해 보았으나, 결국 손해를 보게 되는 일일뿐만 아니라 회사에 적지 않은 부담을 줄 것이 확실했다. 검토 결과를 상세히 보고받은 사장은 막무가내였다. 그러나 오직 회사를 지키겠다는 충정심에서 이 팀장은 물러서지 않았다. 결국 사장은 이 팀장에게 소리를 지르며 이렇게 말한다. "내 회사 내가 말아먹겠다는데 무슨 고집불통 딴소리야!"라고.

나중에 예상대로 좋지 않은 결과가 나왔을 때, 사장이 "왜 그때 억지로라도 말리지 않았느냐?"고 하면서 덮어씌울까 봐 이 팀장의 뇌리에 걱정이 밀려오기 시작한다. 모 회사에서 실제로 있었던 일인데, 이럴 경우 사전에 소신 있게 자신의 입장을 분명히 밝혀두어야 한다. "검토한 결과 저는 리스크가 클 것으로 확신합니다. 사장님의 뜻을 거스를 수는 없지만 한 번만 더 재고해 주셨으면 합니다. 그리 급하지 않으면 며칠만이라도 기다렸다가 시행하기로 하시지요."라는 정도로 말이다.

〈사례 19〉 지금 부당하게 홀대받고 있다고 생각되더라도, 내 자리가 있고, 내 능력을 발휘할 수 있는 것에 감사해야 한다

어느 벤처 회사에서 있었던 일이다. 송 대리는 상당히 일을 잘하는 직원이었다. 그와 동료인 정 대리는 다소 무능했지만 상사인 문 팀장의 대학 후배라는 이유로 문 팀장의 총애를 한 몸에 받고 있었다. 중요한 프로젝트는 송 대리가 혼자서 거의 다 처리하고, 공치사는 문 팀장과 정 대리가 다 차지했다. 사장한테도 그렇게 보고하여 송 대리는 회사 발전에 기여하는 성과를 올리고도 늘 소외되는 일이 잦아졌다. 송 대리는 회사를 옮길 생각까지 하게 된다. 가엾은 일이지만 직장에서 이런 일들이 왕왕 벌어지고 있는 것이 작금의 현실이다.

송 대리에게 이렇게 조언을 해 주었다. "지금과 같은 상황이 오래 지속되기는 어려울 겁니다. 사람은 누구나 일말의 작은 양심을 지니고 있어 단기적으로는 부당함이 지속될 수는 있어도 장기적으로는 정의가 살아날 겁니다. 오히려 정 대리에게 다가가서 모르는 것을 가르쳐 주고 따뜻하게 대해 보세요. 설사 아무도 나를 제대로 인정해주지 않더라도 내가 있어 회사가 생존할 수 있다는 것은 얼마나 큰 보람입니까. 게다가 하늘이 다 보고 있습니다. 억울한 것은 한 순간일 뿐입니다. 회사를 옮기는 문제는 두고두고 고민해 봐야 합니다. 다른 회사가 나를 기다리고 있지는 않습니다. 이직을 하게 되면 그 순간부터 그 회사는 단기간에 이용할 수 있는 송 대리의 몸값 즉, 인적 상품 가치만 따지게 될 것입니다. 멀지 않은 훗날 단물만 삼키고 내뱉을 때가 온다는 사실을 명심해야 합니다. 또한 송 대리는 토박이 직원이 아니라, 언젠가는 또 다른 직장을 찾아서 떠날 사람이라는 사내 편견도 잠재되어 있을 겁니다. 늘 견제와 감시의 대상일 수밖에요. 모든 회사가 능력과 성과만 따져 소속 직원 신분의 변동을 결정한다면, 장기간 버틸 수 있는 직원이 그리 많지 않을 겁니다. 무엇보다 이직한 회사에서 지금 회사에서만큼 능력을 십분 발휘할 수 있을지도 의문입니다. 그 회사의 기업 문화와 주변 상황에 따라 나의 입지가 크게 좌우될 테니까요."

지금 부당하게 홀대받고 있다는 생각이 들더라도, 내가 머물 자리가 있고, 내 능력을 발휘할 수 있다는 것에 우선 감사해야 한다.

직장 생활의 가치 창조

❀ 변화하는 새로운 가치에 집중하는 열정

시장과 고객 가치의 새로운 변화에 집중해야 한다

산악자전거를 타고 산에 올라가는데, 자전거를 타고 가지 않고 끌고 올라간다면 그 자전거의 가치는 무색해질 것이다. 또한 수영장에서 헤엄치면서 나아가지 않고 두 발을 바닥에 딛고 걸어만 다닌다면 수영장 본연의 의미는 퇴색할 것이다. 반면 수영장에서 자전거를 타고 간다면 색다른 가치를 유발할 수 있을 것이고, 산 정상에서 수영을 할 수 있다면 사람들의 눈이 번뜩 뜨이는 참신한 가치를 제공할 것이다. 두바이는 한여름날 50℃까지 올라가는 사막에 스키장을 만들어 상상하기도 어려운 새로운 가치를 창출했다.

프로 직장인, 아마추어 직장인에게 말하다

11월 말 추위를 느끼기 시작할 무렵, 바람이 드세게 부는 시골 국도변 한적한 길가에서 한 할머니가 콩을 팔고 있는데 칼바람에 머리를 목도리로 연신 감싸며 웅크리고 앉아 그날 딴 콩을 소쿠리에 담아 그대로 팔고 있었다. 그 할머니로부터 거리가 얼마 떨어지지 않은 다른 길가에도 한 할머니가 똑같이 앉아서 콩을 팔고 있는데, 열심히 콩을 까고 있었다. 옆 할머니의 까지 않은 콩보다 두 배 이상 가격이 비싸도 사람들이 몰려들어 줄을 지어 그 콩을 사 갔다.

변화하는 고객층의 심리를 현장 중심으로 파악하려는 열정이 늘 현재진행형이어야 한다. 한 여성 의류업체는 신제품을 출시할 때 남자 임원들끼리 모여 앉아 자신의 오랜 경험과 전문성에 비추어 '요즘 여성들이 이런 옷을 입고 싶어 할 것'이라며, 마치 권장이라도 하는 듯 새로운 디자인을 최종 결정했다. 이는 마치 그들이 여성의 보호자라도 된 것처럼, '여성은 이러 이러한 옷을 입어야 된다'고 하는 권고성 결정에 더 가깝다. 여성은 남성이 입으라고 권유하는 옷을 돈 들여 사 입지는 않는다.

반면 어느 여성 란제리 제조사의 디자인을 담당하는 젊은 남자 직원은 고위 경영진이 참석한 회의실에서 웃통을 벗어 던진 채 새로 개발한 브래지어를 착용하고 나와 착용감, 디자인, 견고성, 피부 트러블, 미적 매력 등에 대해 자신의 아내가 실제 착용해 본 소감과 함께 현장감 있고 세심하게 정성을 들여 프리젠테이션을 했다.

어느 미용실에서는 파마를 하러 온 손님에게 아직 파마를 할 때가 되지 않았다고 하면서 잠시 손질해 준 뒤 그냥 돌려보낸다. 사람들의 심리는 참 이상하다. 팔려고 하면 뒷걸음치며, 팔지 않으려고 하면 사고 싶어진다. 어떤 특정 제품을 사려고 들른 점포에서 장단점을 알려 주면서 그 제품을 사지 말라고 권할 경우, 그 점포에 대한 신뢰감은 뇌리에 박힌다.

희소성의 심리가 작동하는지 대형 마켓에서 어떤 품목을 딱 10분 간만 세일해서 판매하고 그 이후는 정가로 판매한다고 하면 그 많은 아주머니들이 어디서 오셨는지 구름처럼 몰려든다. 세일 시간을 짧게 제한하면, 사람들은 싸고 좋은 품목을 남들이 먼저 차지하여 자신에게는 구매할 기회가 주어지지 않을지도 모른다는 압박감에 사로잡힌 욕심이 작동한 것이다.

경기가 나빠 힘들어도 취업 준비를 위해서는 투자를 아끼지 않는 경향이 관련 물가를 끌어 올릴 정도라고 한다. 취업이 잘 안 되는 상황에서 취업 전문 서적이 잘 팔리고, 옷을 잘 입어야 면접에서 좋은 점수를 받을 수 있다는 소문으로 명품 의상이 잘 팔린다는 역설적인 이야기다.

위기 상황에서도 남이 보지 못한 기회를 포착하여 새로운 전략과 고객 서비스, 상품을 앞세워 한 단계 도약하는 기업들의 공통점은 위기를 새로운 성장의 기회로 만드는 Upside 전략을 활용하는 것이라고 한다. 단순히 눈앞의 위기상황을 임시방편으로 넘기는 데 급급한 것이 아니라 적극적인 대처로 극적인 반전을 일궈낸 것이다.

이화여대 함인희 교수는 넷(Net) 세대의 이해와 관련하여, "기획 쪽으로 희망했는데 영업은 어떻습니까?"라는 입사 면접관의 질문에 지원자가 "잠시만요, 어머님께 전화로 여쭤 보겠습니다."라고 대답했다는 사례를 들었다.

삼성그룹은 그룹 직원의 40%가 넷 세대인 사원, 대리급이라고 한다. 넷 세대의 특징을 보면 "첫째, 어머니에게 의지하는 경향이 강하다. 둘째, 현실세상(오프라인)보다 인터넷에서의 대화와 사귐을 즐긴다. 셋째, 일 속에서 재미를 찾으려고 한다." 등이 있다. 넷 세대와 소통하기 위해서는 "첫째, 넷 세대가 경영자들의 세대와 다름을 인정해야 하고, 둘째, 온라인상에서도 대화해야 하며, 셋째, 재미있는 일터라고 느끼도록 여건을 갖춰줘야 한다."는 것이다.

한편 대기업 경영진 사이에서도 세대 공감 경영이 필요하다는 인식이 확산되고 있다고 한다.

매년 증가하는 '나 홀로 가구'는 주목해야 할 소비계층이다. 2012년 1인 가구는 450만 가구인데, 1995년 164만 가구보다 2배 이상 늘었다고 한다. 통계청에서는 1인 가구를 위한 미니 아파트가 인기를 끌 것이라며 역세권을 중심으로 쇼핑 대행, 음식 배달, 심부름센터 등 1인 가구에 편의를 제공하는 업종이 유망하다고 진단하고 있다. 이미 보안이 철저한 독신 여성 전용 소형 아파트 단지는 인기가 넘친다. 또한 한 조사 결과에 의하면 우리나라 사람들은 교통사고나 국가 안보보다 음식에 대한 불안이 더 크다고 한다. 집에서 직접 음식을 만들거나 채소를 재배하는 이들을 위한 서비스와 상품이 인기를 끌 것으로 예상되는 것이다. (매일경제, 2012년.)

기존의 경험과 가치를 넘어서는 창조적 파괴가 이루어져야 한다

독일 경제의 대표격인 지멘스의 160여 년 장수 비결은, "변형시키는 능력과 지속 가능성 및 준법 경영에 대한 집중, 글로벌 트렌드에 대응하는 노력이며, 지속 가능 사업의 핵심은 임직원들의 주인 의식"이라고 한다. 사내에는 "언제나 내 회사라 생각하며 일하라"라는 격언이 있다고 한다. 지멘스는 시장 요구에 대처해 변화하는 역량이 있었기에 글로벌 선두 주자가 될 수 있었다는 것이다.

◆ 전력화(electrification), 자동화(automation), 디지털화(digitalization)에 주력, 특히 디지털화는 기존 가치 사슬을 근본적으로 바꾸는 원동력

◆ '전통 산업종사자(traditionalist)'인 동시에 핵심 메가 트렌드인 '디지털 촉진자(digitizer)'로서, 제조 기업을 넘어 소프트웨어 기업으로 평가

◆ 위기를 겪으면서도 변화하는 능력, 지속 가능성과 더불어 전 세계적인 강력한 파트너십 구축으로 성공을 거두고 있음(매일경제, 2015년 2월 27일.)

미국 오리건 주의 중소지방은행인 움프쿠아(Umpqua)은행은 은행의 콘셉트를 돈을 맡기거나 빌리는 금융기관이 아니라 노드스트롬이나 스타벅스와 같은 소매 유통점으로 바꾸었다고 한다. 고객들이 언제든 편하게 휴식과 만남을 위해 찾을 수 있는 공간으로 만든 것

이다. 빠르고 첨단을 강조하는 은행의 이미지를 편안함과 여유로 바꿔 고객을 끌었다고 한다.

세상이 빠르게 변하면서 역설적으로 느림과 여유가 중요한 가치로 부상되고 있다. 속도의 경제와 느림의 미학이 공존하는 상태라는 것이다. 슬로 경영은 직원들의 창의성을 계발하고 만족도를 높여 기업 가치를 증대시킬 수 있다. 슬로푸드, 슬로패션, 슬로시티 등 느림을 강조하는 트렌드가 소비문화로 정착되는 등 슬로 트렌드의 부상은 기업들의 기존 경영 관행을 바꾸도록 하는 도전이며 동시에 새로운 비즈니스의 기회가 된다.

덴마크의 세계 최대 해운선사인 머스크는 '시간의 슬로 비즈니스'를 실천하고 있는데, 항해 속도를 시속 24노트에서 1노트를 낮추었다고 한다. 천천히 가면 이산화탄소와 연료비를 각각 30%씩 아껴서 이익도 남기고 환경도 살릴 수 있다고 고객을 설득한 것이라고 한다.

도코 도시오 전 게이단렌 회장이 "경영자는 최소한 하루 30분 이상 휴식하며 혼자 있는 시간을 가져야 한다."고 말한 것도 '느림의 가치'를 강조한 것이다. 새 사업을 기획하는 경영자라면 '더 느리고 오래된 것'의 가치를 다시 점검하는 시간을 가져보라고 한다. 스피드 경영은 품질 저하와 낮은 수준의 혁신 반복 등 부작용을 낳게 마련인데, 슬로 경영은 직원들의 창의성을 계발하고 만족도를 높여 기업 가치를 증대시킬 수 있다는 것이다. (매일경제, 2012년.)

기업이 환경 변화에 따라 변화해야 하는 것처럼, 직장인도 늘 변화의 물결에 자신을 올려놓아야 한다. 과거의 성과에 안주하고 있거나 지금까지의 방식을 답습해서는 어느새 뒤처지고 마는 자신을 발견하게 된다. 지금까지 타고 온 배를 언제든 과감하게 갈아탈 준비를 해야 하는 것이다. 현재까지의 성과는 과거에 잘한 것에 대한 결과이지 더 이상 미래를 보장하지는 않는다.

현재에 안주하면 미국 하버드대 심리학자 Elen Langer가 제시한 성공 함정(success trap, 成功 陷穽)에 빠지고 만다. 즉 '과거의 성공 전략이나 경험에 사로잡혀 급변하는 시장의 요구에 부응하지 못하고 몰락해가는 것'이다.

기업이 성공 함정에 빠지는 것은 다음과 같은 요인 때문에 발생한다고 한다. 첫째, 기업이 성장을 거듭하던 과거의 경험에 집착해 시장의 변화를 제대로 파악하지 못할 때, 둘째, 파악했다 하더라도 과거의 전략으로 충분히 극복할 수 있다고 믿어 의도적으로 변화를 외면하고 준비를 하지 않을 때, 셋째, 과거 기업의 성공에 주도적 역할을 한 조직 구성원들이 새로운 전략을 알면서도 스스로의 힘과 지위를 유지하기 위해 과거의 전략만을 고수할 때 등이다.

성공 함정의 극복 방법으로는, "첫째, 시장 환경의 변화와 경쟁 기업들의 움직임에 대해 끊임없이 연구·분석해야 한다. 둘째, 조직 구성원들이 과거의 성공 경험에서 벗어나 항상 위기의식을 가지고 지속적으로 혁신을 추구해야 한다. 셋째, 자사 제품에 대한 맹신에서 벗어나 새로운 기술·제품도 있을 수 있다는 것을 인식하고 과감히 자사의 핵심 역량을 포기할 수 있는 창조적 파괴가 이루어져야 한다."는 것이다. (네이버 지식백과)

프로 직장인, 아마추어 직장인에게 말하다

오래가는 기업을 보면 한 우물만 파기보다는 새로운 우물을 계속 찾는다고 한다. "IBM은 PC에서 인터넷 상거래와 솔루션, 소프트웨어 기업으로 재빨리 포트폴리오 전환을 했기 때문에 계속 IT업계의 공룡으로 남을 수 있었다. 가전에 집중하던 필립스 역시 몇 년 전부터 조명과 헬스케어로 주력 사업군을 이동하면서 성공적으로 시장에 정착했다."

삼성그룹의 전자부품 계열사인 삼성SDI도 IBM이나 필립스와 같이 파괴적 혁신을 통하여 신사업을 개척해 나갔다. 브라운관을 생산하던 기업인 삼성SDI는 평판 디스플레이를 거쳐 배터리 사업에 매진했다. 디스플레이 사업을 정리하면서 미련을 접고 배터리 사업에 총력을 기울인 것이다. (매일경제, 2015년 2월 27일.)

❀ 자신의 가치는 스스로 창조해야 한다

바둑에서 가장 중요한 것이 무엇이냐는 질문에 대하여 포석, 전투, 사활, 중앙전투, 끝내기 등 많은 답안을 냈지만 정답은 '선수(先手)'라고 한다. 그렇다, 선수를 놓치면 끌려만 다니다 결국 패배의 길로 가게 된다. 실제로 프로 바둑 해설을 보노라면 선수를 가장 강조하는 것을 쉽게 알 수 있다. 선수인 줄 알고 뒀다가 후수가 돼 버리면 곧바로 지는 길로 들어서 무너지기 십상이다.

사람 간에 싸움이 붙을 경우에도 먼저 공격하는 사람이 이기는 장면을 목격할 수 있었을 텐데, 이것이 바로 선제(Preemptive Attack)다. 선견, 선공이 그만큼 중요하다. 경쟁 기업 간에도 최대 이슈는 바로 이 '선수'다. 먼저 앞서 나가는 것이 경쟁력의 원천이다. 남이 하는 것을 뻔히 바라만 보다가 뒷북을 치게 되면 곧 바로 퇴보의 길로 들어서게 된다.

돌다리를 두드려 본 후에 건너는 것은 일리가 있지만, 건너야 할 돌다리를 다 두드려 보고도 주저하면서 건너지 못한다면 앞서 나갈 기회는 영영 돌아오지 않는다. 로저 엔리코는 "어떤 결정을 내려야 할 때 가장 좋은 것은 올바른 결정이고, 다음으로 좋은 것은 잘못된 결정이며, 가장 나쁜 것은 아무 결정도 하지 않는 것이다."라고 했다.

세계 카지노 업계 세 명의 거물 중 한 사람인 셸던 애덜슨은 남들이 하지 않는 방식으로 일하라고 강조하며 남보다 먼저 기회를 포착하고 항상 먼저 뛰어드는 선도자(first mover)였다. 큰 그림을 보고 과감히 투자하는 자신의 성공 비결은 단순한 원칙이라고 한다. 그리고 매일 자신의 마음을 가득 채울 무언가가 없다면 아주 끔찍하게 지겨운 삶이 될 것이라고 한다. 그는 자신이 원하는 건설로 다른 분야들 간의 시너지를 일궈내어 카지노, 컨벤션센터, 명품쇼핑몰, 유명 레스토랑을 한데 묶은 복합 리조트로 라스베이거스의 풍경을 바꾸고 있다고 한다. (매일경제, 2012년.)

무엇보다 더 나은 상품, 남다른 서비스가 우선이다. 똑같은 상품인데도 가격에 있어 경쟁력이 뒤지는 비교 열위의 상품을 무지한 고

프로 직장인, 아마추어 직장인에게 말하다

객에게 다가가서 떠넘기는 방식으로는 더 이상 견디기 어렵다. 회사가 주도하는 밀어내기식, 떠밀기식 영업 방식은 종업원의 사기를 떨어뜨리고 위화감만 조장하게 된다. 열악하고 뒤떨어진 상품을 그저 애사심으로 포장하여 직원들에게 떠넘기는 방식으로는 더 이상 희망이 보이지 않는 것이다. 회사는 직원이 스스로 판단해서 결정할 수 있도록 자사의 상품과 서비스의 경쟁력을 꾸준히 유지하고, 발전시켜 나가야 한다.

한 기업의 진정한 경쟁력은 종업원으로부터 나온다. 종업원이 자사 상품, 서비스에 대한 진정한 사랑과 확실한 믿음을 갖는 것이 중요하다. 자신을 가꾸고 미화시키듯이 자사 상품에 대해서 똑같은 애정과 남다른 확고한 지식을 갖추고 있어야 하며, 항시 신제품에 대한 지식을 업데이트하고 있어야 한다. 상품 출시가 임박했거나 이미 출시되었는데도 직원이 잘 모르고 있는 현장을 고객이 목격하는 경우가 있다. 이쯤 되면 그 회사 상품에 대한 신뢰도는 더 이상 장담할 수 없게 된다.

이것은 직원 개인보다 우선 회사에 책임이 있다. 직원을 대상으로 실시간으로 교육을 시켜야 한다. 공자 왈, 교육도 중요하지만 이를 다소 늦추더라도 발등에 떨어진 업무 지식을 절대 놓치지 않고 직원들이 정확히 숙지할 수 있도록 하여야 한다. 또한 그 교육은 직원 스스로 챙길 수 있는 여건과 분위기를 만들어 주는 것이어야 한다. 피터 드러커는 "10초 안에 고객이 우리 회사를 선택해야 하는 이유를 설명할 수 있어야 한다."라고 했다.

직장에서는 누가 보건 보지 않건 내 할 일은 내가 스스로 찾아 나서야 한다. 생활용품 제조 회사에 근무하는 윤 부장은 주말, 휴일이면 대형 상가, 잡화점을 돌아다니며 먼지가 쌓인 채 진열장 뒤편에 방치되어 있는 자사 제품을 미리 준비해 간 타월로 일일이 닦아서 소비자의 눈에 잘 띄는 앞쪽에다 옮겨 두곤 했다. 몇 년간을 꾸준히 이렇게 하고 있는 모습을 지켜 본 그 회사 그룹 회장은 그를 발탁해 임원으로 승진시켰다.

직원의 좋은 인상이 회사 가치와 연결된다. 맑고 밝은 얼굴, 정감 어린 인상, 다정한 눈빛, 깔끔한 헤어스타일, 산뜻한 용모, 상냥한 목소리, 고객을 대할 때나 대하지 않을 때나 변함없는 표정 관리, 언짢은 고객에 대한 태도 등 그 중요성을 한시도 등한시해서는 안 된다. 직원 한 사람을 보고 그 회사 전체를 판단하는 고객의 심리를 늘 인식하고 있어야 한다. 내 물건을 샀건, 사지 않았건 떠나는 고객의 뒷모습을 바라보며 경의를 표시할 줄 알아야 한다. 고객이 없을 때, 직원 혼자 있을 때 표정을 잘 관리해야 한다. 백화점 매장을 둘러보며 고객이 없을 때 점원들이 어떤 표정을 하고 있는지 그들의 얼굴을 유심히 살펴보라. 직원의 가치는 우선 기본에 충실하고, 직원 스스로가 창조, 발전시켜야 한다.

자만심에만 가득 차서 가까이 있는 행복을 너무 멀리서 찾으려고 하지 말자. 사무실에 내가 앉을 책상과 의자가 있고 비좁지만 나만의 공간이 있다는 것은 얼마나 큰 축복인가! 더 열심히, 더 잘하자, 내 발등에 떨어진 불씨처럼. 오늘보다 더 나은 내일을 위하여!

프로 직장인, 아마추어 직장인에게 말하다

어느 무더운 여름날 오후, 이제 유지보수 회사 사장직을 물러나 회사를 떠나야 할 시간이 되었지만 마지막 날까지 고객 불만 전화를 받아서 처리하느라 늦게까지 사무실에 남아 있어야 했다. 그날 저녁 늦은 시간에 작성해서 직원들에게 보낸 마지막 작별 인사 메일을 소개한다. 문제의 중심, 주인의식으로 무장한 책임감, 비우는 마음, 회사·직원·고객 간의 마인드 정립에 도움이 되었으면 한다. (회사 관련 사항을 지칭하는 용어는 공란으로 표기했으므로 양해 바랍니다.)

<존경하는 사원 여러분께!>

마지막 짐을 싸고 떠나려는데 지인한테서 전화가 왔습니다. ○○서비스에 대한 불만을 담은 내용이었습니다. 수십 차례 △△지사에 전화를 했으나 차일피일 미루며 결국 연락을 주겠다는 약속마저 저버리고 전화도 받지 않더라는 것입니다. 그 고객은 할 수 없이 경쟁사인 □□사에 요청했더니 3일 만에 자신의 요청 사항을 시원하게 해결해 주었다고 합니다.

다음 날 회사 측에서 전화가 걸려왔는데, 다짜고짜 위약금 몇만 원을 내야 한다는 통보였습니다. 그분은 돈이 문제가 아니라 그렇게 통사정을 해 가며 부탁했는데도 아무런 응답도 없다가 경쟁사로 전환하니까 그제야 위약금을 받으려고 하는 데 대하여 격분하였습니다. 평소 잘 아는 저한테 일단 하소연이라도 하고, 위약금은 내더라도 절대 그냥 넘어가지 않겠다면서 우선 자신의 사무실, 일가친척, 친지 등 모든 서비스를 경쟁사로 전환하겠다는 것이었습니다.

저도 이제 회사를 떠나야 할 시간인데 어떻게 해야 되나 하고 잠시 상념에 잠겼습니다. 일단 그분을 겨우 진정시켜 드린 후 일과 시간이 훨씬 지났지만 담당 고위직에게 연락하여 늦더라도 책임자가 그 고객에게 전화해서 상황을 잘 설명해 드리고 사과드리는 것이 좋겠다고 했지요. 저녁 늦게 그 고객으로부터 다시 전화를 받았습니다. 해당 지역 △△지 사장한테서 전화를 받았는데 늦더라도 꼭 찾아뵙고 엎드려 사과를 드리겠다고 하더랍니다. 그러고는 화가 많이 풀렸다고 했습니다.

도시에 사는 며느리가 밤늦은 시간에 75세가 넘은 시어머님께 전화를 하게 됩니다. 남편이 매일같이 과음에다 늦게 귀가해서 도저히 같이 못 살겠다고 하소연하는 내용이었지요. 시어머니는 이렇게 응대합니다. "내가 아들을 잘못 키워 미안하다. 사과할게. 그래, 이혼해라. 네 남편이 직장 다녀 생활했지만 알뜰히 살림한 부인의 내조의 공이 크므로 재산의 반은 네 몫이다." 그러고는 전화를 끊습니다. 1시간도 채 지나지 않아 그 며느리는 시어머님께 다시 전화를 하게 되지요. "어머님, 제가 잘못했습니다. 열심히 잘 살겠습니다."라는 내용으로.

미국의 한 유명 백화점에서 할인 행사를 하였는데 사람들이 너무 많이 몰려 할인 품목 재고가 예상보다 빨리 소진되었지요. 그 백화점은 손님들을 그냥 돌려보내지 않고 인근 경쟁 관계에 있는 다른 백화점에서 그 물품을 정가에 사다가 할인 행사 가격으로 팔게 됩니다.

미국의 백화점 Nordstrom에서 있었던 일입니다. 한 아주머니가 자동차 타이어를 환불해 달라고 찾아오게 됩니다. 백화점 점원은 영수증

프로 직장인, 아마추어 직장인에게 말하다

도 없이 다짜고짜 환불을 요구하는 고객을 대하고는 참 난감했지요. 구입 가격을 물어본 후 채 5분도 지나지 않아 현금으로 환불해 줍니다. 그런데 그 타이어는 한 번도 그 백화점에서 취급하지 않았던, 그러니까 그 백화점에서는 팔지 않는 품목이었다는 것입니다.

약속 장소인 식당에 20분 일찍 도착한 사람이 만날 상대방으로부터 전화를 받게 됩니다. 교통 체증으로 약속 시간보다 30분 이상 늦어질 것 같은데 기다리게 해서 죄송하다는 내용이었지요. 이에 대하여 일찍 도착한 그분은 이렇게 대답합니다. "저도 차가 밀려 조금 늦게 도착할 것 같으니까 천천히 오십시오."라고. 결국 그분은 1시간 이상을 식당에서 혼자 기다려야 했지요.

모든 일의, 서비스의, 문제의 중심에 항상 나 자신이 있다는 생각을 하고 있어야 합니다. 그 선상의 한 부분만 내 몫이고 책임이라는 생각은 참으로 위험합니다.

이 세상에서 가장 중요한 사람은 사원 여러분 자신이라고 말씀드렸습니다. 가장 소중한 시간은 바로 지금이며, 가장 행복한 시간도 바로 지금 이 순간입니다. 칭찬하고, 협력하고, 서로 품어 주며 사랑을 실천하는 행복 전도사로서의 소중한 삶을 보람 있게 실천하시기를 기대합니다. 주위 사람들을 편안하게 해 주면 오히려 나 자신이 더욱 편안해지고 행복해지니까요.

머물 때가 있는 것처럼 떠날 때가 있으며, 시작이 끝이며 끝은 곧 시작이라고 생각하니 마음이 편안해집니다. 가난이 두려운 것은 없어서가 아니라 더 갖고 싶은 욕심 때문이지요. 저는 학창 시절 아침에 집을 나서면서 홀어머니로부터 받은 단돈 천 원으로 버스 토큰도 사고 도서관 자판기에서 커피 한 잔 마시며 공부하던 시절이 그 어느 때보다 참 행복했다는 생각을 자주 합니다. 도서관을 오가면서 청춘 남녀가 다정하게 데이트를 하는 장면을 볼 때면 나도 열심히 공부해서 나중에 멋진 여성과 데이트를 해 봐야겠다고 다짐도 하면서요.

아쉬운 것은 사원 여러분께 더 많은 사랑을 베풀지 못하고 떠나는 것입니다. 김천, 구미, 청송지역 사원 여러분께는 손도 한번 잡아 보지 못하고 떠나 더욱 죄송한 마음입니다.

이제 사원 여러분을 더욱 따뜻하게 사랑하고 존중하며 탁월한 경영 능력을 지닌 새로운 사장이 부임하게 되어 가슴 뿌듯합니다.

사원 여러분의 건강하고 든든한 모습 그리며 환하게 웃을 수 있어 마음 편하고 행복합니다.

저는 사원 여러분을 존경하고 사랑합니다.

무더위에 항상 건강, 안전에 유의하십시오.

노대전 올림

❀ 진흙 속의 진주를 찾아 나서는 인재 관리

구글은 채용할 때 업무 능력을 가장 마지막에 따진다. 지원자를 깊이 이해하고 검토해 외형 속의 가치를 찾아내 평가하는 힘든 과

프로 직장인, 아마추어 직장인에게 말하다

정을 거친다는 것이다. "인터뷰 절차가 엄밀하지 않으면 훌륭한 인재를 뽑았는데 회사와 맞지 않는 경우가 생겨난다. 이를 위해 지원자에게도 회사를 인터뷰할 수 있는 조건을 제공한다." 다양한 동기의 지원자들에게 과연 그에게 맞는 회사인지 판단할 수 있도록 충분한 정보와 기회를 제공한다는 것이다. "우리는 여느 회사와 달리 직원에게 탁월한 기여를 할 것을 기대한다. 그에게 과연 그런 동기가 있는지를 가늠하고, 회사의 일원이 되어 그가 성공할 수 있도록 회사가 그를 도와주고 필요를 충족시켜 줄 수 있는지를 파악하게 해 주는 게 채용 과정이다.", "우수한 인재가 성과를 내지 못했다면 그 원인과 구조를 살펴본다." (한겨레신문, 2013년 5월 21일.)

구조조정 시 일을 잘하고, 성과에 기여하는 성실한 직원이 먼저 직장을 그만두는 경향이 있다. 당장 비용 절감 규모만 따져 포장된 성과로 판단하지 말고, 회사 발전에 밑거름이 되고, 중요한 시기에 직·간접적으로 기여하고, 맡은 업무 분야에서 탁월한 경쟁력이 있는 인력의 유출이 없는지 꼼꼼히 따져 봐야 한다. 한편으로는 정작 회사를 떠나야 할 사람이 사내외 인맥에 기대어 버티고 있는 건 아닌지 면밀히 살펴보아야 한다. 그냥 계수적으로만 피상적으로 논하고 어려운 문제는 피해 가는 미꾸라지 작태는 범하지 말자. 당장 눈에 들어오는 수치와 결과만 가지고 잘잘못을 평가하는 과오를 절대 범하지 말아야 한다.

내가 몸담고 있는 이 직장은 자신에게 주어지는 연봉과 인센티브만 챙기는 단편적인 돈벌이 수단이 되어서는 안 될 것이며, 더욱

이 더 오래 남아 있으려고 하는 데만 혈안이 되어 비열하고 무책임한 행동을 자행하는 사람들의 집단이 되어서는 안 된다. 나 자신이 바로 이 회사의 주인이며, 장기적으로 비전이 있고 경쟁력이 넘치는 강한 회사로 거듭나게 해야 할 책임이 바로 나 자신에게 있다는 사실을 간과하지 말아야 한다.

일은 사람이 하고 인재가 회사를 살린다. 힘겹게 채용한 인재를 둔재로 만드는 현재의 시스템을 잘 살펴보자. 천재로 태어난 우리 아이들을 바보로 만드는 과정이 학교교육이라는 주장이 있다. 아이들의 개별 적성, 취미를 무시하고 일방적인 교과과정에 강제적으로 따르도록 함으로써, 타고난 천부적 자질이 흙 속에 묻혀 버리게 되는 것이다.

기업에 있어서도 똑같은 케이스가 발견된다. 우수한 인재를 영입하여 우둔한 소모품으로 전락시키는 일이 없도록 특화된 CDP(경력개발계획)에 의거, 어머니의 손길과 같은 배려로 보살피고, 잘못된 부분은 즉시 시정·개선하여 내실 있는 인재 관리를 꾸준히 지속해 나가야 한다. 당장 눈에 보이는 결과만 가지고 잘잘못을 따지는 근시안적인 태도로는 회사의 진정한 경쟁력에 아무런 도움이 되지 못한다.

무엇보다 빠르게 변화하는 세대의 움직임에 민감하게 대응해야 한다. G(Global) 세대는 1986~1991년에 출생한 젊은 층을 지칭하는데 자신이 좋아하는 것에는 엄청난 집중력을 보인다고 한다. 과거에 횡행했던 헝그리 정신이 아니라 현재 하고 있는 일을 즐기고자 하는 순수한 마음이다. 그들은 애국심보다는 나 자신을 위해 최선을

프로 직장인, 아마추어 직장인에게 말하다

다하는 데서 기쁨을 찾는다. 주눅감에서 벗어나 자신감으로 무장되어 있는 것이다. 지난 동계 올림픽에서 금메달을 수상한 우리 어린 선수들은 한결같이 밝은 얼굴, 깔끔한 용모를 드러내고 있었다. 늘 기쁜 마음으로 스포츠를 즐긴 것이 좋은 결과를 가져온 것이다.

✿ 무엇을 듣고 어떻게 평가하고 어떤 조치를 취하는가

내가 낳은 자식이 밖에 나가서 잘하고 있는지 살펴보는 것처럼, 회사는 내 상품, 서비스가 고객에 이르기까지 어떻게 전달되고 어떤 평가를 받고 있는지 실시간으로 살펴보아야 한다. 내가 만든 상품에 대한 고객의 반응과 태도를 현장감 있고 진실하게 실시간으로 파악하는 시스템이 마련되어 있어야 한다.

최고 경영진에 정보가 차단되고 왜곡되어 고객의 고견이(절대로 '고객의 소리'란 말을 써서는 안 된다. 부모님의 '소리', 스승의 '소리'라고는 하지 않는다) 제대로 전달되지 않는다면 모든 것이 탁상공론에 불과하다. 쥐들이 모여 하루 종일 누가, 어떻게 고양이 목에 방울을 달 것인지 논의하다가 아무런 실효성 없이 그만두는 것과 마찬가지다. 설사 고양이 목에 방울을 단다고 하더라도 그 고양이가 방울 소리를 내지 않으면 아무 소용이 없다. 고양이가 은밀하게 접근해 와 방울 소리를 내지 않는다면 무슨 효과가 있겠는가. 게다가 목숨을 걸고 단 방울이 불량품이라면 생각만 해도 아찔하지 않니?

회사가 시행한 설문 조사 시 '만족한다'고 응답한 고객의 85%가 정작 그 회사 상품을 더 이상 사용할 마음이 없다는 사실은 널리 잘 알려져 있다. 고객은 언제나 곧 떠날 채비를 하고 있는 것이다. 고객은 하시라도 나룻배를 타고 강을 건너 떠날 준비가 되어 있는 나그네인 것이다. 불만 고객뿐만 아니라 만족하는 고객의 의견에 귀를 기울이자. 그들이 우리 회사에 실제로 기여할 수 있도록 시스템을 정비하자.

또한 잠재적 불만을 품고 있는 소수 고객의 의견을 적극적으로 경청하고 개선에 반영하자. 그들이 만족한다고 응답하는 고객들의 진정한 대변자이기 때문이다. 그저 좋은 게 좋을 것이라고 생각하는 대다수 고객들은 당장 큰 변화가 초래되지 않는 사항에 대하여는 다소 불만이 있다고 하더라도 긍정적인 의견을 제시하고 만다. 다소 만족스럽지 않더라도 현장 직원, 콜센터 직원의 서비스에 대하여 나쁜 평가를 내리기를 꺼린다는 것이다. 무엇보다 출처가 정확해야 하고, 원시 데이터가 신뢰할 수 있어야 한다.

어느 고등학교에서 있었던 일이다. 국어 과목 보충학습에 학생들이 지원하는데 어느 한 선생님한테는 학생 누구도 배우고 싶어 하지 않는다. 수업 방식이 마음에 들지 않거나 실력이 없거나 여하간 학생들에게 인기가 없다. 우선 선착순으로 지원한 후, 나머지 학생은 원하지 않더라도 배우기 싫은 그 선생님 반으로 강제 할당되도록 되어 있다. 교실 수급상 인원이 한정될 수밖에 없는 상황인 것이다. 국어 과목 보충수업 신청 때가 되면 학생들이 한꺼번에 몰려들어 컴퓨터가 다운될 정도라고 한다. 그 선생님을 피하기 위해서이다. 대학 강의처럼 수강 신청자가 적정 인원에 미달되면 그 강의가 자동으로 폐지되는 시스템을 고등학교에서 도입할 수 없는 것이 문제가 될 수 있겠다.

그런데도 그 선생님은 변화 없이 요지부동이라는 데 더욱 문제가 심각하다. 자신의 처지를 모르고 있는 건지, 알면서도 아무 생각이 없는 건지, 노력해도 안 되는 건지 종잡을 수 없다. 선생님 자신이 학생들에게서 인기가 있는지 없는지를 모르는 것인지, 실력이 없는 자신에 대한 평가를 제대로 못 하는 것인지 그에 대한 관심조차 없는 것인지 줄곧 자신이 해 오던 방식만 고집한다는 것이다.

안정된 신분이 걸림돌인 점도 있겠으나, 무엇보다 현실에 대한 정확한 사실을 학교가 파악하고 있어야 한다. 우선 담당 선생님 자신이 알아야 하고, 교감 선생님이 알아야 하고, 교장 선생님이 정확하게 그 실상을 파악하고 있어야 한다. 학생들이 특정 선생님을 기피하면 왜 그러는지 그 이유를 정확히 알고 있어야 하는 것이다. 그다음에 개선책이 나와야 한다. 그리고 바로 실행에 들어가야 한다. 그냥 주의만 준다거나 다른 학교로 발령을 내는 조치로는 미봉책에 지나지 않으며, 오히려 역효과를 초래할 우려가 크다. 그 선생님이 다른 학교로 전근가게 될 경우, 그 학교는 문제가 생겨도 괜찮다는 말인가. 아우구스토 쿠리는 그의 저서 『생각의 심리학』에서 "올바르게 생각하는 교사는 학생들을 매혹시키려 매일 노력한다."고 말했다.

강남의 한 스타 강사의 말씀이다. "학생들의 혼을 쏙 빼놓을 만한 확실한 교수 방법이 있더라도 끊임없이 새로운 아이디어를 개발하지 못하면 어느 새 한물간 선생이 될 수밖에 없다." 이를 수강하는 학생들은 학교 선생님보다 더 선생님 같고 인격적으로 느껴지고 친근하다고 말한다.

시스템의 문제인가, 개인 역량의 문제인가. 그냥 좋은 게 좋다고 하면서 대충 넘어가서는 안 된다. 혼자만의 문제가 아니라 우리 사회 전체에 미치는 영향이 지대하다. 지금 얼마나 실력 있고 탁월한 인재들이 취업 대기 중인가. 휴일 날 도서관에 한번 가 봐라. 엉덩이 한 짝 붙일 자리가 있는지. 아침 일찍 도착하여 대기표를 뽑으면 이미 200명이 내 앞에서 순서를 기다리고 있다. 한번 취득한 기득권은 더 이상 설익은 운명이 보호해 줄 수 있는 알량한 특권이 아님을 다시 한 번 명심하자.

〈사례 20〉 내가 만들고 판매한 제품의 일생을 꿰뚫어 읽고 있어야 한다

내로라하는 명품 만년필인데도 아무리 해도 잘 써지지가 않는다. 처음 쓰기 시작할 때는 잉크가 말라 아예 써지지 않고 필기 도중에도 끊김이 잦다. 그래도 명품이라고 경영 우수 경영 사례로 들며 고객 감동 사례로 곧잘 인용된다. 볼펜의 경우 걸이 부분의 부품이 쉽게 떨어져 나갔다. 나한테만 그런 건가. 백화점 전문 코너를 찾아가 A/S를 신청하려고 해도 너무 오래 걸리는 데다 비용도 만만치 않다. 어지간한 고급 볼펜 하나 사는 값이 든다. 자신의 회사 제품이 제조상 결함으로 인해 너덜너덜하게 돌아다녀도 상관없다는 자신감에 차 있는 걸까. 사람들이 보면 그 볼펜 메이커를 탓할까, 아니면 들고 다니는 사람을 탓할까. 아니면 둘 다 탓할까. 아니면 무관심할까. 명품 회사의 고객 대하는 태도가 이런 게 맞는 건지, 아니면 나 자신의 이기심이 작동하고 있는 건지 곰곰이 다시 생각해 보게 된다.

경영진을 비롯한 전 직원은 내 상품을 구매한 개별 고객의 만족도가 어떤지, 그 상품을 판매하고 있는 백화점 판매원의 고객 응대 태도는 어떤지 실시간으로 파악하고 있어야 한다. 입소문이 제일 무서운 것이다.

❀ 미래지향적인 직원의 자세

만나는 사람들에게 자랑할 수 있을 정도로 규모가 크고 유망한 회사라면 더할 나위 없겠지만, 남들이 잘 알아주지 않는 작은 회사, 외견상 변변치 못한 회사라고 하더라도 내가 몸담고 있는 회사는 이 세상에서 제일 좋은 회사이며, 가장 자랑스러운 내 직장이다. 늘 그렇게 확신하고 있어야 한다. 내가 그렇게 만들어야 하며 그 중심에 나 자신이 우뚝 서 있는 것이다. 주눅 들 필요 없다. 아쉬운 소리 해 봐야 들어줄 사람도 없다. 시계추처럼 아무 생각 없이 왔다 갔다 하다가 그마저 놓치고 나면 정말 갈 데가 없다. 기회가 주어진 지금 이 순간에 내 일을 부둥켜안고 고민하고 집중하여 연구하여야 한다. 단 한 명의 고객이라도 혼신의 정성을 다하자. 지성이면 감천이라고 했다. 기죽을 필요 없다.

이 세상에서 나 자신이 가장 중요하고 내가 다니는 회사가 가장 멋있는 회사이며 소중한 회사다. 규모만 따져 비교하지 말고, 브랜드에만 집착하여 위축되지 말고, 내 업무의 중요성에 대해서만 왈가왈부하지 말고, 월급만 비교하여 낙담하지 말고, 근무시간만 따져 체념하지 말자. 사람은 때로는 막다른 골목에 들어설 수도 있으며 최악의 실책도 범할 수가 있는 것이다. 오히려 피해야 할 것은 망설임과 머뭇거림이다. 내가 있어 남들이 행복하고, 내가 열정을 기울여야 회사 가치가 올라가는 것이며, 바로 그곳에 나 자신의 행복이 숨어 있는 것이다. 그것이 미래지향적인 직원의 자세다.

실없는 사람이 돈 빌리러 와서는 '돈 갖고 너무 그러지 말라'고 진실을 위장한 말들을 하곤 하지만 사실이 그렇다. 월급 적다고 너무 그러지 말라. 괜히 스트레스만 쌓이고 건강만 해치게 된다. 그 월급 주는 사장은 피가 마른다. 직원은 자신이 받는 월급의 6배 이상은 벌어야 그 월급을 받을 자격이 있다고 한다. 회사가 한 사람을 채용해 정년까지 지출하는 비용이 30억 원 이상이라고 한다.

후회하고 현실을 원망해서는 안 된다. 차라리 내가 가는 이 길이 태어날 때부터 정해져 있는 길이라고 생각하자. 우리는 그 길을 묵묵히, 열심히, 꾸준히 가는 것이다. 물론 비전이 있어야 하고 미래지향적이어야 한다. 오늘보다 나은 내일을 기약할 수 있어야 한다. 그

프로 직장인, 아마추어 직장인에게 말하다

것이 모두 나 자신에게 달렸다. 창의력이란 실탄으로 완전 무장한 나 자신 말이다. 그리고 사랑하라. 부하 직원을, 동료를, 상사를……. 특히 연약한 여직원을 보살펴 주어야 한다. 언제 순풍을 타고 불어올지 알 수 없는 그 착한 운명을 거머쥐기 위해서 말이다.

평소 습관이 중요하다. 별것 아닌 것 같은 습관이 성공에 큰 영향을 미칠 수 있다. 100가지 좋은 습관을 가지고 있는 사람도 나쁜 습관 하나로 일생일대 중요한 순간에 고배의 쓴잔을 마시게 될 수 있다고 한다. 성공한 사람과 보통 사람의 차이는 지능이나 재능, 능력이 아니라 습관에 있다. 좋은 습관을 키우고 나쁜 습관을 좋은 습관으로 변화시키는 데 힘쓰자. "하나의 습관을 바꾸려면 의식이 무의식을 사로잡아 커뮤니케이션을 하면서 훈련시켜야 한다."고 했다. 우리 안에 있는 '나쁜 자아'를 통제하려면 우리 안에 있는 또 다른 자아인 '착한 자아'를 출동시켜 나쁜 자아를 다스리게 해야 한다. 이는 참 어려운 숙제이기는 하지만 연습하고 훈련하면 안 될 것도 없다. 어차피 삶은 인내하면서 때로는 허물을 벗으며 탈바꿈해 나가는 것이다.

똑같은 일을 해도 일에 대한 태도가 중요하다. 똑같은 성과를 내도 어떤 태도로 일하느냐가 중요하다. 주위 시선이 집중되는 일뿐만 아니라 그늘진 곳에 놓인 궂은일을 기꺼이 맡아 처리하려는 직원이 결국 신임을 얻는다. 말보다는 행동을, 행동보다는 실천을 우선시하자. 내가 다니는 회사에 대한 비판적 시각을 가지기 전에 회사를 아끼고 사랑하는 마음부터 키워야 한다. 그것이 진정으로 나 자신을 위하는 길이기 때문이다. 항상 남의 의견을 존중하고, 받아들이고, 보살펴 주어야 한다. 마음의 눈을 뜨고, 귀를 열고 주위 사람들의 고견을 받아들이자. 잠시 거슬린다고 중간에 듣기를 포기하고, 받아들이는 것을 중지하면 안 된다.

1등 회사에 다닌다고 다 1등 직원은 아니다. 나 자신이 3등 직원은 아닌지 항상 자신을 객관적으로 평가하고 전문성을 높이자. 내가 앉은 이 자리에 과연 내가 가장 적임자인지 항상 고민하자. 짐 콜린스는 이렇게 말했다. "기업의 가장 중요한 자산은 사람이 아니다. 적합한 사람(Right People)이다."라고.

하루는 내가 모시던 CEO가 현장 방문 길에 나섰다. 다수 직원들과 대담하는 자리에서 승진 적체가 심한 상황에 처한 한 직원이 질문을 했다. "저는 현재 대리인데 과장으로 빨리 승진하려면 어떻게 해야 합니까?" CEO는 이렇게 대답했다. "과장처럼 생각하고 과장처럼 행동하세요. 그러면 반드시 승진할 겁니다."라고. 상사처럼 생각하고 상사처럼 행동한다면 이미 그 자리에 들어선 것이나 다름없다. 나의 가치는 나 자신이 판단하는 것이 아니라 동료와 상사 등 내 주위 사람들이 판단하는 것이다. 강사의 명강의 여부는 강사 자신이 판단하는 것이 아니라 그 강의를 듣는 청중이 판단하는 것이다. 사장은 직원의 관점에서, 직원은 사장의 관점에서 늘 생각하고 행동하자.

늘 기쁨으로 충만한 사람이 어떤 일에서도 성공할 수 있다. 성공적인 삶을 일구어 낸 에디슨, 카네기 등 위인의 경우 그들의 체험에서 성공의 길로 인도한 남다른 열정은 자신의 일에 대한 기쁨에서 나온 것이다. 남의 일에도 기쁨을 표시해야 한다. 알량한 경쟁심에서 나보다 낫다고 해서 받아들이지 못하고, 나의 생각과 다르다고 해서 거부하지 말자. 우리는 더불어 성공하는 길을 택해야 한다. 혼자 감추고, 숨기고, 독주하면 배탈이 나고, 쉽게 상하고 멍들어 결국 먹지도 못하고 버리지도 못하게 된다. 쭉정이가 되는 것이다. 결국 본전도 못 건지고 버릴 때 쓰레기봉투 값만 더 드는 것이다.

다시 한 번 강조한다. 아침이면 복잡한 대중교통 속에서도 출근할 직장이 있다는 것, 내 사무실이 있다는 것, 한 평도 안 되지만 내 공간이 있다는 것, 작지만 내 책상이 있다는 것, 이 모두가 자비로운 신의 아름다운 축복임을 명심하자! 현실에 만족하지 않으면 행복은 달아난다. 그것은 안주가 아니라 사물을 제대로 볼 줄 아는 선견지명이다.

#<단상 3> 피할 길 없이 궁지에 몰린 듯한 직장인의 지하철 출근길에서

스릴과 박진감 넘치게 클라이맥스로 치닫고 있던 영화가 갑자기 멈춘 듯, 핸드폰 알람 소리에 곤한 잠에서 깜짝 놀라 벌떡 일어난다. 벼락같이 샤워한 후 옷을 입고 출근 준비를 서두르니, 몸은 이미 발붙일 틈이 없는 지하철 내에서 이리저리 내몰리며 체면이고 자존심이고 뭐고 죄다 구겨진 채 그저 열차 바퀴 구르는 소리를 상상하며 겨우 목만 내밀고 서 있다. 한 정거장을 지날 때마다 다음 하차 역을 알려주는 안내 멘트는 화포를 삶아 먹었는지, 아니면 선 채로 잠시 깜빡깜빡 조는 내가 그리도 못마땅한지 데시벨이 너무 높아 고막을 쩌렁쩌렁 울려댄다. 그래도 어디쯤인지 착실히 확인해 주는 안내 멘트가 없는 것보다는 낫다고 생각하니 찢어지는 고음도 고맙게 받아들여진다. 이미 가자미눈이 되어 버린 작은 두 눈은 번쩍 '떴다 감았다'를 반복하며 출근길에 정신을 혼미하게 한다.

그래도 마냥 콱 찌그러지란 법은 없는지 환승 구간을 따라 가노라면 늘씬한 젊은 여성들의 미니스커트 아래로 쭉쭉 뻗은 다리와 날렵하게 생긴 하이힐을 바라보는 쾌감이 찌든 출근길에 남모를 숨은 위안을 준다. 그러다가 막 에스컬레이터에 올랐는데, 지하철을 처음 이용하는 승객인지, 촌닭인지, 애늙은인지, 묵시적으로 걸어 올라가는 통로로 인정된 왼쪽 좁은 공간을 턱 가로막고 버티고 서 있어, 단 1분이라도 출근 시간을 단축하고자 하는 촉박한 내 마음을 못내 짓밟고 만다.

이 무더운 날씨에 저만치 앞발치에서는 하이힐을 신은 젊은 여성이 위험을 무릅쓴 채 뒤꿈치가 보일락 말락 서둘러 뛰어가는데, 행여 넘어질까 보는 사람이 안쓰럽기까지 하다. '아침에 단 5분이라도 일찍 일어나면 될 텐데 그게 그리 힘들단 말인가'라고 혼잣말로 핀잔을 주다가도 나 자신을 돌아보니 충분히 이해가 간다.

복잡한 지하철에선 특히 젊은 여성을 조심해야 한다. 가급적이면 멀찍이 피하는 게 상책이다. 사람들이 빽빽이 들어선 공간에서 여성이 가까이에 있으면 괜스레 불안해지고 두렵기까지 하다. 아무리 차내가 복잡하더라도 아차 잘못 부적절한 신체 접촉이라도 발생하는 날엔 성추행범으로 내몰리기 십상이다. 어디에도 마음 편한 곳 찾을 길 없는 애달픈 직장인이여!

✿ 내가 스스로 선택하는 성공과 실패

이제는 경쟁사와 똑같은 무기로 경쟁하던 시대는 지나가고 있다. 다른 무기를 들고 나와야 한다. 경쟁의 장을 바꾸어야 한다. 적이 포탄을 가지고 공격한다고 해서 아군도 늘 같은 포탄일 수는 없다. '나는 너와는 다르다'라고 할 수 있다면 이미 블루오션에 들어설 준비가 되어 있는 것이다. 애플사가 그랬다. 스티브 잡스가 그런 사람이었다.

많은 보험사들이 자동차 보험을 판매하고 있는데, 저마다 특이한 색깔이 없다. 다 똑같다. 근소하게 보험료만 차이가 있을 뿐이다. 이러면 모두가 레드오션에서 헤어나지 못한다. 애꿎은 직원들만 골병들게 되는 것이다. 무엇으로 우리 회사 상품을 돋보이게 한단 말인가. 그저 사정하고 목매는 소리만 늘어놓아 봐야 고객은 식상하기만 하고 부담만 가중될 뿐이다. 남들과 다른 색깔을 찾아서 내놓아야 한다. 경쟁의 틀을 바꾸어야 한다. 내가 살고 내 회사가 생존하기 위해서 말이다.

케이팝 한류가 어떻게 그 진입 장벽이 높은 미주, 유럽 지역과 일본, 중국 시장에서 두각을 나타내는가. 음악의 색깔이 다르단 말이야. 음악에 이전에는 없던 스토리가 있고 박진감 넘치는 리듬이 있고 오묘한 율동이 있잖아. 게다가 7, 8명 꽃미남, 꽃미녀가 한결같이 조화를 이루어 입체적인 장면을 연출하면서, 때로는 시든 영혼에 활력을 불어 넣듯이 박진감에 넘쳐, 때로는 속삭이며 이야기하듯이

프로 직장인, 아마추어 직장인에게 말하다

감미로움에 젖어 노래하는 걸 본 적이 없잖니. 달라야 한다. 달라져야 한다. 나 자신뿐만 아니라 동료와 고객에 대한 태도가 달라져야 하며, 심지어 얄미운 경쟁사에 대한 태도도 달라져야 한다. 사랑을 듬뿍 담고 말이다. 이미 출시된 상품을 뒤쫓아 따라가다 보면 하루 일과만 고달프고, 시장은 외면한다.

어느 보험설계사의 이야기다. 다들 보험이라는 말만 꺼내도 부담이 앞서는데, 이 설계사는 가입 권유를 하기보다는 먼저 "선생님께서 이 보험 상품에 가입하지 않으실 거라는 걸 잘 알고 있습니다."라고 하면서 고객에게 다가간다. 그 고객은 "당신이 어떻게 알고 내가 가입하지 않을 거라고 미리 단정적으로 말하느냐?"고 반문하고 싶어진다. 결국 고객은 그 설계사가 권유하는 보험에 가입하게 된다.

회사 일에 드는 비용은 예외 없이 꼭 회사 돈을 써야 한다는 이기적이고 우둔한 사고방식에서 탈피해야 한다. 내 주머니, 회사 주머니 따지다가 불현듯 고객은 달아나고 쪽박은 다가온다.

얼마 전, 수년간 가입해 온 자동차 보험사를 바꾸어야 했다. 작은 것에도 남다른 정이 쌓여 한 번 맺은 관계는 좀처럼 바꾸려고 하지 않는 성격인데도 어쩔 수 없었다. 보험료 차이는 얼마 되지 않았지만 그 차이를 조금도 줄여 주지 못한다는 설계사의 응대 태도가 마냥 비위에 거슬렸다. 기회가 있을 때 단 몇만 원 차이 때문에 고객을 떠나보내는 것에 대한 대책 마련을 사장에게 건의하라고 하면서, 고객은 회사의 고객이지만 실제로는 나 자신의 소중한 고객이라는 생각을 가져야 한다고 귀띔해 주었더니, 월급이 적어 그렇게 할 수가 없다고 했다. 그러나 월급이 많다고 다 할 수 있는 일은 아니다. 자신보다 조금이라도 더 싼 가격에 파는 상점이 있으면 무조건 차액을 환불해 준다는 어느 전자제품 전문점의 사례는 일찍이 있었던 일이다.

최소한 내 월급의 5~10% 정도 범위 내에서는 회사를 위해 과감히 내 돈을 쓸 마음의 준비가 되어 있어야 한다. 경쟁사와의 미세한 요금 차이 때문에 신규 고객을 확보하지 못하고, 우수 고객을 잃는 실수를 범해서는 안 된다. 회사에서 제시하는 요금이 경쟁력이 떨어지면 직원인 나 자신이 스스로 그 차이를 극복하도록 성의와 적극성을 보여야 한다. 규정이나 약관보다 내 회사, 내 직장이 잘 돼야 될 것 아닌가.

내 월급은 꼬박꼬박 챙겨 가면서 공들여 확보한 고객을 놓치고 장기 우수 고객 달아나는 것은 대수롭지 않게 생각해도 괜찮겠는지 스스로 자문해 보라! 주인 된 마음은 이런 것이다. 사장과 직원의 간격은 그리 크지 않다. 한배를 탄 것이다. 물론 배에서 내려가는 순서는 확연히 다르겠지만……

Todd Duncan은 저서 『Who Stole My Sale?(누가 내 고객을 훔쳐 갔을까?)』에서 "명함에 뭐라고 적혀 있든 당신은 당신 자신의 오너다. 자기 자신을 '나'라는 회사의 CEO라고 생각하라. 그러면 눈앞에 성공으로 가는 길이 보일 것이다."라고 했다. 목전의 내 이익만 먼저 챙기고, 나에게 다가오는 작은 손해를 회피하려다가 소중한 직장을 잃고 나면 어디에도 하소연할 데가 없다. 이 또한 큰 틀에서 보면 사랑을 실천하는 길이다.

산악인 엄홍길 대장은 이렇게 말한다. "분명히 환경은 사람을 지배한다. 등반에는 삶과 죽음, 즉 생사가 교차한다. 그럼에도 우리는 산에 오른다. 산은 위대한 스승과 같다. 산에는 인생이 있고 가르침이 있다. 지혜를 가져다주고 깨우침을 던져준다. 평정심을 찾게 하고 산의 겸손함에서 위대함을 배우게 한다. 산은 내가 올라야 할 도전의 대상, 극복의 대상이었다. 그렇지만 산은 나에게 도전정신, 모험정신, 개척정신, 탐험정신을 심어 줬다. 1% 희망만으로 99% 절망을 이겨낼 수 있다는 확신을 줬다."

그는 어릴 적 시골에서 부모님을 따라 서울로 올라와 북한산 기슭에서 생활하게 되었는데, 처음에는 주위가 온통 산뿐이어서 실망감에 사로잡혀 하루하루를 보냈다고 한다. 시간이 지나면서 산과 함께하며 산을 사랑하게 되었고, 전문 산악인으로 도약을 거듭하여 성공적인 삶을 이루게 된다.

제록스 CEO인 Ursula Burns는 이렇게 피력한다. "성공이란 돈도 권력도 아니며, 떠나는 것이다. 지금의 자리를 떠나야 한다. 들어올 때보다 좀 더 나아진 그 자리로 떠나는 것이다."라고. 안전하고 편안한 지금의 자리를 박차고 일어나, 늘 새로운 세상을 꿈꾸고 별난 세상을 창조해 나가야 하는 것이다.

사람은 저마다 개성이 있고 색다른 취향이 있는 데도, 집단행동에 있어서는 이탈하지 않으려고 그 성향을 포기한다고 한다. 이를 레밍 효과(Lemming Effect)라고도 하는데, 회사 동료들과 함께 중국 음식점에 가서 다른 사람들이 모두 짜장면을 주문하면 나머지 한 사람도 같은 메뉴를 주문한다고 한다. 유별나게 보이는 것보다 그저 좋은 게 좋다는 식의 소극적인 자세다. 이러한 행동은 개인의 잘잘 못을 떠나 자신에게 일종의 스트레스로 다가오게 된다. 우선은 집 단행동에서 벗어나지 않으려는 자신의 행동에서 위안을 찾지만, 하고 싶은 선택을 묵살해야 하는 데 따르는 갈등은 피할 수 없는 것 이다.

부화뇌동까지는 이르지 않는다 하더라도 우리는 집단주의에 대한 맹종과 눈치에서 벗어나야 한다. 집단과의 조화 속에서 나 자신의 참신한 위상을 과감히 드러낼 줄 알아야 하는 것이다. 집단적 의사 에 순종하는 것도 중요하지만, 나 자신의 고유한 개성을 살리고 북 돋아 주어야 한다. 같은 것이라도 자꾸 다르게 보고, 새로움을 발견 하고, 특이함을 창조하려고 애쓰자.

사람은 각자 자신의 고유한 그릇이 있는데, 스스로 연마하여 그 그릇을 키울 수도 있고, 주어진 그릇에 적당량만 담을 줄 알게 되기 도 한다. 큰 그릇에 담은 내용물이 적거나 부실해도 문제이지만, 작 은 그릇에 담은 내용물이 넘쳐나서 주체하지 못하게 되는 경우는 더 큰 문제를 일으킨다. 대기업에서 임원이 될 사람은 자신의 그릇 이 크다. 그런 사람이 임원이 되지 못하면 늘 불만에 쌓이게 된다. 한편 실무자일 때는 능력을 제대로 발휘하여 큰 성과를 거두는 직 원이 임원이 되고 난 후 빛을 발하지 못하는 경우가 있다. 직원으로

프로 직장인, 아마추어 직장인에게 말하다

서의 역할과 상사로서의 역할은 확연히 다른 부분이 있는데, 과거의 방식대로 하는 데 익숙해지니 문제가 속출한다. 자신의 그릇이 작은 데 비해 너무 큰 내용물을 담아야 하기 때문에 사사건건 불협화음만 빚어내게 되는 것이다. 원대한 희망은 품고 있어야 되겠지만 당장은 자신의 분수를 알고 행동하자.

에디슨은 99%가 노력이고, 1%가 영감이라고 한다. 이는 에디슨 자신의 의견을 피력한 것이지 진리와는 다를 수 있으며, 사실 '1%'라는 말에 깊은 뜻이 숨어 있다. 중요한 '1%'(critical point)의 영감이 없으면 안 된다는 것이다. 어느 누구도 아무리 머리를 싸매고 노력한다 한들, 에디슨과 같은 발명가가 될 수는 없으며, 밤잠을 자지 않고 빙상에서 훈련에만 매진한들, 피겨 스케이트 김연아 선수와 같이 올림픽에서 금메달을 목에 거는 큰 영예를 안을 수는 없다. 물론 노력은 해야 한다. 남들보다 더 해야 성공한다. 그러나 선택할 분야는 사람마다 다르다. 정해져 있다고 해도 좋다. 되니까 노력하고 될 것 같으니까 혼신을 다하는 것이다. 여기에서 더욱 중요한 것은 재미고 흥미다. 이것이 없으면 안 된다. 결국 사람은 타고 나는 것이지만, 자신의 미래를 알 수 없으니까 다가올 좋은 운명을 맞이하기 위해 오늘 최선을 다하고 자기 계발에 더욱 매진해야 하는 것이다.

어차피 인생은 확률 게임이다. 지금 우리가 다시 태어나 열심히 한다고 훌륭한 스포츠 스타가 되고, 인기 연예인이 될 수 있는 것은 아니라고 했다. 아무리 물리학에 매진한다 하더라도 아인슈타인과 같은 위인이나 스티븐 호킹 박사와 같은 성과를 거양할 수는 없는 일이다. 그래도 그중 공부가 쉬운 편이며 확률적으로 성공할 가능성이 높다. 그래서 다들 공부에 매달리는 것이다. 늦었다고 생각할 때가 바로 적기다. 이제부터라도 책을 열심히 읽고 공부를 게을리하지 말아야 한다. 습관이 안 되어 있다면 하루에 한 페이지만 읽는다는 목표를 세우고 실행해 보라. 거기에 길이 숨어 있다.

두뇌도 늘 젊을 때와 같지 않고 때가 있긴 하지만 늘 공부는 해야 한다. 때로는 머리가 하얗게 쉰 노 교수가 실력이 있는 것이 아니라 파릇파릇한 새내기 교수가 더 산뜻하고 새로운 산지식을 가지고 있을 수도 있다. 문제는 바로 지금 내가 공부하고 연구에 매진하고 있느냐가 관건이다. 세월만 간다고 지식이 쌓이는 것은 아니잖니. 90세에 영어 회화를 배우는 할머님께 그 이유를 여쭈어 봤더니, 해외에 나가서 영어 한마디라도 하고 싶어서 배운다고 말씀한다. 이처럼 무슨 공부건 끊임없이 해야 하는 것이다.

✣ 직장인이 명심해야 할 열 가지 수칙

시간이 갈수록 급변하는 기업 환경 속에서, 대외적으로는 한 치 앞도 낙관하기 어려운 첨예한 경쟁 상황에 처해 있으면서, 사내 직장 분위기는 냉담·험악의 길에서 헤어나지 못하고 있는 것이 작금

프로 직장인, 아마추어 직장인에게 말하다

의 현실이다. 한 울타리 내에서 각양각색의 신분을 가진 직원들이 상호 협력과 지원, 견제와 경쟁, 시기와 험담, 아첨과 모함 등을 일삼으며 복잡 다양한 관계 속에서 연명하고 있는 것이다. 게다가 각계각층에서 여성의 약진으로 남녀, 여남 관계의 건전한 정립도 제대로 이루어지지 않은 상황에서 때로는 오월동주로, 때로는 각개전투로 직장인은 하루하루를 악전고투하고 있다.

그저 백방으로 뛰어다니면서 내 일만 열심히 한다고 해서 내 자리가 보존되는 것도 아니고, 주위 눈치만 살펴 약삭빠르게 행동한다고 해서 내가 살아남는 것은 아니다. 이러한 환경에 처해 있는 나는 직장인으로서 과연 어떤 길을 걸어가야 하는가? 내가 피해야 할 길은 어떤 길인가?

1. 자기주장은 있으되 고집을 부려서는 안 된다. 자기주장이 틀림없다고 확신하더라도 기다리고 숙일 줄 알아야 한다. 역사상 어느 천재, 어느 왕도 머리 숙일 줄 알았는데 고집을 부려서는 될 일도 그르친다. 아무리 기발한 아이디어가 있더라도 겸손한 마음으로 기다려야 한다. 정 받아들여지지 않을 때는 채널을 바꾸어 보라. 행여 나중에 내가 잘된 후에라도 과거에 나에게 고집부리며 대립각을 세우며 대들어 힘든 상황에 처하게 했던 장본인을 다시 만나게 되더라도 그 때 일로 그 사람을 배척해서는 안 된다. 역으로 나중에 그 사람이 잘되어 나를 배척하게 될 상황을 예견해야 한다. 세상 삼라만상이 다 돌고 도는 것이다.

2. 토론, 논쟁을 하더라도 감정적으로 격해지면 안 된다. 논쟁의 쟁점에만 국한해야지 상대방의 인격까지 싸잡아 비판하는 정도에 이르는 것은 참으로 어리석은 일이다. 내가 먼저 상대방을 존중하고 예의를 갖추어야 한다. 벤자민 프랭클린은 상대가 누구든 정면충돌은 피하는 게 좋으며, 논쟁을 피하는 것이 논쟁에서 이기는 유일한 방법이며, 논쟁에서 패해 자신의 입장을 바꿔야 하는 상황을 달가워할 사람은 아무도 없다고 했다. 특히 상사와 정면충돌하는 일을 저질러서는 안 된다. 상사와 싸우면 절대 부하 직원이 불리하다. 상사가 가벼운 상처를 입는다면 부하 직원은 중상을 입게 되고, 잘못하면 죽게 될지도 모른다. 감정이 격해지면 침묵으로 일관하라. 그래도 안 되겠거든 당장 그 자리를 피하라. 아예 멀리 가라. 격한 감정이 차분해질 때 돌아와도 늦지 않다. 맞붙어 있으면 부정적 감정이 가라앉지 못한다. 상사와 충돌하여 잘된 사람 못 봤다. 아니 잘된 사람 아예 없다. 애석한 일이다. 그것이 자신의 운명이기에 어쩔 수 없다 하더라도 좋은 운명 개척하기 위해서라도 스스로 자중하고 인내하고 겸손해지자.

3. 누구든 나를 무시하듯 욕설을 퍼부을 때조차 맞대응하지 말고 침착하고 침묵하여야 한다. 그래도 안 되겠거든 그 자리를 잠시 떠나라. 나만 모르는 이유(blind window)가 있을지 모른다. 손자병법에 나오는 36계(走爲上)를 명심해야 한다. 그저 후퇴하는 게 아니라 훗날을 도모하는 숨은 전략이다. 사람의 욕설은 태곳적 본능에서

프로 직장인, 아마추어 직장인에게 말하다

유래된 것이라 듣고 웃어넘기면 그만이다. 욕설을 내뱉은 사람만 무안해진다. 석가모니는 언쟁으로는 상대의 생각을 변화시키고자 하는 목적을 결코 달성할 수 없으며, 상대가 고객이든 친구든 마음을 얻으려면 상대가 자신을 이기도록 만들어야 한다고 말씀했다.

4. **화를 내지 말자.** 화를 내는 환자가 더 오래 산다는 설이 있긴 한데 그건 좀 다른 상황에서다. 화를 내면 자신의 약점이 노출되고 그것을 이용하려는 사람들이 제일 좋아한다. 안 좋은 소문 내기 딱 좋다. "성격이 다혈질이다. 성미가 급해서 대외 업무 파트에 배치해서는 안 된다. 회사에 어려움을 초래할 위험인물이라 주요 보직에 앉혀서는 안 된다." 등 불리함에 끝없이 시달려야 한다. 사람은 가까이 있는 사람이 잘 안됐을 때 오히려 희열을 느낀다고 했다. 스스로 무덤을 파는 일은 절대 삼가자. 스트레스를 받는 상황에서 처음 30초 동안에 최악의 실수를 범한다고 한다. 한 번 실수는 직장을 그만두고 나서야 비로소 잊힌다.

특히 부하 직원에게는 더욱 화를 내서는 안 된다. 화를 내는 사람은 병에 걸리기 쉽다. 그저 좋을 때는 누구나 다 좋은 것이다. 서로가 좋은 상황에서는 누구나 즐겁게 잘할 수 있다. 내 마음에 들지 않고, 게을러 보이고, 불손하게 보이고, 미움과 분노에 가득 차 있을 때일수록 더욱 침착하게 처신해야 한다. 늘 내 말귀를 잘 알아듣고 온순하고 고분고분하여 내 마음에 쏙 든다면 호랑이인들 집에서 못 키울까?

5. 나 자신을 사랑하자. 불평불만은 하면 할수록 자기 손해다. 부정적인 늪으로 치닫을 뿐이다. 포용하려 애쓰는 긍정적 마인드가 중요하다. 최선을 다하여 나부터 긍정적인 생각을 갖자. 내가 나 자신을 좋아하지 않는데 어느 누가 다가와 별스럽게 나를 좋아해 주겠는가. 나 자신이 내 자식을 사랑하지 않으면 어느 누구도 그들을 사랑해 주지 않는다. 미국에서 사상 최다 홈런을 기록한 Babe Ruth는 역설적이게도 가장 많은 삼진 아웃 기록 보유자이기도 하다. 그는 그런 자신에 대한 사랑의 끈을 단 한 번도 놓지 않았다.

실력을 발휘할 수 있는 마음에 드는 자리가 아니라고 하더라도 푸념만 늘어놓지 말고 지금 하는 일에 혼신을 기울여 보라. 아무리 성공한 사람이라도 꼭 자신의 마음에 드는 일만 하지는 않았다. 그냥 열심히 해서는 안 된다. 잘해야 하고 독한 마음 다지며 해야 한다. 무턱대고 달려들어서도 안 되겠지만, 잘할 수 있는 일만 고집해서도 안 된다. '이 일은 싫고, 저 일은 내 취향에 안 맞고, 그 일은 죽어도 못해'라는 식으로 선을 긋지 말라. 사람은 누구나 하면 다 할 수 있게 되어 있다. 어떻게 하느냐가 중요한 것이지, 아무리 잘한다고 해봐야 끈기를 가지고 열심히 하지 않으면 아무런 의미가 없다.

6. 남들 보고 이래라 저래라 하기 전에 내가 먼저 행동과 실천으로 모범을 보여야 한다. 전술하였듯이 그것은 바로 문제의 중심에 내가 서는 것이다. 모든 선생님들이 오전 7시에 출근하여 밤 11시에 퇴근하는 고등학교가 있는데, 그 학교의 변신 비결은 솔선수범이

라고 한다. "학생에게 '지각하지 말라'고 꾸짖기 전에 선생님이 10분 먼저 교실에 도착해 있다가 들어오는 학생들에게 '이제 오니?'라고 말하면 태도가 달라진다."고 한다.

모든 일의 중심에 자기 자신이 서 있어야 한다는 의미는 언제 어디서든 자신이 주인공이며 가장 중요한 인물임을 뜻한다. 내가 참석하지 않는 파티가 아무리 화려한들 무슨 의미가 있으며, 내가 함께하지 않는 호화 유람선 관광이 무슨 의미가 있겠는가. 이 세상에서 가장 중요한 사람은 나 자신이라는 사실을 한시도 잊지 말자.

그러면 이처럼 중요한 사람인 나는 어떻게 행동해야 하는가. 주위 사람들로부터 존경을 받아야 한다. 가장 중요한 사람이 존경받지 못한다면 어불성설이 되고 말지 않겠는가. 그러려면 우선 실력을 키워야 하고, 주위 사람들로부터 능력을 인정받아야 한다. 그다음으로 만나는 사람마다 만면에 미소가 가득한 모습으로 응대해야 하며, 친절과 존중의 마음으로 따뜻하게 맞이해 주어야 한다. 남을 먼저 배려하고 아껴주는 정성으로 나 자신이 원활한 소통의 중심에 서 있어야 하는 것이다.

7. 사람은 칭찬과 겉치레 인사에 약한데 성공하는 사람은 이를 잘 받아들이는 능력이 있다. 일종의 심리적 처방인데 약간의 거품을 가미하여 칭찬하여 주면 싫어할 사람은 아무도 없다. 만나는 사람마다 기분 좋은 말, 신명 나는 말, 상대방을 기쁘게 하는 말을 항상 생각하고 준비하자. 그리고 칭찬하자. 상대방 넥타이가 약간 마

음에 안 들어도 개성 있다고 칭찬해 주자. 특히 여성은 칭찬에 약하다. 옆 부서 여직원의 헤어스타일이 조금 이상해도 참 잘 어울린다고 칭찬해 주자. 누구든 장점을 부각시키면 좋은 결실을 가져온다. 때로는 진실이 왜곡되지 않는 범위 내에서 아부도 필요하다.

그러나 진실을 약간 부풀리는 정도라야지 너무 과장하면 신뢰감에 문제가 생긴다. 아첨이 되어서는 안 된다. 같은 편이라는 분위기만 띄워 주면 되는 것이지, 아첨하는 간신배가 되어서는 안 된다. 상대방이 혈색이 너무 안 좋으면 내가 잘 아는 병원에 가서 진찰을 받아 보도록 편의를 제공하는 편이 오히려 진실해 보인다. 다 죽어 가는 안색을 하고 있는 사람 앞에서 혈색이 좋다고 마냥 칭찬만 늘어놓아서는 안 된다. 이는 방관이고, 기만이고, 배신이다.

8. 자주 나오는 말이지만 경청과 공감은 늘 마음에 새기고 있어야 한다. 사람은 자기 말을 잘 들어 주는 사람을 좋아한다. 마냥 듣기만 해서는 안 된다. 자신의 긍정적인 의견을 제시하고 공감하는 자세를 보여야 한다. 맞장구치고, 아무리 틀린 말을 해도 중간에 말을 가로채지 말고 끝까지 듣고, 중요한 포인트에서는 메모까지 해 가면서 상대방에 대한 적극적 관심을 표시하자. 그래서 자고로 '적자생존'(적는 사람이 살아남는다)이다.

9. 자신의 외모에 신경을 쓰자. 사람은 무엇보다 겉모습으로 사람을 판단한다. 잘생기고 못생기고의 문제가 아니다. 어떻게 가꾸느냐

가 더 중요하다. 늘 깔끔한 용모를 유지하자. 매일 새로운 분위기를 연출하자. 끌리는 인상, 자신감 있는 표정, 돋보이는 미적 감각으로 직장에 늘 상큼한 분위기를 선사하고, 항상 동료들로부터 함께하고 싶은 사람이 되어야 한다. 입가에서는 향기가 배어 나와야 한다. 그렇지 않으면 향기 나는 사탕이라도 물고 있어야 한다.

미국 등 선진국의 직장인들은 그날 입은 옷은 다음 날에는 속내의부터 싹 다 갈아입고 출근한다. 절대 이틀을 계속 같은 옷을 입는 경우는 없다. 양복 두 벌을 매일 번갈아 입는 한이 있더라도 그렇게 하자. 직장인은 그의 의상, 헤어스타일, 구두의 반짝거림만 보아도 어디까지 올라갈 사람인지 알 수 있다고 한다.

주위 사람들에게 산뜻하게 보이는 것이 그만큼 중요하다. 절대 칙칙하게 보여서는 안 된다. 양복 어깨에 머리 비듬이 낙엽처럼 우수수 떨어져 있어서는 잘되던 일도 망치고 만다. 혹시 내 동료가 그러면 얼른 귀띔해 주자. 나만 잘하면 그만이라는 생각은 될 일도 망친다. 여성은 특히 위생에 철저를 기하여야 한다. 동료를 통해 상호 교차 체크하자. 그게 빠른 길이다. 어려울 때일수록 '일신우일신'하는 자세를 가다듬자.

10. 말씨, 표정, 자세, 걸음걸이가 중요하다. 말씨가 곱지 못하면 괜한 오해를 살 수 있으며 누구로부터 신뢰를 받기는 참 어렵다. 특히 자신의 전화 통화 시 음성에 유의하자. 보고를 하는 자세가 이상하다면 그 내용에 신뢰가 가겠는가. 회의 시 앉아 있는 자세가 거

만하다면 어떤 일을 믿고 맡기고 싶겠는가. 복도를 걷는 걸음걸이가 단정하지 못하다면 신뢰감이 가겠는가. 사람이 하는 모든 일거수일투족은 새삼 중요하다.

여성과 직장

✿ 여성을 핍박하는 남성 위주의 이기적 본성

수렵 농경시대로 거슬러 올라가 보자. 그 당시에는 살 거처를 마련하고, 산과 들로 사냥을 나가고, 농사를 짓고, 외부의 침입을 막는 데 남성의 야성과 근력이 절대적으로 필요했다. 한편 여성은 집안에서 남성이 구해 온 먹을거리를 가지고 음식을 준비하고 아이를 낳아 돌보아야 했다. 이러한 남성과 여성의 역할 차이로 인해 오랜세월 동안 남성 우위의 사회 구조가 지탱하게 된 것이다.

그러던 것이 근대화, 현대화를 거치면서 사회, 기술, 문화 등 전반적인 환경 변화에 직면하게 되었지만, 세상이 바뀌어도 남성은 한번취득한 기득권을 그대로 유지하고 싶어 했다. 태곳적 본성이 깊숙이 뿌리박힌 채 오랜 세월을 그렇게 지내 왔던 것이다. 더할 나위 없이 지독하게 열악한 지위에서 숙명처럼 살아 온 여성은 이에 감히 저항할 엄두를 내지 못했다. 또한 그들의 후손에게도 남성 우위의 사고방식을 심어 주고 각인시켰다. 남성은 그 알량하고 무지한 힘과 생활력을 이용하여 한 가정에 다수 여성을 거느리는 동물적 본능까지도 거리낌 없이 자행했다.

이처럼 예로부터 남성은 힘의 우세와 억지 논리로 여성을 속박하고 구속해왔다. 한 번 시집가면 그 집의 귀신이 되더라도 참고 지내라는 우직한 친정 부모의 피할 수 없는 한마디 말씀에, 순진무구한 여성은 한 번 안고 떠난 보따리와 함께 죽어서도 가족의 품으로 다시는 돌아오지 못하는 신세가 되었다. 생사고락을 함께할 신랑 얼굴 한 번 제대로 보지 못한 채 멀쩡한 남자이건, 불구의 남자이건, 명석한 남자이건, 우둔한 남자이건 상관없이 그저 부모가 정해준 대로 찾아가 평생을 운명이라고 여기며 지아비로 섬기며 살아야 했다. 그렇게 시집간 여성은 그 자식인 딸에게도 어김없이 똑같은 길을 걷게 하여 악순환의 반복이 거듭될 수밖에 없었다.

심지어 남자는 "암탉이 울면 집안이 망한다"는 얼토당토않은 구실을 만들어 내고, "여자의 목소리가 담벼락을 넘어서는 안 된다"는 금언을 만들기까지 했다. 여성의 억울하고 올바른 말씀이 외부에 유출되면 남자의 명분이 서지 않기 때문이었을까.

그러던 것이 세월이 바뀌어 사람이 살아가는 데 남성의 무지한 힘이 더 이상 큰 역할을 하기 어려운 세상이 찾아오게 되었다. 물론 사람이 살아가면서 힘이 센 것이 여러 가지로 유리하고 필요한 것은 사실이지만, 사회 각 부문에 기계화, 자동화, 전자화로 무식한 힘보다는 명석한 두뇌가 더 필요한 세상으로 바뀐 것이다.

이와 같이 현실에 안주하던 상황이 불리하게 반전되자, 알량한 남성은 이번에는 여성 두뇌의 상대적 열위를 들고 나왔다. 남성 우위의 절대적 구조를 지속할 목적으로 여성에게 선거권은 물론 교육받을 기회마저 주지 않았다. 여성은 두뇌가 뒤떨어져 아이만 잘 낳아 기르고 살림만 잘하면 된다는 궁색한 논리를 앞세우기에 급급했던 것이다. 그래야 남성이 그나마 이기적 우위를 지킬 수가 있었기 때문이었다.

각종 범죄의 대상은 여성인 경우가 많다. 노상강도, 날치기, 절도, 강도, 성희롱, 성폭력 등 온갖 범죄의 대상은 저항력이 떨어지는 연약한 여성을 대상으로 자행되고 있다. 참으로 개탄할 일이다. 적어도 힘의 논리로 문제를 해결하려는 것은 야만인의 소치다. 물론 그보다 더 나쁜 심성을 지녔기 때문에 그런 행위를 자행하겠지만, 본시 사람은 선하게 창조되었다. 힘들더라도 바르게 살고, 어렵더라도 고행의 길을 찾아 나서야 한다. 받아주는 데가 없고 마땅한 일자리가 없다고 푸념만 늘어놓지 말고 말이다.

간이주점에서 남자 세 명이 그렇게 오랜 시간 동안 자리를 차지하고도 얼마 안 되는 술값을 한 명도 낼 사람이 없어 외상으로 달아놓자고 한다. 주인 여성은 속이 상하고 서운한 마음에 어쩔 줄 모르지만 외상이 안 된다는 대답을 하지 못한다. 고속도로 휴게소에서 공중 화장실을 주시해 보면, 남자 화장실은 아무리 복잡해도 줄을

서는 일이 거의 없다. 반면 여자 화장실을 보면 긴 줄을 늘어서서 묵묵히 기다리고 있는 모습을 자주 볼 수 있다. 지금은 별도로 여성 전용 화장실을 설치한 곳이 생기긴 했지만 남성들이 오만하다고 해야 할까, 무식하다고 해야 할까, 여성들이 너무 인내심이 넘친다고 해야 할까. 똑같은 크기, 똑같은 개수만으로 평등이 이루어지는 것이 아니고, 공정한 분배가 되는 것이 아니라, 실상을 제대로 파악한 후 판단하고 실행에 옮겨야 할 것 아닌가.

특급 호텔 뷔페 식당에 한복을 입고 들어가려는 여성을 가로막고 출입을 금지시키는 믿기 어려운 해프닝이 버젓이 일어난다. 우리 민족 고유의 전통 한복을 입고는 호텔에 들어 갈 수 없고, 뷔페에 출입이 안 된다는 것이다. 호텔의 방침인가, 종업원의 생각인가. 설사 종업원의 판단이었다고 하더라도 사람들은 호텔의 방침이고 사장의 지시였을 거라고 단정할 수밖에 없을 것이다. 케케묵은 조선시대 여성이 분위기 망치려고 현대식 최고급 호텔에 들어오는 것으로 착각이라도 한 것일까. 만약 남성이 한복을 입고 그 호텔에 들어가려 했으면 어땠을까.

일상생활에서 남성들이 반성해야 할 치사한 행위 사례를 좀 더 살펴보자.

도로상에서 운전자 간에 시비가 붙었다. 화가 난 한쪽 운전자가 창문을 내리며 창밖으로 얼굴을 내미는데 상대편 운전자가 여성인 것을 확인하고는 되레 더 고함을 지르며 기세가 등등해진다. 반면 상대편 운전자가 건장한 남성이면 별 이의를 제기하지 못하고 조용히 그 자리를 떠난다. 참 치졸한 마인드를 가진 남정네들이여!

아침 출근 시간에 서울에서 지하철을 타 봐라. 내가 여성이라면 도저히 탈 수 없을 것 같은 콩나물시루 속을 용감하게도 비집고 뚫고 들어가는 용기를 발휘한다. 얼마나 힘들겠니. 연약한 몸으로 남자들 틈에 끼여 숨도 쉬기 어려운 시간을 버텨내야 한다. 콩나물시루보다 더 빽빽한 사람들의 숲에 짓눌려 산소 공급이 부족해 질식사하는 여성도 있다. 그 어려운 여건 속에서 버텨내야 하는 여성에게 성추행까지도 서슴지 않는 우매하게 비뚤어진 남성이 있으니……. 우리나라의 성 격차 지수는 136개국 중 111위를 차지하고 있다. 거의 열등 수준이다. 남성우월주의 의식과 깊이 뿌리박힌 가부장적 사고가 톡톡히 한몫을 하고 있는 것이다.

❀ 되찾아가고 있는 여성의 능력과 권리

최근에 와서야 여권이 많이 신장되었다. 불과 얼마 전까지만 해도 여성은 수학적 두뇌에서 남성에 비해 상대적으로 뒤지는 것으로 몰아붙였다. 남성이 상대적 우위를 지속하고 싶은 집단적 욕심에서다. 사실은 그렇지 않다. 괄목할 만한 수학자 중에 여성이 많이 있고, 실제 수학적 재능에 있어서도 여성이 뒤지지 않는다. 최근 뇌과학이 밝힌 바에 의하면 오히려 수학적 능력에서 여성이 남성보다 앞서는 것으로 나타났다. 다만 요즈음 고등학생 중 60%가 수학을 포기한다고 하는데, 유감스럽게도 이들 중 남녀 비율은 나타나지 않고 있다.

실제로 여성과 남성을 상대적으로 비교해 보면, 우생학적으로나 재능 등 거의 모든 면에서 여성이 남성에 비하여 우위에 있다는 사실을 쉽게 알 수 있다. 여성은 직관에 뛰어나며 언어 유창성 면에서는 남성이 여성에 비하면 조족지혈에 가깝다. 외국어 실력에 있어서도 남성들은 여성을 따라가지 못한다. 동시통역사의 경우, 남성은 여성과 비교할 수 없을 정도로 뒤진다.

다만 한 전문가의 연구 결과에 의하면 남성과 여성의 차이에 대하여 어떤 특정 능력이 한쪽 성별에만 주어진 배타적인 자산이라고 생각해서는 안 된다고 하기도 한다. "남자와 여자의 차이가 있다면 자라온 환경이나 습관일 것이며, 여자들은 더 똑똑하고 친화적인 방법으로 강해지는 방법을 익혔으며 적어도 그 차이가 인정되지 않는다."고 한다. 여성학자 로즈마리 통은 여성성의 본질을 포용성·개방성·관계성·윤리성으로 정의했으며, 괴테는 '영원한 여성성'이 인간의 영혼을 구원한다고 믿었다.

여성은 한 번에 여러 가지 사고를 할 수 있는 멀티플레이 능력, 즉 눈앞에 놓인 여러 가지 요소 중 서로 관련 있는 요소들을 통합적으로 사고하는 '거미집 사고' 능력을 가지고 있다고 한다. 한 가지 일에 집중하는 남성의 사고방식과는 다른 우월한 사고방식이다. 좌뇌와 우뇌를 연결하는 뇌량(腦梁)의 굵기를 보면, 남성은 여성에 비해 가늘고 약해 종합적 사고와 판단에 있어 도저히 여성을 따라잡을 수가

프로 직장인, 아마추어 직장인에게 말하다

없다. 예를 들어 남녀가 언쟁이 생기면 절대 남자가 여자를 이길 수 없는 것이다. 한편 남성은 결과를 중시하는 경향이 있고, 여성은 과정을 중시하는 경향이 있다고 한다.

여러 가지 정황으로 판단컨대 이제라도 남성은 여성에게 진 빚을 갚아야 한다. 선조가 저지른 과오를 지금에 와서 우리 세대에서 왜 그래야 하는 거냐고 우매하게 반문해서는 안 된다. 끊임없이 일어나고 있는 전쟁도 남성의 이기적 유전자에 기인한다는 연구 결과가 있다. 모든 면에 있어 여성이 남성보다 우위에 있다는 것이 속속 증명되고 있는 것이다.

여성의 지위 향상을 들먹이는 것이 아니다. 잃어버린 여성 권위의 회복이고 제대로 인정받는 여성상이다. 얼마나 여성이 사회적으로 취약하면 정부 최고 조직에 여성 전담 부처가 있겠는가! 미래학자 존 나이스비트는 21세기를 감성(Feeling), 가상(Fiction), 여성(Female)이라는 3F의 여성 시대로 진단했다. 2015년 한국 경제 혁신 5대 과제 중에도 여성의 중요성이 부각되고 있다. "여성 인력이 새 성장 동력이다."라고. 여성을 존중하고 여성에 주목하자. 성공하는 기업과 직원은 먼저 여성을 간파하는 선견지명이 있다. 프랑스의 명품 메이커 까르띠에는 직원 중 여성이 60%가 넘는다고 한다.

한편 사람의 성(性)은 외형상의 형태에 따라 절대적으로 한쪽으로 치우친 것이 아니라 사람마다 각기 양성이 혼재되어 있어 남성에게는 여성상이 내재되어 있고, 여성에게는 남성상이 일부 내재되어 있다고 한다. 밖에서는 점잖고, 인자하고, 근엄한 남성이 집에 들어오면 잔소리가 많고, 작은 일에도 간섭이 심한 경우가 있고, 평소 조용하고 부드러운 여성이 때로는 버럭 화를 내고 고성을 내며 소리치는 경우도 있는 것이다.

❀ 직장 여성이 감내해야 하는 고충

직장 여성은 어느 누구에게도 전가할 수 없는 자녀 양육, 가사의 의무에다 강한 모성애의 소중한 본성을 간직한 채 사무실에서 남성과 섞여 일한다. 행여 아이에게 무슨 일이 있을세라 집에 수시로 전화하고 장시간 전화 수화기를 놓지 못하는 경우도 있다. 이를 지켜보는 남자 직원은 못마땅하다. 근무 시간에 가족에게 장시간 전화라니, 도저히 이해할 수가 없다. 전업주부로 집에서 아기를 돌보고 있는 자신의 아내와 비교하니 더 신경이 거슬린다. 하지만 그 여직원 때문에 나에게 일이 좀 더 부과된다 하더라도 곱게 봐주고 넓은 아량으로 포용해 주자.

가정이 편안해야 직장에서 일을 열심히 잘할 수 있는 것이다. 남의 일이라고 너무 규정의 잣대로만 판단하지 말자. 그 여직원이 가족과 전화 통화한 시간이 미안해서 일과 시간 이후에도 늦도록 남아서 일한다면 그 여직원에 대한 곱지 않은 태도가 얼마나 부끄러운 일이 되겠는가. 설사 그렇지 않더라도 따지지 말자. 보듬어 주자. 그것이 결국 나 자신에게도 유익한 일이다.

사랑은 단편적이 되어서는 안 된다. 주위 사람들을 내 가족처럼 사랑으로 대할 수 있을 때 모두가 살기 좋은 아름다운 세상이 이루어지는 것이다. 남의 일이 곧 내 일이며, 내 이웃의 아픔이 곧 나의 아픔이라고 생각하자. 너와 내가 분리되어 있지 않고 한 몸으로 연결되어 있다는 진리를 구태여 들먹이지 않더라도 말이다. 이것이 바로 공감이다.

정부의 모 기관장이 전 직원이 참석한 조회 시 "여직원은 일하다가도 집에 자녀 일이 생기면 곧잘 달려간다."라고 훈계성 발언을 했다. 사실에 근거를 두고 한 말인 것 같다. 그러나 아기를 돌보려는 모성애는 우선 인정해 주는 것이 급선무다. 행여 아기에게 무슨 일이 생기면 아빠가 달려가든 엄마가 달려가든 부모 중에 누군가는 가 봐야 될 것 아닌가.

요즈음은 자식이 많은 것도 아니니 조금 참자. 아니 편의를 봐주자. 오히려 내가 좀 도와주고 대신 해 줄 수 있으면 그렇게 하자. 더군다나 할머니도 아기 보는 것을 꺼리고 있는 것이 작금의 현실이라는 사실을 주지하자. 어린이가 이 나라의 보배 아닌가! 게다가 머지 않아 그 여성이 먼저 승진해 내 상사가 될지도 모르는 일이다. 남을 보살펴주고 배려하는 일은 실제로는 나 자신을 위한 일임을 결코 잊어서는 안 된다.

50대 여직원이 생리휴가를 꼬박꼬박 챙긴다. 이를 지켜보던 동료 남자 직원이 이제 다 끝났을 텐데 무슨 생휴냐고 농담 반, 핀잔 반 말을 건넨다. 그 여직원은 "왜 그래요? 아직도 있는데……"라고 한다. 따지지 말자. 어차피 여성에게 부여된 것, 선심 좀 쓰면 어떠니. 아니면 갱년기 몸조리가 더 중요하다고 생각하고 배려를 좀 해 주면 어떠니. 국물이 싱겁다고 꼭 소금을 쳐야 되겠니? 간장도 있고 고춧가루도 있고, 설탕도 있잖니. 좀 느긋해지자. 배포를 키우자. 손해 보는 마음으로 살자. 남들이 편하고 잘되는 곳에 내 행복이 숨어 있는 것이다. 그것이 사랑을 베푸는 마음이다. 사랑 에너지가 충전되는 현장이다.

직장 여성은 아기 출산한다고 출산휴가 가고, 아기 키운다고 육아휴직을 내야 한다. 남자 직원들이여, 이를 당연하게 받아들이자. 어느 누가 농땡이 치면서 월급 타 가고자 하겠는가. 그 여직원은 동료와 상사에게 미안한 마음을 감출 수가 없을 것이다. 하긴 남자 직원이 육아휴직을 내는 경우도 증가 추세에 있긴 하다. 조금 더 넓고, 깊은 아량으로 사고방식을 전환하자. 억지로 노력해 보라. 그러면 저만치서 아름다운 세상이 방긋방긋 웃으면서 다가올 테니까.

자영업을 하는 초롱 님은 여성이라 얕보는 남성으로 인해 애로 사항이 많다고 한다. 남성이 약속은 다반사로 지키지 않고 말도 가려서 하지 않아 마음에 상처를 많이 입는다는 것이다. 태곳적으로부터 남아 있는 남성의 여성에 대한 편견과 권위 의식 때문이다. 생리적으로 차이가 있는 만큼 우선 여성을 배려해 주어야 한다. 최소한 동등하게 대우해 주는 것도 모자라는데, 무시하거나 비하하는 것은 야생의 동물적 본성에도 미치지 못한다.

많이 개선되긴 했지만, 같은 일을 하는 경우에도 여성에게는 보수

프로 직장인, 아마추어 직장인에게 말하다

를 남성에 비해 적게 준다. 아예 입사 과정에서부터 여성은 차별적으로 채용을 제한해 버리는 비극적인 경우도 있다. 한번은 지방에서 신입 사원 면접을 볼 기회가 있었는데, 현장에서 궂은일도 마다하지 않고 해야 하는 제약 조건 때문에 실력이 탁월하고 태도가 출중한 유능한 여성 지원자들을 대거 탈락시켜야 하는 마음 아픈 때가 있었다. 어떤 회사는 아예 미리부터 여성 채용 비율을 제한해 놓는다. 지금에 와서는 다수의 여성 공군 조종사가 배출되고, 군의 장군에서부터 부사관에 이르기까지 남성이 하는 일을 여성이 더 잘할수도 있다는 사실이 속속 증명되고 있다. 그것도 탁월한 능력으로 말이다. 내 몫 빼앗아 간다고 투덜거리기 전에 먼저 반성하고 실력을 쌓아 두자.

❀ 억척스러운 여성의 진면목

남성보다 더 억척스러운 여성도 많다. 샛별 님의 어린 시절 이야기다. 샛별 님이 학교에 들어가기 전, 초등학교에 다니는 언니가 가끔씩 옥수수빵을 받아 왔는데, 샛별 님이 그것을 얻어먹어 보니 그렇게 맛있을 수가 없었다. 매일 언니가 옥수수빵을 받아 오기만을 기다렸는데 뜻대로 되지 않았다. 고작 며칠 건너 한 번씩 겨우 가져오는 것이었다. 이듬해 샛별 님은 아버지한테 떼를 써 가며 학교에 보내 달라고 했다. 결국 아버지 손을 잡고 학교에 찾아갔으나 취학

연령에 미달한 데다 키도 작아 입학이 불허되었다. 그러자 샛별 님은 그 자리에 주저앉아 큰 소리로 울기 시작하더니 멈추지 않았다. 아이 우는 소리가 너무 크고 시끄러워 선생님이 어쩔 수 없이 입학 허가를 해 주었다고 한다.

이제 샛별 님은 빵을 타 먹을 수 있게 되어 안도의 숨을 내쉬었는데, 정작 빵은 이틀에 한 번 꼴로밖에 받을 수가 없었다. 샛별 님은 머리를 짜내기 시작한다. 교실에 빵 배급 일을 맡으면 언제나 남는 빵을 하나 가질 수가 있었던 것이다. 그로부터 샛별 님은 하루도 거르지 않고 빵을 타 먹을 수 있게 되어 소원을 풀게 되었다. 샛별 님처럼 억척스러운 성격의 여성은 훗날 성공할 것이라는 예상은 누구도 의심하지 않을 것이다.

남성이 실패하는 바로 그곳에서 여성은 성공하고 있다고 한다. 여성은 남성보다 더 열정적이고 열심이다. 여성은 남성과의 차별적 경쟁에서 살아남기 위하여 스스로 더 똑똑해지고 강해지는 방법을 찾아 나서고 있다. 정부에서 시행하는 각종 공무원 임용시험에서도 단연 여성이 두각을 나타내고 있으며, 육·해·공군 사관학교에서도 탁월한 성적을 거두고 있다. 남성은 여성을 무시하고, 공격하고, 배척하고, 차별할 것이 아니라, 보듬어 주고, 격려해 주고, 사랑으로 감싸 주며 선의의 경쟁자로 새로이 자리매김하여야 한다.

✿ 여성과 남성의 미세한 차이를 극복하려는 노력

남자는 사다리 위에 앉아 있는 사람들에게 집착하는 반면, 그 아래에 있는 사람들은 무시한다고 한다. 반면 여자는 위아래를 가리지 않고 거리낌 없이 친구가 된다고 한다. 여성은 관계지향적이다. 조직에 대한 성향에 있어서도 남성은 여성보다 치졸한 면을 보이고 있다. 다만 '조직적인 사고' 측면에서는 여성들이 다소 부족한 측면이 있다.

조병남 숙명여대 리더십개발원 교수는 "여성의 적은 여성이라는 편견이 오히려 여성이 여성을 적으로 만든다. 이러한 편견에서 벗어나기 위해서는 여성에게 필요한 것은 '조직적인 사고'다. 남자는 어렸을 때부터 단체 행동에 익숙해져 있지만, 여자는 조직 문화를 이해하고 훈련할 기회가 적다. 회사라는 조직 내에서도 조직보다는 개인에게 집중되어 있다 보니 낙오되는 경우가 종종 있다."고 한다.

어느 중앙 일간지에 게재된 남성과 여성의 성향 관련 내용을 소개한다.

미국 경제전문지 '포천'이 선정한 1천대 기업 최고 경영자 중 97%가 남성이다. 그러나 이들 기업 매출과 직결되는 소비 주체는 80%가 여성이다. 삼성그룹은 최근 남녀 직원 4,883명에게 '직장 분위기를 위해 개선할 점'에 대해 물었다. 그 결과 남자 직원 중 43.3%가 '이해하기 힘든 그녀들의 정서'를 꼽았다. 차별 대우를 한다는 오해, 당황스러운 옷차림이나 화장, 연약한 체력도 불만이었다. 반면 여자 직원 중 32.1%는 '낄 틈이 없는 남자들만의 리그'가 가장 힘들다고 했다. 권위적인 태도와 거친 말투, 개인위생 무신경도 문제점으로 지적했다. 여성은 일보다 관계 중심이라 내 편, 네 편을 먼저 따진다고 한다. 수직적 관계보다는 어느 집단에 속하여 누구나 평등한 수평적 관계를 즐긴다는 것이다.

소설가 김형경 님은 여성들의 소극적 태도를 이렇게 지적한다. "사실 여자들 태도에도 안타까운 점은 있다. 어떤 여자들은 좋고 싫음을 분명하게 말하지 않아 남자가 잘못 해석할 여지를 남기기도 한다. 오래도록 사회적 물리적 약자로 살아오면서 돌려 말하기, 암시적으로 전달하기, 판단 유보적 태도 취하기 등이 생존법의 일부로 자리 잡은 측면이 있다." (중앙일보, 2014년 11월 15일.)

여성 리더에 대하여 김성회 CEO리더십 연구소장은 이렇게 조언한다. "여성 리더에 대한 조직의 불만 1순위는 단호한 결단력 부족이다. 개인적 차원의 감성을 극복하고 조직적 차원의 강성을 개발하라. 동병상련의 연민과 부드러운 감성보다 더 필요한 것은 강인한 해결사와 '조직의 수호천사'로서의 무한책임 의식, '나를 따르라'고 자신 있게 외칠 수 있는 보스 의식이다."

여성 리더들은 이미 공감과 배려가 넘친다. 이들이 균형적 리더십을 갖추기 위해선 단호함, 관계에 휘둘리지 않는 공정함, 목표를 추구하는 집요한 근성이 필요하다. 많은 여성 리더들이 '감성, 모성의 힘'을 믿고 '조직을 사랑이 꽃피는 꽃밭'처럼 만들어 보려다 좌절한다. 여성 리더에 대한 조직의 불만 1순위는 단호한 결단력 부족에 있다.

프로 직장인, 아마추어 직장인에게 말하다

또 관계를 중시하다 보니 따끔하게 야단치는 메시지를 주기보다는 엉거주춤, 우회하는 '신호'를 주며 속을 끓이다 어느 한순간에 폭발해버린다. 위기의식을 공유하라는 것을 '걱정과 근심'을 나누라는 것으로 착각해 부작용을 빚는 경우도 있다. 위기의식 공유에서는 정확한 fact 공개 못지않게 리더의 자신감 제시가 필수다. (매일경제, 2014년 4월 5일.)

어느 중학교에서의 일이다. 수업 시간에 한 학생이 좀 떠들었다. 그 교실 수업을 마친 여선생님이 그 학생을 교무실에 불러다가 호되게 꾸지람을 하는데, 다른 선생님들이 보는 앞에서 그 학생의 잘못에 비하여 지나치게 수치심을 불러일으키고, 가혹할 정도로 '내신 평점'까지 감점하려고 한다. 진정 스승으로서 학생을 지도하는 것인지, 감정적으로 대하는 것인지는 곁에서 지켜보는 사람이면 쉽게 판단할 수 있을 것이다. 더군다나 가정에서 기분 상한 일을 직장에까지 연장해 가는 모습이 역력하다.

누구나 할 것 없이 부정적 감정에 사로잡힌 채널을 그대로 다른 채널에까지 옮겨 가는 실수를 범해서는 안 된다. 특히 여성이 그러한 경향이 강하므로 각별히 조심해야 한다. 가정은 가정이고 직장은 또 다른 별개의 일터다. 분리해서 행동해야 한다. 또 때로는 동등하게 바라보아야 한다. 차별하지 않아야 하는 것이다. 그러지 못하니까 남성으로부터 자꾸 질시의 대상이 되는 거잖아. 자신이 우월적 지위에 있다고 해서, 그리고 상대방이 만만하다고 해서, 내 감정이 시키는 대로 짜증을 내고 화를 분출해서는 안 된다.

학교라는 직장에서 월급을 받는 것은 자기감정을 조절하여 학생들을 내 자식보다 더 소중한 인격체로 대우하는 데 대한 대가임을 명심해야 한다. 그렇게 하지 못한다면 그 선생님의 신분은 더 이상 보장받을 수 없을 것이다. 바꾸어 말하면, 가정과 직장을 동일한 인격체로 볼 줄 알아야 한다. 속상하고 짜증내기 전에 먼저 나의 모습을 살펴보고, 나 자신의 잘못부터 성찰해야 한다.

여성은 스스로 제 자리를 찾으려는 노력을 기울이는 동시에 남성에 대한 태도를 올바르게 정립하려는 노력을 게을리하지 말아야 한다. 여성의 지위가 회복되어야 한다는 명목으로 남성을 무시하거나, 막무가내로 이를 역이용하려고 하는 행위는 절대 금물이다. 또한 같은 여성 간에 질시와 반목도 개선해야 할 의미심장한 부분이다. 직장에서의 승진에 있어서도 여성을 배려하다 보니 남성을 역차별하는 사례가 발생되곤 하는데, 이는 또 다른 시각에서 주목해야 할 일이다.

프로 직장인, 아마추어 직장인에게 말하다

직장 윤리

본 저서 전반부에서 사람의 탐욕과 공포에 대해서 살펴보았듯이, 사람은 누구나 할 것 없이 더 갖고 싶은 욕심, 지금 이대로를 지키고 싶은 욕망, 한 치도 물러서거나 양보하고 싶지 않은 이기심을 가지고 있다. 자신의 똑똑함에 자만하여 주위 사람들을 존중하지 않으며, 자신의 실체와 잘못은 돌아보지 않은 채, 늘 자존심에 차 있는 것이다. 그 파급 효과는 그 사람이 처한 지위 고하에 따라 차이가 큰데, 특히 주위 사람들에게 큰 영향을 미치는 고위직에 있을 때 여러 가지 폐단을 초래하게 된다. 사람은 지위가 올라갈수록 더욱 이기적이고 독선적으로 바뀌게 되기 때문이다.

한편 공포는 욕심을 조절하고 통제하는 역할을 수행한다. 자신이 하고 있는 행위가 뒤탈이 없을까 고민하게 되고, 잘못됐을 경우 닥칠 우환을 지레 두려워하는 것이다. 일상생활에서는 이 공포의 힘이 사람을 바르게 인도하여 최소한 법망을 벗어나지 않도록 바로 잡아주는 역할을 충실히 수행한다.

예를 들어, 영업사원인 문 대리가 외근을 마치고도 아직 일과 시간이어서 '사무실로 복귀해야 하는가?'를 고민하는 문제를 생각해 보자. 문 대리는 개인 볼일을 보거나 일찍 퇴근하여 집에서 쉬고 싶은 마음이 생긴다. 그러나 상사나 다른 직원이 알게 될 것이 두려워 결국 사무실로 복귀하는 길을 선택한다. 직원이 임의로 법인카드를 사적으로 사용하지 않게 되는 것도 똑같은 원리에 의한다고 할 수 있다.

반면 이 '공포'가 제대로 작동하지 않거나 역기능으로 작용할 때는 문제를 일으킨다. 회사에서 부여한 목표를 달성하는데 실패하게 될 것이 우려되는 경우, 그 반대급부가 두려워 성과를 왜곡하는 또 다른 잘못을 저지르는 경우가 있는데, 이는 범죄를 저지른 사람이 잡힐 것이 두려워 도망 다니다가 또 다른 범죄를 저지르는 경우와 유사하다고 할 수 있다.

먼저 어느 가상의 사례를 통하여 경영진의 윤리 의식에 대한 함축적인 이슈를 살펴보기로 하자.

프로 직장인, 아마추어 직장인에게 말하다

<단상 4> 머물 때와 떠날 때

사람은 한번 잡은 지위를 놓치고 싶지 않을 뿐 아니라, 그 지위에서 내려왔을 때 닥쳐올 충격이 두려워 도저히 현실로 받아들이지 못한다. 현직에서 물러난 이후 닥치게 될 미래 상황이 우려되어, 자신의 안위를 위하여 강한 울타리를 치는 데 치중한다. 그 부작용으로 외부의 힘을 빌려 자신의 욕망을 충족시키려 하며, 내부로는 소통은 멀어지고, 언로는 차단되어 결국 독선으로 치닫게 되는 것이다. 이는 사람의 욕심을 적절하게 통제해 주는 공포의 힘이 역으로 작동한 것이다. 시간이 갈수록, 궁지에 몰릴수록 더욱 완강하게 버틸 궁색한 논리에 연연하게 되며, 심지어 가까운 주위 사람들에게까지 의심의 눈초리를 곤두세운다.

자연은 순수하고 거짓말을 하지 않으며 사람을 현혹시키지 않는 데 비하여 '인위적인 사람의 일'은 많이 다르다. 산행의 경우를 예로 들어 보자. 힘들고 숨 가쁘게 산에 오르는 고통을 견디고 나면 결국 정상에 도달하게 되는데, 그곳에서의 기쁨과 환희는 가히 상상을 초월한다. 세상 모든 것을 다 성취한 듯한 쾌감을 주는 정상에서 머물 시간은 그리 길게 주어지지 않지만 사람은 이를 흔쾌히 받아들이고 곧 하산을 준비한다. 그렇게 가쁜 숨을 몰아쉬며 힘겹고 고통스럽게 오른 후, 온 세상을 다 얻은 듯한 뿌듯함을 안겨주는 산 정상에서 채 10분도 머물지 않고도 미련 없이 하산을 서두르는 것이다. 하산하는 길도 그리 쉽지는 않지만 산에 오를 때에 비해서는 훨씬 홀가분하다. 그렇게 다시 한 걸음 한 걸음씩 하산 길을 즐겁게 내디디는 것이다.

그러나 '인위적인 사람의 일'은 그렇지 않다. 힘들게 각고의 노력 끝에 성취했건, 청탁으로 차지했건, 일단 조직의 수장이 된 사람은 어떡해서든 그곳에 오래 머물고 싶어 한다. 그 지위가 주는 쾌감을 쉽사리 내려놓고 싶지 않은 것이다. 그러다가 정작 내려갈 때는 자연의 산과는 판이하게 다르다. 한 걸음씩 내려갈 수가 없다. 일시에 바닥으로 추락하는 수밖에 다른 도리가 없는 것이다. 사람은 이것을 지레 두려워하는 것이다. 그 높은 곳에서 일시에 추락해야 하는 충격에 대한 공포가 엄습하기 시작하는 것이다. 욕심과 공포가 긍정적으로 상호작용을 하는 것이 아니라, 욕심이 증폭된 이기심과 결탁하여 공포를 회피하고 거부하려고 하는 것이다. 그래서 사람은 한번 부여잡은 지위를 쉽게 내놓지 못하게 되는 것이다.

이 욕심은 아전인수격 병폐를 초래하게 된다. 자신의 안위에만 집착한 채, 주위의 차가운 시선과 따가운 눈총에도 불구하고 공사(公私)를 구분하지 못하고 과거에 자신에게 충성을 다하고, 의리를 지킨 옛 동지(?)들과 권력에 밀착된 사람들을 무리하게 중용하는 일을 서슴지 않고 감행한다.

급기야 개인의 욕심이 기업의 생존과 발전에 지장을 초래하기에 이른다. 기업은 사내 원활한 소통으로 직원들의 열정을 바탕으로 창의적인 생각과 아이디어를 고양시키고, 고객 감동을 통하여 매출을 증대시켜 이익을 창출하고, 미래지향적인 연구 개발과 설비 투자로 미래성장 동력을 확보하여야 생존과 지속가능성(Sustainability)이 보장되고, 국가와 사회에 기여할 수 있다. 무소불위의 독선으로 사내 소통은 막히고, 고위 임원들마저 실상을 제대로 직언하기 어렵게 된다면, 그 기업은 가까운 미래마저 암흑 속으로 빠져들고 말 것이다. 미국의 심리학자 대니얼 골먼은 강한 권력을 지닌 리더일수록 '공감능력결핍증후군'에 빠질 가능성이 높다고 했다. 산 정상에서 느끼는 무소불위의 자만심에 사로잡힌 채 부하 직원들의 심정은 안중에 둘 필요조차 없어지는 것이다.

한편, 사람은 일생에서 차지했던 가장 높은 지위에 연연하여 진작 그 지위에서 내려온 이후에도 그때 그 시절을 잊지 못하고 늘 그 지위에 머물고 있는 듯 행세하고 싶어 한다. 과거의 향수에 젖어 현실의 대우를 못마땅하게 여기는 것이다.

조직의 발전은 반드시 예측 가능성이 전제가 되어야 한다. 투명하지 못한 최고 경영자가 지난날의 왜곡된 향수에 젖어 과거 회귀성 욕심으로 기업을 경영한다면 현안을 제대로 간파하지 못한 채, 조직의 기강마저 바로 세울 수 없게 된다. 최고의 성과를 낸 부서와 직원이 우대받아야 전사적 성과가 극대화되는데도 불구하고 그 결과가 공정하게 반영되지 않고 오히려 그 직원에게 불이익이 돌아간다면 이런 어불

성설이 또 있겠는가. 이는 결국 개인의 욕심이 국가의 중추적인 역할을 분담하는 기업의 생존과 역동적인 발전에 제동을 가하는 결과로 이어지는 것이다.

그저 주말에 동부인하여 골프를 즐긴 후 개인 카드로 비용을 계산했다고 해서 자신의 윤리성이 부각되어 모범을 보인 것으로 자랑하는 것은, 우물 안 개구리의 메아리 소리밖에 더한 의미가 없을 것이다. 오히려 개인감정에 치우쳐 못마땅하게 보이는 열악한 중소 협력사에 심각한 불이익을 안겨 주고, 억울한 '을'의 정당한 목소리마저 묵살하는 그 알량한 욕심이 무소불위로 퍼져나가는 동안 그 심각한 폐해는 상상을 초월한 결과를 초래하게 되는 것이다.

사람의 욕심은 하늘을 찌른다. 그러나 지금까지 존경받는 옛 선조들은 자신의 공적과는 관계없이 '머물 때와 떠날 때'를 잘 간파하고 실천한 분들이었다. 큰 인물 났다고 온 고향 마을이 떠들썩해지는 것도 품위가 있고, 무엇보다 자신의 고상한 지위도 중요하지만, 현실을 직시하고 '떠날 때'의 타이밍을 놓쳐서는 안 된다. 사람의 일거수일투족을 하늘이 다 내려다보고 있다는 사실을 잊지 말아야 한다. 사람의 욕심에 제동장치를 미처 달아주지 못한 신이 더 이상 원망스럽지 않도록 우리 모두가 다시 한 번 자신과 주위를 돌아
보며 성찰해야 한다.

✿ 기업에 적용되는 윤리의 분류

기업은 가장 선행을 잘 베풀 수 있는 조직이면서, 사회로부터 윤리 의식이 특별히 강조되기도 하는 양면성이 있다. 성공하는 기업인은 무엇보다 투명성과 기업 윤리를 지키려고 애쓴다. 기업에서의 윤리와 관련하여 구체적으로 정리하자면 여러 권의 책으로도 모자랄 것이다. 여기에서는 '직원'을 중심으로 한 윤리 문제에 대하여 반드시 지켜야 하는 반면, 소홀히 하기 쉬운 부분을 짚어보기로 한다.

우선, 윤리(倫理, ethics)의 사전적 의미를 살펴보면, 사람이 지켜야 할 도리이며, 올바른 길이다.

'인간이 사회의 일원으로 지켜야 할 행동 규범. 윤리는 도덕적인 성향과 더불어 법률적 성향의 혼합적 성향을 가진다. 도덕보다는 규범의 성격이 강하다.' (원불교 대사전)

사람이 지켜야 할 도리. 곧 실제의 도덕규범이 되는 원리. 윤리는 인간이 행하여야 할 올바른 길이며 공동의 선에 해당하는 길이 바로 윤리이고, 그 길에 따라서 가는 것이 인간의 도리이다.' (경찰학 사전)

기업에 적용하기에는 '도덕'이라는 용어보다는 '윤리'라는 용어가 더 친숙하고 적절해 보인다. 모든 사람이 지켜야 한다는 포괄적인 의미로서 내면적 원리로 작용하는 도덕보다는 윤리가 규범적 성향이 좀 더 강하게 작용하기 때문이다. 또한 기업에서의 윤리는 일반적인 도덕에 비하여 그 조치 모양에 있어서 차별화되는 경우가 많다.

예를 들어 어느 회사의 영업 사원이 고객 유치 또는 유지의 목적으로 정당하지 않은 방법을 동원하여 과도한 금품 또는 향응 제공 시, 도덕적 판단으로는 문제가 있을 수 있겠지만, 이에 대한 회사의 윤리적인 잣대는 흔들릴 수가 있는 것이다.

기업에 적용할 수 있는 윤리는 크게 세 가지로 분류할 수 있다.

첫째, 기업 윤리다. 법인으로서의 기업은 사회적 책임을 지고 있으므로, 공급하는 재화의 품질, 서비스, 가격과 이를 구매하고 이용하는 최종 소비자에게 이르기까지 윤리 의식이 부각된다. 또한 투자자에 대한 투명성, 정직 등의 측면에서 윤리적 가치문제가 대두되는 것이다. 이외에도 사회적 기업으로서의 책무, 지역 사회에의 기여와 동반자로서의 관계, 폐기물·폐수 처리 등에 의한 환경오염 문제에 이르기까지 윤리 문제가 복잡 다양하게 일어나게 되는 것이다. 모 제약 회사는 별도의 커미션을 요구하는 거래처에는 단기적 손실을 무릅쓰고라도 제품 공급을 중단한다는 원칙을 철저히 준수하고 있는데, 이는 기업 윤리의 좋은 사례라 할 수 있겠다.

둘째, 경영 윤리다. 기업의 원자재 구매, 제품 생산, 서비스 제공, 재무 관리 등 내부 경영 활동 전반에서 대두되는 윤리다. 분식 회계, 직원과 경영진에게 지급하는 보수, 복지 등과 관련된 윤리가 있으며, 또한 계열 회사, 협력사 등과의 거래 관계에서 발생하는 윤리 등이다. 기업은 윤리적 가치를 기치로 내세워 직원들에게 윤리 경영의 모습을 보여주는 것이, 단기적으로 이익을 얻거나 위기를 모면하는 것보다 장기적으로 이익이 될 수 있다고 한다.

셋째, 직원 윤리다. 이윤을 추구하는 기업에 소속된 직원으로서의 윤리 문제는 사회인으로서의 도덕의식과는 차별될 뿐만 아니라 훨씬 더 철저한 이행이 요구되며 구속력이 강하다고 할 수 있으며, 쉽게 법적 문제로 전이되는 양상을 보인다. 상기에서 언급한 바와 같이 기업의 경영 활동은 그 종사원인 직원에 의해 이루어지므로 당연히 기업 윤리와 경영 윤리는 직원 윤리에도 그대로 적용될 수 있다. 예를 들면 직원 자신의 소속 회사와 타 회사, 거래처, 개인 간의 업무 처리에 있어 상호 이익이 충돌될 때 발생되는 윤리 문제를 들수 있겠는데, 이는 소속 회사의 이익 또는 손실 방지 또는 축소를 위한 행위들로 기업 윤리와 경영 윤리 성격이 강하므로 여기에서는 생략한다.

❀ 직원 윤리

무엇보다 CEO 자신이 투명한 윤리 의식의 중심에 서서 솔선수범하여야 하며, 전 직원들 앞에서 윤리적인 잣대를 명확히 선언하여, 소속 직원이 윤리 문제에 휘말리지 않도록, 그리고 아예 시도조차 할 수 없도록 사전에 각인시켜야 하며, 무엇보다 시스템으로 원천 봉쇄하는 것이 가장 바람직하다.

그런데 직원은 왜 윤리 의식에 대한 상당한 소양이 있는데도 불구하고 그 한계선을 넘으려는 시도를 멈추지 않는 것일까.

첫째, 유전적 요인과 성장 과정에서의 환경적 요인에서 찾아 볼 수 있다. 사람은 태생적으로 탐욕과 이기적 본성의 유전자를 지니고 있다. 무의식에 내재된 공짜 심리와 나태 본성에서 나오는 불로소득에 대한 쾌감, 더 가지려는 욕심 등이 항상 마음 한편에 도사리고 있는 것이다. 다만 이를 통제하는 기능이 사람마다 차이가 있는데, 어릴 적 부모로부터의 철저한 훈육, 도덕적 실천 의식이 몸에 배어 있는 사람은 그렇지 않은 사람에 비해 윤리적으로 흠결이 적을 확률이 큰 것이다. 또한 사람이라면 누구나 원초적 본능이 잠재되어 있어 본인의 재정 상황과는 상관없이 비윤리적 행위를 할 개연성을 늘 품고 있다고 할 수 있다.

둘째, 생존 본능에서 그 원인을 찾을 수 있겠다. 자신이 맡은 직무 성과에 대한 압박이 크고 평생직장을 보장받지 못하는 상황, 즉 자신의 미래가 예측 불가능한 상황에서 직원들은 비윤리적 행위를 하려는 욕구가 더 커진다는 것이다. 재정적 안정이 보장되지 않은 상황 하에서, 머지않은 미래 언젠가는 회사에서 퇴출될 것이라는 우려 속에 자신과 가족의 생계를 책임져야 하는 부담이 현재를 자극하여 윤리 문제를 일으키는 것이다.

셋째, 별다른 의식 없이 재미, 또는 관례란 명목으로 윤리 의식이 왜곡되어 나타난다. 국내외 출장 중 관광, 유흥 등 개인 목적의 용무를 보거나, 업무 시간에 아무런 거리낌 없이 개인 용무를 보는 행위, 거래처로부터 온정적 향응을 마다하지 못하고 받아들이는 행위들이다.

그 이외에도 산업자본주의 발달로 인한 금전만능주의 팽배, 권력

프로 직장인, 아마추어 직장인에게 말하다

에의 의지, 남보다 앞서가려는 과욕, 개인적 치부 및 사치, 배우자의 부추김, 본인 또는 가족, 친지 등의 개인 부채에 대한 지원 등 다양한 사유로 인하여 직원이 윤리 문제를 일으키게 된다.

일반적으로 권력, 규제, 통제, 감독, 집행 부서 등 이른바 '파워' 있는 부서 근무자들에 대해서는 훨씬 더 엄격한 윤리 의식이 요구된다. 남들을 감시·감독하는 사람은 그 자신이 더욱 엄격한 도덕률로 무장해야 한다고 하지 않는가. 이들에게서 윤리 문제가 자주 대두되는 것을 사회·조직 구조상 어쩔 수 없는 일로만 받아들이고 그들의 양심에만 맡길 것이 아니라 사전에 특별한 대책을 마련해 두어야 한다. 특히 금품 문제는 유사 이래 끊이지 않고 발생되는 건으로, 무엇보다 본인 스스로가 철저한 기준을 세우고, 회사는 시스템에 의한 근원적 대책 및 사후 조치 방안을 마련하여 철저히 시행하지 않으면 근본적인 예방이 어려울 수밖에 없다.

중국 후한 때 재상 양진의 일화가 있다. 한밤중에 뇌물을 들고 온 사람이 "아무도 본 사람이 없는데 받아두시지요."라고 간청하자, 양진은 "하늘이 내려다보고 있고, 땅이 올려다보고 있고, 자네가 알고 내가 알고 있거늘 어찌 그런 말을…… (天知地知子知我知) 도로 가지고 가라." 하고 호통을 치며 물리쳤다고 한다.

사실 정당한 대가가 아닌 재물은 우선 좋아 보이지만 결국 자기 것이 되지 못하고 만다. 피땀 흘려 번 돈과 손쉽게 들어온 돈은 겉보기엔 똑같아 보일지 몰라도 실상은 많이 다르다. 또한 심리적으로 사람은 쉽게 들어온 것에 대하여 애착이 떨어지는 오류를 범하게 되어 있다. 이 기회에 한시라도 빗나간 생각일랑 아예 염두에도 두지 말자.

윤리 문제에 저촉되는 건에 한번 발을 들여놓으면 다시 빠져 나오기가 어려우므로 아예 처음부터 생각지도 말고 아예 접근도 하지 않는 것이 현명한 처신이다. 특히 갑의 지위에서 직무를 수행하는 직원들은 구조적으로 윤리 문제에 취약할 수밖에 없으므로 각별한 윤리 의식이 요구되며, 회사에서 규정, 위반 사례 등 발생 가능한 사례를 구체적으로 조목조목 제시하여 원초적으로 차단하는 것이 가장 효과적이다.

직원 윤리와 관련하여 사내·외로 비리 행위를 구분할 수 있는데, 각자 소속 회사별로 별도의 윤리 규정이나 지침이 제정되어 있을 것이므로, 여기에서는 특히 범하기 쉬운 사례들만 간략하게 살펴보기로 한다.

◎ **복무 관련**

- 정당한 사유 없이 출퇴근 시간을 준수하지 않는 행위

  ※ 출근 시간 이후 출근하고, 퇴근 시간 이전에 퇴근하는 경우를 말함.

- 직무와 관련 없이 점심시간을 초과하여 시간을 보내는 행위

- 시내·외, 해외 출장 시 출장 목적과는 다르게 개인 용무로 시간을 허비하는 행위

  ※ 출장 목적 수행에 필요한 기간을 초과하여 일정을 편성하여 직무와 상관없는 일에 시간을 보내는 행위

◎ 품위 관련

- 품행(용모, 태도, 언행 등)이 단정하지 않고, 동료, 후배 직원, 여직원
  등을 불편하게 하거나 괴롭히는 행위
- 음주 시 주벽으로 주위 사람들로부터 빈축을 사는 행위
- 도박, 사행성 오락 등 직원의 품위를 손상하는 행위
- 직장 이외의 장소 즉 가정, 지역 활동, 모임 등에서 품위를 손상하고
  사회에 빈축을 사는 행위

◎ 직무 관련

- 산하 기관·부서에 출장을 나가서 본연의 직무의 범위를 초월하거나
  부당하게 직원을 곤경에 빠뜨리거나 힘들게 하는 행위
- 정당한 사유 없이 동료, 타 부서, 예하 부서의 정당한 협조 요청을
  지연, 거부하는 행위
- 업무상 습득한 정보를 사내에 공유하지 않고 혼자 독점하거나 편중
  하여 전사적 이익에 반하는 행위
- 회사 이익에 반하여 회사와 관련된 정보를 외부에 유출하거나, 소스
  를 제공하는 행위
- 정당한 사유 없이 회사 비품, 사무용 집기 등을 편취·훼손하거나 개
  인적 용도로 무단 사용하는 행위

◎ 금전, 향응, 선물 등을 수수하는 행위

- 거래 관계에 있는 계열사, 협력사 등에 대하여 편의 제공 등(구체화되

지 않은 잠정적인 것, 발생 가능한 것 포함)을 조건으로 금품, 향응 등을 수수하는 행위

- 구매, 입찰 관련으로 상대방에게 편의를 봐주는 대가, 또는 감사의 표시로 수수하는 일체의 부적절한 행위

- 교육, 파견, 승진, 징계 등 인사와 관련한 부적절한 행위

- 결혼, 장례, 명절, 기념일 등에 미풍양속 명목으로 과도한 금품, 향응, 지원 등을 수수하는 행위

◎ 법인카드 관련

법인카드 사용과 관련하여 복잡 다양한 윤리 문제가 대두되는데, 특히 유의해야 할 사항 몇 가지만 짚어 보기로 하자.

- 직무와 관련 없는 용도의 카드 사용: 개인적(친구, 동창회, 선후배, 가족, 친지 등)인 모임·집회·행사 등

- 직무와 관련 없는 용도의 축하·근조 화환 증정, 지원 등

- 법인카드를 이용한 현금화(식대 과다 지불 후 현금화 등) 등 정당하지 않은 수단을 동원한 부적절한 행위

◎ 기타

- 직무와 관련 없는 용도의 업무용 차량 이용 또는 지원: 개인적인 관혼상제, 모임(종교·단체 행사, 등산·골프 등 운동 모임), 가족·친지 등

- 직무와 관련 없는 개인 활동·행사에 직원들을 동원하거나 사역을 시키고, 회사 차량·비품 등을 무단 사용 또는 방출하는 행위

프로 직장인, 아마추어 직장인에게 말하다

- 직원 개인 간 금전 차용, 보증 등에 의하여 기일 내 빌린 돈을 갚지
  않거나, 재산상 불이익을 가하는 행위
- 직장 내외를 막론하고 성희롱, 성추행, 성폭행 등으로 사회적 지탄을
  받는 행위(이는 윤리 문제를 초과하여 사회적 범법 행위임)

회사와 직원은 두터운 신뢰 관계로 맺어지는 것이다. 이것이 깨지면 기본이 송두리째 흔들리는 것이며, 결국 회사와 직원 모두가 함몰하게 되는 결과로 이어진다. 다음의 두 사례를 통하여 알아보자.

◆ 종로구 동숭동에서 수십 년간 손님들의 사랑을 듬뿍 받았던 '낙산가든'이 어느 날 갑자기 문을 닫았다. 20년 이상 경리 일을 보던 여직원이 현금을 몰래 빼간 데 대한 주인의 큰 실망이 그 이유라고 한다.

◆ 소규모 회사에서 유능한 기술자인 현장 직원이 15년 이상 부품과 재료를 빼돌려 편취한 사건이 드러났다. 사장은 의법 조치하지 않고 아량을 베풀어 그 직원을 퇴사시키는 것으로 마무리했다. 이후 그 회사는 그만한 기술자를 구하지 못해 장기간 생산에 차질을 빚게 되었다.

상사에게 윤리 문제가 대두되는 경우, 부하 직원은 직간접적으로 관련되지 않는 한 책임을 면할 확률이 높으나, 애석하게도 직원에게

윤리 문제가 대두되는 경우, 상사는 관련이 없다고 하더라도 연대 책임을 지게 될 확률이 높다. 관리 감독 책임을 지는 것이다. 직장에서는 위로 올라갈수록 그만큼 리스크가 커지는 법이다. 직원들의 속마음까지 일일이 다 꿰뚫어 알 수는 없지만, 평소 행실을 주의 깊게 살펴 '사랑하는 직원'이 윤리 문제에 휘말려 일생을 그르치는 일이 없도록 상시 부서 간, 상하 간 상호 교차 체크하여야 한다. 직장에서 잘나갈 때일수록 발목 잡히지 않도록 정말 조심해야 하는 것이 윤리 문제다. 실제로 직장에서 유능한 인재들이 윤리 문제를 극복하지 못하여 도중하차하는 경우가 비일비재하다. 그 이후는 험난한 삶밖에 남지 않는다.

갑이 을에게서 받는 선물 중 목적과 이유가 없는 선물은 없다. 일본의 경우 선물을 받으면 가격의 1/3은 돌려준다고도 하지만, 거래 관계에 있는 사람 간 선물은 정당하지 않을 수밖에 없다. 그 거래 관계가 끝났을 때조차 선물은 합당하지 않다. 아예 주지 않아야 하며 받지도 말아야 한다. 금품이나 선물을 받게 되면 그 순간부터 빚을 지게 되는 것이며, 리스크를 안고 가는 것이다. 다음에 정당하게 직무를 수행할 의지를 사그라지게 만든다. 주면 받게 되어 있고, 받으면 주게 되어 있는 것이 사람의 본성이기 때문이다.

대부분의 올바르게 생각하는 사람들은 감사의 선물도 받지 않는다. 기분이 좋아서 주는 선물인데도 정히 사양하는 것이다. 정히 주고 싶으면 거래 관계가 끝난 후 한참 세월이 흘러 갑의 지위에 있던 사람에게서 아무런 실익이 없을 때 주어야 한다. 아마도 그런 사람은 거의 없을 테지만. 미풍양속으로 내려오는 좋은 습관에는 정이 담겨 있다. 양식과 부식을 나눠 먹으며 서로 좋은 기를 북돋아주는 아름다운 모습이었다. 이것과 구별을 제대로 못해서 윤리 문제를 일으키는 멍청한 직원은 없으리라 믿는다.

정리하자면, 직원의 윤리 의식은 기본 중의 기본이다. 기본이 무너지면 아무리 능력, 실적이 탁월해도 아무런 의미가 없으며, 그러한 직원은 회사에 오래 머물 수가 없다. 명심하자! 사람은 품성과 태도가 맑고 단정해야 한다. 그래야 사내·외 일거수일투족이 칭송받으며, 그것이 곧 직원 자신과 회사의 진정한 경쟁력의 근간이 되는 것이다.

#<단상 5> 직장을 마감하며 던진 자성의 여운

문득 파란 하늘에 짙은 구름이 흩어졌다 하나둘씩 모이더니 저만치 가창 댐을 물끄러미 바라보고 서 있는 용지산을 감싸고 휘돌다 힘에 부쳤는지 마침내 비를 뿌린다. 멀리 맞은편 팔공산 저편으로는 잿빛 구름이 낮게 깔려 하늘빛과 어울려 신비로운 장관을 연출한다. 천연의 자연을 배경으로 한 명작 영화의 감동적 장면이 무색할 정도로 눈 앞에 펼쳐진 전경이 아름답기 그지없다. 높고 낮은 산들이 숲과 계곡을 이루어 온갖 산나물과 약초를 잉태하며 수정 같은 시냇물을 영글어내는 생동감 넘친 정경이 어느 때보다 참신하게 다가와 아른거린다. 답답함이 초조함으로, 불안이 분노로, 조급함이 성급함으로 번갈아 바뀌어 가고, 착잡한 상념이 얽힌 채 쳇바퀴 돌며 그렇게 5월의 밤은 깊어만 간다. 어찌 사람으로 태어나 하늘을 우러러 한 점 부끄러움 없이 살 수야 있으랴만, 맑은 마음과 편안한 생각으로 만나는 사람들과 사랑을 나누며, 더불어 살고자 '일신우일신'하는 자세를 견지하고 싶다.

오직 회사 걱정, 일 걱정만 하면서 앞만 보고 달리며 온 25년이 훌쩍 넘는 시간을 한 회사에서 근무하다가 지방이지만 그리운 고향에서 이제 마무리해야 하는 시간으로 접어든다. 유난히 변덕이 심했던 금년 봄 날씨만큼 마음이 가라앉지 않고 오히려 풍파가 요동치는 듯하다. 그동안 나름대로 수양과 단련으로 당면한 현실을 잘 여과하며 수용

프로 직장인, 아마추어 직장인에게 말하다

해 나갈 수 있었지만, 평소 주위에 기쁨과 희망을 베풀고자 했던 신조에 역으로 부딪히며 다가올 어려움이 자꾸만 염려스럽고 불안해진다. 우리가 지은 복은 뜨거운 불로도 엄청난 홍수로도 지울 수 없다고 한다. 착한 사람들, 맑은 사람들 속에서 부대끼면서 값진 교훈 쌓아가며 살아갈 수 있는 작은 행복이 어려운 이웃을 먼저 생각하고, 배려하고, 나눌 수 있는 작은 기쁨으로 매듭지어졌으면 참 좋겠다. 억울함, 후회, 증오에 찬 분노, 좀처럼 풀리지 않는 오해, 참담한 배신, 드러내지 않는 거짓, 빗나간 양심 등 모든 것을 품어 주고, 보듬어 주고, 용서하고, 감사하는 마음으로 아름답게 승화시켜 억지로라도 아름다운 삶을 일구어 나가야 한다. 바로 거기에 진정한 삶의 가치가 살아 숨 쉬기 때문이다.

비좁은 방의 천장 바로 아래 북쪽 작은 창문에 세찬 바람이 부딪히는 소리가 예사롭지 않다. 감당하기 어려운 충격이면서 위협적인 공격으로 비친다. 남은 생애, 어떤 역경, 곤경 속에서도 바르게 살고 남을 위한 일에 행동으로 실천하며, 측은지심으로 세상을 바라보고, 남을 미워하는 사람, 남을 곤경에 처하게 하려는 사람, 그런 사람들에게 먼저 베풀고 감싸주는 사람이 될 수 있도록 전능한 신이 많은 격려와 영혼의 지도를 해주시고, 포용과 섭렵의 힘 놓치지 않게 채찍질해 주시기를 간절히 바란다.

우리가 살아가는 두 가지 기본 원칙이 탐욕과 공포라고 했다. 억척스럽게 살고자 하는 생존 욕구와 더 가지려고 하는 욕심이 있는가 하면 그에 따르는 근심, 걱정, 두려움이 있는 것이다. 그동안 근시안적인 안목이었는지 사람은, 특히 남자는 명예를 가장 상위의 가치에 두고 살아간다고 믿고 그렇게 주위 사람들에게 전파해 왔다. 이젠 그 중요한 가치를 비우고도 보다 더 소중한 가치가 존재하리라는 기대를 가지는 것은 또 다른 생존을 위한 작은 몸부림일지 모른다. 그것은 주위의 차가운 시선, 가족의 냉대, 축 늘어지는 어깨에서 떨어지는 허망과 심적 고통을 감수하더라도 반드시 추구해야 하며 피할 수도 없는 삶의 마지막 승부처가 될 것이다.

우리가 허전해하고, 서운해하고, 낙담하고 있을 때일수록 다른 한편으로 자신에 대한 부끄러움을 알고 있어야 한다. 어린 시절 눈비 내리는 날 불편한 두 다리에 지탱해 몇 발자국도 떼지 못한 채 주저앉고 말았던 동네 친구의 모습에서, 전기 작업 중 갑작스런 감전 사고로 한 팔을 잃고 인조 팔을 하고 있던 직장 동료의 모습에서, 주위 분들에게 늘 기쁨을 주고 베푸는 삶만 실천하다가 뇌경색으로 오른팔, 오른 다리가 마비된 이후 다시 회복하기 위하여 기약 없는 세월 동안 안간힘을 다하여 걷기 연습을 비롯한 재활운동을 쉴 새 없이 하고 있는 어느 선한 할머니의 모습에서, 알 수 없는 질병으로 두 눈의 시력을 잃게 된 후 작은 돌부리에도, 험하고 딱딱한 벽에도 부딪히기 일쑤인 안타까운 이웃의 모습에서, 우리는 쉽게 낙담하고 신세를 한탄할 입장이 되는 지 다시 한 번 고뇌해 보아야 한다.

밤늦은 시간에 택시를 타고 갈 때마다 기사님께 묻는다. "퇴직 후 아파트 경비 일을 하면서 주민들에게 조금이라도 편안한 주거 환경, 기분 좋은 하루를 위해 살면 어떨까요?" 그분은 "아파트 경비는 천하에 못 할 일"이라고 대답한다. 주민들 특히 아주머니들의 별난 성화를 견디기가 어렵다고 한다.

그러면서 택시 기사를 하라고 권유한다. 열심히만 하면 150은 번다고 한다. "택시 기사를 하려면 많은 고충이 있을 텐데요."라고 반문하자, 온갖 역겨움을 감내해야 한다고 맞장구친다. 밤이 깊어가면서 젊은 사람들이 쉽게 내뱉는 반말은 예사고, 서른 살 이상 더 어린 젊은이가 가끔씩 뒷자리에서 기사님 머리를 툭툭 치는 경우도 있단다.

근래에 들어서는 여성 승객이 더 골치 아프다고 한다. 술에 취해 몸을 가누지 못하는 사람, 목적지에 이르러서도 아니라고 우기는 사람, 요금 안 내려고 버티는 사람 등 별 여자 손님이 다 있다고 한다. 문제는 성추행이 이슈화되고 있어 절대 손님의 손끝 하나라도 건드릴 수 없다는 것이다. 그래도 이런저런 일 다 감내하면서도 열심히 일하면 된다고 한다.

'이 세상에서 가끔씩 뒷머리를 툭툭 얻어맞지 않을 만큼 신이 사람에게 기대하고 실천하기를 바라는 대로 완벽하게 착한 삶을 실천하고 있는 사람이 얼마나 될까?' 조용히 자성의 여운을 던져 본다.

아무리 간부 회의에서 장시간 마라톤 회의를 하고, 토론을 하고,
좋은 아이디어와 탁월한 전략을
많이 내놔 봐야 정작 고객 접점에 있는 직원이
고객의 불편을 내 일처럼 처리하고자 하는
의지를 보이지 않고, 고객에게 진실한 마음에서 우러나오는
적극적인 태도를 선보이지 않는다면
모든 것이 탁상공론에 불과한 것이다.

고객은 보다 적극적이고 사회 동반자로서의
품격을 유지해야 한다. 불량한 제품에 대해
일방적이고 강렬한 채찍만 들고 일어날 것이 아니라, 원인을
규명하고 재발을 방지할 수 있도록
기회를 부여하고, 개선책을 제시하고,
기다려주는 적극적이고 인내심 있는
선량한 고객 마인드가 요구되는 것이다.

3부

고객의 채찍은
직장인을 비추는
거울

∞

　사람은 나 자신과 다른 사람들과의 관계 속에서 살아가며, 때로는 직장에서 직원으로, 때로는 그 반대편에서 기업이 생산, 공급하는 재화를 구매, 소비하는 고객으로 살아가고 있다. 이 장에서는 내 직장과 그 소속원인 나 자신을 채찍질하여 개선·발전시키는 최대의 공로자이면서, 한편으로는 직장인의 삶을 고달프고 피곤하게 하는 '고객'과 관련하여 살펴보고자 한다.

　상품·서비스 경쟁이 심화되고 치열해질수록 고객의 가치는 증대된다. 품질도 가격도 서비스도 고객에게 유리해질 수밖에 없기 때문이다. 한 치 앞도 예측하기 어려운 치열한 경쟁 상황 속에서 기업은 한 고객이라도 선점하고 지키려고 아귀다툼하는 험악한 덫에서 헤어 나오지 못한 채, 온몸으로 부딪히며 몸부림치는 동안, 그 전쟁터를 방불케 하는 격전지에서 고객은 달콤한 전리품을 챙기는 기쁨을 두고두고 맛보게 될 것이다.

　어느 누구도 예외일 수 없는 고객의 입장에서 기업을 바라보고 그 속에서 악전고투해야 하는 직원을 살펴보는 것은 회사의 생존뿐만 아니라 직원의 안위와도 직결된다. 그것은 내 치마 속을 들여다

프로 직장인, 아마추어 직장인에게 말하다

보는 일이라 부끄럽고 수치스러운 일이지만, 피해 갈 수 없는 길이므로 고객과 관련된 문제는 정면으로 부딪혀 해결해 나가는 용기와 지혜를 발휘하지 않으면 안 된다. 한편으로는 고객은 늘 약자의 위치에 있으며 그들을 끊임없이 보살펴야 하는 책임이 우리 모두에게 있다.

일상생활 속에서는 기업의 경영진, 직원 등 모든 사람이 고객이며, 소비자로서의 역할을 수행하고 있다. 공급자와 고객의 관계 그리고 그들의 입장과 태도, 평가를 현장에서 짚어 보는 것은 직장과 직원의 가치 증대뿐만 아니라 더욱 즐겁고 밝은 직장, 신명 나는 직장을 가꾸고, 보다 큰 의미에서 행복한 사회를 이루고, 더 나아가서 사랑이 물결치는 아름다운 삶을 실천하는 데 한층 큰 의미를 더할 것이라 믿는다.

가급적 실제 사례를 통해 고객의 따가운 채찍과 고객에 대한 직원의 바람직한 태도를 음미해 보도록 하자.

고객의 따가운 채찍

고객에 우월적 지위를 행사하는 회사와 직원의 태도

〈사례 21〉 직원은 시스템을 고쳐서라도 고객 불편을 해소하려는 의지가 있어야 한다

머피의 법칙이 또 고개를 드는 것인가. 노트북과 휴대폰이 번갈아 가며 고장이 나서, 대구에서 서울로, 서울에서 대구로 옮겨 가며 10회 이상 서비스센터를 방문해야 했다. 노트북은 전원 코드가 불량이라고 해서 새것으로 교체했는데도 전원이 들어오지 않는다. 보드를 갈아야 된다고 한다. 부품이 조달되는 데 여러 날이 걸린다고 해서 계속 기다리다가 몇 주일이 지난 후 답답해서 전화하니 아직 부품이 준비되지 않았다고 한다. 급기야 한 술 더 떠서 노트북을 아예 대구에서 서울로

프로 직장인, 아마추어 직장인에게 말하다

보내야 된다고 한다. 하나밖에 없는 노트북을 일주일 이상이나 떨어져 지낼 수는 없는 일이었다. 게다가 부품이 곧 내려온다고 해서 많은 날을 기다렸는데……. 하는 수 없이 또 여러 날을 그렇게 흘려보내게 되었다.

무작정 기다리고 있을 수만 없어 같은 제조사 산하 다른 서비스센터에 전화했더니 고객의 마음을 이해하려는 듯 해결해 주려는 의지가 엿보였다. 그때까지 다녔던 서비스센터와 직원 성명을 물었다.

며칠 후 종전에 다니던 서비스센터에서 연락이 왔다. 다른 서비스센터에 불만 전화를 했다고 서운한 감정을 표시하면서. 그러더니 그 이후 서비스가 예상보다 빨리 진행되는 것이 아닌가. 며칠 후 다른 지역 서비스센터로부터 부품이 조달되어 수리가 완료되었다. 다행히 전원 코드를 구매했기 때문에 보드 부품 값과 수리비는 받지 않겠다고 했다. A/S 직원 만족도 설문 조사 시에는 '매우 만족'으로 응답해 주었다. 칭찬해 주는 것이 앞으로 더 잘할 수 있을 거라는 믿음을 억지로 가져 본 것이다.

그러던 중 핸드폰을 수리하느라 그동안 저장해 두었던 전화번호, 메모, 사진들을 다 날려야 했다. 눈에 보이지 않는 고통은 이루 말로 다 할 수 없을 정도였다. 휴대폰에 저장된 사진은 그림으로 보는 나의 일기장이어서 고이 간직하다가 가끔씩 꺼내 보며 위안을 삼지 않았던가. 그러고도 또 고장은 연이어 발생했다. 곰곰이 생각해 보니 한국 서비스 품질 고객서비스부문 O년 연속 1위라는 위업에도 불구하고 나 자신에게만 그 훌륭한 서비스가 소외된 것 같아 서운함을 떨칠 수가 없었다.

어느 회사이건 완벽하게 고객을 만족시키는 회사는 없겠지만 유독 나에게만 가혹하리만큼 홀대하는 불운을 어떻게 받아 들여야 할지 갈피를 잡을 수가 없었던 것이다. 고객에게는 무엇보다 상품의 품질이 급선무이자 필수 관건이란 사실이 입증되는 것 같았다. 결국 핸드폰 수리가 완료된 후 설문 조사에서는 썩 내키지는 않지만 똑같이 100% 만족했다고 응답해 주었다. 우리나라 사람은 좋은 게 좋다는 미덕 아닌 미덕을 누구나 지니고 있기 때문인가.

사실 고객은 품질에 만족하면 서비스센터가 어디 있는지조차 알 필요가 없다. TV의 경우 끊김 없이 잘 나오는데 무슨 고객 만족이 더 이상 필요하고 친절이 무슨 의미가 있겠는가. 세탁기의 경우 빨래가 잘되고 건조가 잘된다면 더 이상 바랄 것이 없을 것이다.

그다음으로 뒷받침하는 것이 종업원 개개인의 소중한 역할이다. 고객의 불만을 나 자신의 일처럼 '끝까지 추적해서 해소한다'(seamless)는 소명감이다. '부품 조달이 원활하지 않은 걸 어떡해. 대충 시간이 지나면 해결되겠지. 설마 그걸 가지고 고객이 큰 문제를 일으키지는 않겠지, 그러다 조용해지겠지, 자연 복구되겠지.' 등의 안일한 생각이 장차 회사에 큰 위기를 몰고 올 불길한 징조라는 사실을 명심해야 한다.

임시로 고용한 대학생 아르바이트 직원 한 사람이 어느 한 고객에 대한 Care 문제에 소홀히 대처하다가 결국 그 큰 회사가 망하게

프로 직장인, 아마추어 직장인에게 말하다

된 실제 사례가 있다. 회사의 각 분야가 중요하겠지만, 무엇보다 관심을 집중해야 하는 분야는 현장에서 고객과 직접 대면하는 포인트(point)다. 아무리 간부 회의에서 장시간 마라톤 회의를 하고, 토론을 하고, 좋은 아이디어와 탁월한 전략을 많이 내놔 봐야 정작 고객 접점에 있는 직원이 고객의 불편을 내 일처럼 처리하고자 하는 의지를 보이지 않고, 고객에게 진실한 마음에서 우러나오는 적극적인 태도를 선보이지 않는다면 모든 것이 탁상공론에 불과한 것이다.

생산 파트에서, 구매 파트에서, 인사 부서에서, 다른 어느 부서에서도 현장에서 발로 뛰는 직원(위탁을 준 경우 포함, 이하 동일)을 위하여, 그리고 창구, 고객상담실, 콜센터 등 고객과 직·간접적으로 대면하는 직원을 위하여 진실하게 지원 업무를 수행하지 않는다면 그 결과는 아예 어떤 기대도 하지 않는 편이 나을 것이다. 회사의 장래에 대해서도 비관적일 수밖에 없다.

고객은 불편한 친절을 원하지 않는다. '만족하느냐'라는 질문을 받고 싶어 하지 않는다. 안정적·지속적인 품질과 빠르고 정확한 불편 해소를 간절히 기대하고 있을 뿐이다. 그러기 위해서는 지원 부서에서 현장 직원을 오라 가라 하며 붙잡고 군림하려 하고, 그들의 시간을 빼앗아서는 절대 안 된다. 그들을 배려하고, 고충을 해소해 주고, 선량한 마음에서 우러나오는 사랑을 베풀어야 정작 그들은 그 받은 사랑을 고객에게 정성껏 전달하게 될 것이기 때문이다.

〈사례 22〉 고객이 문전성시를 이룬다고 배짱으로 일관해서는 안 된다

고객과의 약속은 반드시 지켜야 한다. 그러지 못할 경우 고객이 납득할 만한 사유를 제시하고 양해를 구해야 한다. 병원에서는 그저 손님이 많이 몰려드니 마냥 기다려야 한다고 고객에게 일방적으로 강요하는 듯하다. 이비인후과에 며칠 전에 예약을 한 후 제시간에 맞추어 도착해서 대기하고 있는데, 30분 이상 기다려도 아무런 인기척이 없고 아예 부르지도 않는다. 접수부에 가서, "예약을 하고 왔는데 어떻게 된 겁니까? 많이 기다려야 합니까?"라고 물어도, 환자가 많아서 어쩔 수 없다면서 당연하다는 듯이 마냥 기다리라고만 한다. 그 말투에는 '싫으면 그냥 가라'는 강한 뉘앙스가 깔려 있다. 원장은 그 접수부에 앉아 있는 직원의 태도를 간파하고 있는지 모르겠다. 고객에게 '안 살 거면 꺼져'라고 큰소리칠 수 있는 시간은 어느 누구에게도 그리 많이 남아 있지 않을 텐데…….

와인 유통업체 '와인라이브러리'의 최고 경영자이자 소셜네트워크 업계의 구루로 통하는 게리 바이너척(Gary Vaynerchuk)은 "성공하기 위해서는 구멍가게 마인드를 되찾아라."라고 역설하면서 고객 한 사람, 한 사람을 신경 써 주고 다가서는 방식으로 감동시켜야 살아남는 시대가 도래했다고 강조한다. 인터넷이나 트위터 등 소셜미디어의 발달에 맞춰 새로운 고객 감동 마케팅을 펼쳐야 한다는 주장한다. (매일경제, 2011년 5월 14일.)

〈사례 23〉 급하고 바쁠 때일수록 고객의 입장으로 돌아가야 한다

오랫동안 벼르고 별러 가족이 여름휴가를 제주도로 가기로 하여, 휴가 피크 기간을 피하여 출발하기 몇 주 전에 항공편을 간신히 예약했다. 하지만 당일 태풍이 다가와서 불안했다. 항공사로 수차례 전화해도 계속 폭주 상태인지 아무리 기다려도 연결이 되지 않는다. 아침 이른 시간에 출발하기로 되어 있어 거의 전날 밤을 새우다시피 하며 항공기의 정상 운행 여부에 촉각을 곤두세웠다. 과연 항공기가 태풍 속 비바람을 뚫고 정상 이륙할 수 있을지가 의문이었다. 항공사에 문자 메시지로 문의하는 서비스가 있어 정상 출발 여부를 물으니, 곧 답해주겠다는 회신 문자만 날아왔을 뿐, 몇 번이나 물어도 정작 궁금증을 해소하는 답신은 없었다.

당시 상황은 이러했다. 제주도 일대에 태풍으로 인한 폭우로 피해가 심각했으며, 뉴스에는 태풍경보를 거듭 경고하는 상황이 지속되고, 항공기 결항을 연이어 보도하고 있었다.

새벽에 무턱대고 2시간이나 걸려 공항에 나갔다가 항공기 결항으로 그냥 돌아올 수도 없는 노릇 아닌가. 게다가 태풍으로 피해가 심각할 경우 무리를 해 가며 휴가를 가는 것도 도리가 아닌 것 같았다. 더군다나 나 자신이 항공 전문가가 아니어서 그 정도 태풍 속에 항공기가 이륙이 가능한지도 전혀 예측할 수 없는 상태였지 않은가. 하는 수 없이 새벽 4시경 항공사로 예약 번호와 함께 취소하겠다는 의사를 문자로 보냈다. 그날 밤 잠도 제대로 자지 못하고 항공기 정상 운행 여부를 확인하느라 지쳤는데, 아침에 확인해 보니 정작 그 시간대 항공편은 정시에 출발했다.

그렇게 애타게 전화를 걸어도 받지도 않고 문자 회신도 없더니, 그날 오후 항공사로부터 예고 없이 탑승하지 않았으므로 패널티를 부과하겠다는 전화가 걸려 왔다. 패널티 부과하는 일은 곧잘 하면서 탑승해야 할 고객이 궁금하고 답답한 것에 대한 해소에는 나 몰라라 해도 되는 것인가. 말로만 고객 운운하지 말고 정작 고객이 무엇을 답답해하고 있는지를 곰곰이 생각해 보자. 어려운 문제도 아닌데 참 고객을 무척이나 힘들게 하는 것 같다. 내가 하고 있는 일 중에 그런 일이 없는지 약자인 상대방의 입장에서 세밀히 살펴보자. 급하고 바쁜 상황일수록 대처 요령이 중요하다.

고객과의 관계에서 발생되는 문제는 대부분 양자 간 이해관계가 첨예하고 정상적이지 않는 조건과 상황에서 발생한다. 상기의 사례와 같은 경우는 한 치 앞도 예측할 수 없는 기상 상황이라는 불가항력의 특별한 상황에서 발생한 것이다. 그것을 고객도 잘 알고 있다. 그럴수록 회사 측에서는 그런 상황을 사전에 고객에게 통보하여 주어야 하는 것이다. 아전인수격으로 해석해서는 안 된다는 것이다. '보따리 장사' 마인드를 가지고 있어서는 지속 가능한 기업으로 남아 있기에 참 버겁고 힘든 일이 될 것이다.

회사 측에서 고객은 왕이라고 아무리 외쳐도 고객은 사회적 약자에 지나지 않는다. 그것도 사실은 명목과 구호만 왕이라고 외치지 고객을 왕 대접하는 회사는 전무하다. "저희 제품 쓰시면서 왕처럼 대접받아 본 적 있습니까?"라고 설문 조사를 해 보면 금방 알 것 아니니. 취지가 그렇다는 것이지 실제 어떻게 왕 대접을 하느냐고? 그럼 왕 비슷한 대접이나 그 이하 어떤 거라도 제대로 하고 있는지 면밀히 잘 살펴보자.

제품이 잘못되면 그 불편함은 이루 말로 다 표현할 수 없고, 서비스가 잘못되면 어쩔 줄 몰라 우왕좌왕할 수밖에 없는 사회적, 물리적 약자의 낮은 위치에 처한 고객은 그저 현실을 감내하고 살아야만 하는가. 공급자가 적극적으로 배려해 주는 것이 맞을 성 싶다. 경쟁에서 배제되고 낙오되어 쌓여 가는 재고 상품 부둥켜안고 울먹이면 그때는 너무 늦었다. 한번 떠난 엿장수는 언제 다시 돌아올지 기약이 없는 것이다.

 고객의 마음에 상처를 주는 공급자의 독선

〈사례 24〉 이미 다 저질러 놓고 난 후, 발각되면 실수라고 변명만 늘어놓아서는 안 된다

모 대형 마트에서 수입 쇠고기를 국산으로 둔갑시켜 매장에 내놓았다. 고객이 항의하고 언론사에서 취재하러 나와서 이유를 묻자 '고의로 속인 것이 아니라 작업자의 실수로 라벨을 잘못 붙여 생긴 일'이라고 한다. 잘못을 저질러 놓고 실수가 아니라 제정신에서 그랬다고 솔직하게 고백할 사람은 더 이상 찾아 볼 수 없게 된 것인가.

신뢰는 정직에서 비롯된다. 고객이 불만이 없다고 해서 만족하는 것으로 단정해서는 안 된다. 고객이 만족한다고 해서 계속 내 고객으로 남아 있을 거라고 단정해서는 더욱 안 된다.

〈사례 25〉 우선 내 볼일만 챙기고 보겠다는 놀부 심보

신용카드사에서 수시로 전화가 걸려 온다. 신용카드사와 제휴한 업체에서 전화가 걸려 오기도 한다. 파생 상품을 팔려고 하는 텔레마케팅 전화다. 주로 보험 상품이다. 정당한 방법으로 개인 정보를 입수하였는지는 모르지만 친절하게 고객 이름까지 부르면서 우선 신용카드를 이용해 줘서 고맙다는 말을 꺼내기가 무섭게 보험 상품을 팔려고 한다. 일일이 응대해 주고 다 가입해 주면 좋으련만 나도 사람이라 어쩔 수 없다. 다짜고짜 자신의 상품 설명만 늘어놓는다. 고객이 전화를 받을 준비가 되어 있는지, 설명을 들어볼 의향이 있는지 물어보지도 않는다. 하긴 물어보면 '관심 없다'고 부정적으로 응답하면 설명할 기회마저 없어질까 봐 그런가 보다. "죄송하지만 제가 관심이 없고, 다른 일을 하고 있어 통화가 어렵습니다."라고 사정해도 1분 정도면 되는데 시간을 내라고 다짜고짜 우기면서 좋은 상품이니 가입해 보라고 권유한다. 은근히 미워진다.

또 다른 전화를 받으니, 조건이 좋으니 대출을 받으라고 한다. 자신의 목적만 달성할 생각에 상대방이 처한 상황에는 전혀 신경 쓰지 않는다. 물론 영세한 대출업자에게까지 고객 만족 운운하는 것은 무리가

프로 직장인, 아마추어 직장인에게 말하다

아니냐는 반문도 할 수 있을 것이다. 문제는 대기업도 별반 차이가 없다는 데서 비롯된다.

진정 고객을 배려하는 것인지 물건만 얼른 팔아넘기려는 것인지 그 회사가 얄미워진다. 그러면서도 다음부터는 설명이라도 들어 주기로 하자고 생각해 보지만, 가입하지 않을 건데 듣기만 한다고 텔레마케팅 직원의 실적이 되는지 확인부터 먼저 해 보고 싶은 심정이다. 또 다른 경우 "관심 없습니다."라는 응답에 일언지하에 쌀쌀맞게 전화를 탁 끊어버리는 소리가 귀를 깜짝 놀라게 한다. 도대체 사람들은 무얼 하자는 의도인가. 고객에게서 필요한 것만 쏙 빼먹고 버리겠다는 생각인가. 그래도 최소한 기본 예의는 지켜야 할 것 같은데…….

사람은 최소한 기본 도리는 하면서 살아야 한다. 상대방 입장을 이해하려는 성의와 존중, 즉 사랑이 부족한 탓이다. 물질만능주의가 가져온 폐해다. 아직까지 한 번 팔면 그만이라는 보따리 장사의 한탕주의가 남아 있는 듯하여 씁쓸한 심정을 거두어들이기가 어렵다. 내 볼일만 보면 그만이라는 이기심이 진동을 한다. 사랑 에너지가 고갈되어 가는 것 같아 안타깝다.

〈사례 26〉 '이대로 살 테면 사고, 말 테면 말라'는 식으로 고집불통이 되어서야

잘 알려진 체인 주점에서 마른안주를 주문하는데 "육포는 잘 안 먹는데, 대신 다른 것으로 채워 주면 안 되겠습니까?"라고 부탁조로 문의하니, 세트 메뉴라 그렇게 할 수 없다고 한다. 공급자 위주의 틀에 박힌 사고방식이 언젠가는 먹혀들지 않을 때가 온다는 사실을 애써 외면하려고만 한다.

시골 학교에 가면 한 학생이 항상 1등이다. 학생 수가 한 명밖에 없으니 공부를 안 해도 늘 1등이다. 문제는 그 1등이 꼴찌일 수도 있다는 것이다.

〈사례 27〉 팔 때는 갖은 교태를 다 부리다가 정작 고객이 아쉬워할 때는 '나 몰라라' 하는가

근무시간이 살짝 지난 오후 6시 3분. 구입한 물품에 대해 궁금한 게 있어 매장에 여러 번 전화해도 받지 않는다. 철저한 근무시간 준수다. 그 시간에 사랑하는 가족이 전화해도 받지 않을까? 그러다 상황이 바뀌어 고객을 찾아가 엎드려 절하고 사과하려 해도 만나 주지 않으면 그때는 어쩌려고 그러는지 모르겠다.

프로 직장인, 아마추어 직장인에게 말하다

〈사례 28〉 사내 정렬성 확보가 시급 - 사장의 생각이 현장 직원에 이르기까지, 현장의 실정이 사장에 이르기까지 실시간으로 정보를 공유해야 한다

성형외과에서 거금(?)을 들여 보톡스에 필러까지 시술했는데, 최소한 1년 6개월은 유지된다고 했다. 그런데 5개월쯤 지나니 약효가 다 풀렸다. 전화했더니 오라고 해서 다시 갔더니 주사를 놓아 준다. 그것마저 1개월도 채 지나지 않아 효력이 없어졌다. 다시 전화하고 찾아갔으나 접수부의 코디가 원장이 바쁘다는 핑계를 대며 만나게 해 주지 않았다. 다시 시술비를 내야 원장을 만날 수 있다고 했다. '원장이 그런 분인가?'라는 의아한 생각이 들었다. '그 코디와 다 한마음이겠지.'라고 생각했다. 내심 못마땅하고 피해를 본 것 같아 속이 좀 상했지만, 마음속으로 다른 손님한테는 부디 좋은 서비스로 그 병원이 발전하기를 기원하며 그 병원과의 인연을 고이 접었다.

나중에 간접적으로 들었는데, 손님이 하나둘씩 줄어들다가 급기야 손님의 발길이 뚝 끊어져, 원장이 간호사와 코디를 전부 교체하는 사태에까지 이르렀다고 한다. 그 지경으로 갈 때까지 얼마나 힘들었을까 싶다.

아차! 그때 어떻게든 원장을 만나 얘기라도 해 봤어야 하는 건데……. 처음 방문했을 때는 원장이 친절하게 성형 전반에 대하여 프리젠테이션까지 해 주지 않았던가. 고객의 입장에서는 간호사건 코디건 다 원장과 한마음일 거라고 생각하기 쉽겠지만, 내가 조금만 더 적극적으로 나섰어야 했던 건 아닐까. 고객인 나 자신과 관련된 클레임만 관건이 아니라, 병원 시스템의 문제점을 어떻게든 원장한테 알려줬더라면

그 정도로 어려운 상황까지는 가지 않았을지도 모른다. 게다가 친구
의 소개로 찾아간 병원이었는데……

누구나 남의 내부 문제에 끼어들기를 꺼리는 성향이 있긴 하지만,
나 혼자 불편을 감수하고 마는 것이 꼭 바람직한 태도는 아니라는
것을 알게 되니 복잡한 생각이 뇌리를 스친다. 침묵하는 고객은 적
이고, 불평하는 고객에게는 감사해야 한다는 말이 이렇게 적용된다
고 생각하니 마음이 착잡해진다. "멋진 고객이 기업을 망친다."고 한
다. 고객도 피동적으로만 행동할 것이 아니라 공급자 측의 미흡한
부분에 대하여 개선·시정 요청을 건의하는 등 적극적인 태도를 가
져야 한다.

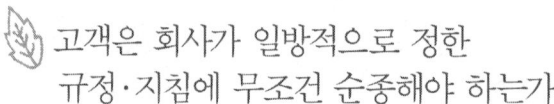

고객은 회사가 일방적으로 정한 규정·지침에 무조건 순종해야 하는가

〈사례 29〉 회사가 자체적으로 정한 규정이나 원칙을 고집할 때 고객은 떠날 채비를 하고, 지침이나 절차를 개선할 때까지 마냥 기다려주지 않는다

　서울에서 출발한 후 부산역에 도착하여 렌터카를 빌리려고 했다. 평
소에 친분이 있는 렌터카 회사의 영업소를 찾아 갔더니 운전면허증을
가져오지 않아 안 된다고 하면서 당장 준비하기 어려운 온갖 서류들
을 다 요구했다. 어쩔 수 없이 다른 렌터카 영업소를 찾아갔더니 곧바

로 자동차를 내주었다.

모든 일에 내부 규정이 있고 원칙이 있겠지만 이것에만 맞춰 일한다면 누군들 못 하겠는가. 그 경계선에서 조금 벗어날 경우 어떻게 해야 하는지, 경쟁사는 어떻게 하고 있는지 실시간으로 파악하자.

대수롭지 않은 작은 정보라 하더라도 여과 없이 사내에 전파되고 반영되는 시스템이 실시간으로 가동되어야 한다. 고치고 개선할 때까지 고객은 마냥 기다려주지 않는다. 규정과 지침에 의한 직원의 엄격한 업무 처리로 인해 떠나보내야 하는 잠재 고객을 곰곰이 생각해 보자. 고객 서비스를 전담하는 부서는 지엽적인 일이라고 하더라도 등한시해서는 안 된다. 막대한 비용을 들여 광고하는 것도 중요하지만 우선 제 발로 찾아오는 고객에 대하여 섬김을 다하자.

〈사례 30〉 회사의 비위에 맞춰 방침·매뉴얼을 정해 놓고, '무조건 내 방식에 따르라'고 우격다짐해서는 오래 버티기가 어렵다

◆ 식당에서 식사를 하는데 생선회가 나와서, 마늘과 풋고추를 조금만 달라고 하니 점심 메뉴에는 나오지 않는다고 하면서 못 준다고 한다. 공급자가 정해 놓은 대로 손님은 그대로 따르라는 의미가 배어 나온다.

◆ 커피 전문점에서 아메리카노를 주문하면서 우유를 조금만 넣어 달라고 하니, 아메리카노는 그냥 블랙으로 마시는 거라고 하면서 우유가 없다고 한다. 커피는 기호 식품인데 고객의 입맛에 맞춰줘야 하

는 것이 아닌지 의아스러웠다. 구태여 아메리카노는 그냥 블랙으로 마시는 거라고 훈계성 멘트를 해야만 할까. 종업원이라 주인의식이 부족해서일까? "우유가 준비되어 있지 않은데 다음에 꼭 준비해 놓겠습니다."라고 하면 어떨까.

공급자 위주로 구색을 갖춰 놓고, 고객이 구매하든 말든 알아서 하라는 식으로는 오래 버티기가 염려스러울 뿐이다. 고객은 좋고 편안한 것보다는 좋지 않거나 불편함에 더욱 민감하다.

〈사례 31〉 '매뉴얼을 보고 하라'고만 할 것이 아니라 갓난아기 어루만지듯 고객에 정성을 다해야 한다

아침 이른 시간, 해장국 식당에 들러 콩나물 해장국이 되는지 물어보니 '그런 것 안 된다'고 딱딱한 어조로 대답한다. 그럼 아무거나 달라고 했더니 '아무거나'라고 하면 안 되고 벽에 붙은 메뉴판을 가리키며 고르라고 한다. 그 큰 메뉴판이 너무 복잡해서 먹고 싶은 메뉴를 찾기조차 어렵다. 주인이 맛있게 잘하는 메뉴를 추천해 줬으면 참 좋을 텐데……. 고객이 체감하는 씁쓸한 느낌은 그 식당 음식의 품질조차 의심스럽게 한다.

〈사례 32〉 '이렇게 하면 고객이 어떻게 받아들일까' 하고 늘 고민해야 한다

미용실에서 정기적으로 핸드폰으로 문자가 온다. 특별 이벤트라고 하면서 '전 품목 30% off(커트, 클리닉 제외)'라는 내용의 문자다. 몇 년째

커트밖에 안 하는 고객에게 늘 이런 문자를 보내는 업주도 참 어떤 생각을 하고 계신지 갑갑하기만 하다. 독신으로 생활하는 남성 고객을 대상으로 여성용 브래지어를 할인 행사한다고 정기적으로 핸드폰으로 문자를 보내는 격이다. 생활 속에서 잠깐 입장을 바꾸어 놓고 들여다보면 쉽게 답을 찾을 수 있는 문제가 참 많다는 데 주목하자. 이런 일에까지 빅 데이터가 필요할 것 같지는 않으니까 한 번만 더 생각하고 고민하자.

〈사례 33〉 원칙만 고수하다 보면 우물 안 개구리가 된다

구입한 지 얼마 되지 않은 볼펜이 안 써진다. 식초에도 담가보고, 뜨거운 물에도 담가보아도 소용없다. 두꺼운 종이에 힘을 주어 누르고 요동을 쳐 보아도 잉크가 나올 기색이 없다. 값이 더 저렴한 볼펜도 몇 년 동안 쓰지 않다가 사용해도 다 잘 써지는데 외국산 고가인데도 그렇다. 매장에 문의했다. 잉크에 문제가 있다고 했으나 구입한 지 6개월 이상 지난 것은 어쩔 수 없다고만 한다. 새로 사는 수밖에 없다고 한다. 고객의 입장에서는 더 이상 어쩔 수 없다. 하지만 서운한 마음은 지울 수가 없다.

제조사는 비용 문제보다는 자신의 제품의 하자에 대해서 다각적인 대처가 필요하다. 하나를 더 파는 것도 중요하지만 기존 고객들의 반감을 해소해 주려는 의지는 더욱 중요하리라.

고객은 진정 바란다. 손톱만큼이라도 왕 대접 해 주길 바라지도 기대하지도 않는다. 제발 머슴 취급만큼은 하지 말아 달라는 간곡한 부탁이다. '고객 만족, 고객 감동, 고객 졸도'라는 말도 구호 격으로 막 써서는 안 된다. 어떤 여성이 만나는 사람마다 자신이 심청이처럼 효성이 지극하다고 아무리 떠들고 다녀도, 정작 그녀의 부모가 느끼기에 쓴웃음 지으면 이거야말로 웃음거리가 되지 않겠는가.

그러지 말고 '고객님을 편안하게, 손님을 형님, 누나와 같이'라고 하면 어떨까. 듣기에도 부담이 없고, 편안한 것은 꽤 광범위하고, 동생이 형, 누나에게 제대로 못 하는 경우도 있으니, 이렇게 하면 빠져나갈 변명의 기회라도 생기지 않겠는가. 가족처럼 따뜻하게 대해 주려고 하는 작은 성의만이라도 보여주었으면 참 좋겠다.

○○야쿠르트 부산 ○○ 점장의 말은 고객에 대한 마음가짐이 어떠해야 하는지를 잘 가르쳐주고 있다.

"친절은 내가 아니라 고객이 평가하는 것이다." "방금 본 고객의 립스틱 색깔이나 귀걸이 착용 여부를 기억 못하는 경우도 아주 많다. 고객의 얼굴을 진지하게 바라봐야 마음이 통하게 된다."

2005년 APEC 정상회담 때 보름간 외부인 출입이 금지됐다. "아침도 안 드시고 오는 50명의 고객이 있다. 정해 주신 시간을 절대 어기지 않고 배달만 마치고 가겠다고 사정했지요." 결국 청와대 경호실장과 면담까지 거쳐 특별 출입증을 발급받았다. 그가 점장이 된 뒤 그 지점은 매달 매출 기록을 갱신하고 있다고 한다. (중앙일보, 2014년 11월 5일.)

🍃 사소한 것에도 예민하고 까다로워지는 고객

고객과의 약속은 신과의 약속이라고 한다. 한번 소원해진 고객과의 관계를 복원하려면 몇 배의 비용이 든다고 한다. 고객 불만은 새로운 고객 충성도를 높이는 출발 지점이기도 하다. 일상에서 깍듯하게 '친절히 모시겠습니다'라는 한마디 말보다는 고객이 곤란할 때 진심으로 애써 주는 자세가 오래 기억에 남는다. '상품은 공장에서 만들고 브랜드는 고객이 만든다.'라는 말씀을 정히 믿는다면 말이다.

(전반부에서 잠깐 언급했지만) 회사는 '고객의 소리'란 말을 쉽게 사용하고 있다. 소리란 바람 소리, 새소리, 개 짖는 소리 등 사물이나 자연현상에 사용하는 용어일진대, 부모나 어른 앞에서는 '무슨 소리 하세요?'라고 하지 않으면서 귀중한 고객한테는 '소리'란 말을 어떻게 그리 쉽게 쓰는지 모르겠다. '고객의 고견' 또는 '고객의 말씀'이나 '고객의 의견'이 나을 성 싶다. 용어에서부터 진정한 마음이 우러나오기에 다시 한 번 더 강조하는 것이다.

점심시간은 공공기관과 기업, 고객 간 불협화음의 쟁점이 된다. 고객은 급한 용무로 다급한데, 그들은 점심시간이라 담당 직원이 부재중이거나 해서 처리를 제때 못 해 준다며 마냥 기다리라고만 한다. 공공기관의 경우 더욱 심하다. 은행의 경우 점심시간에는 창구 직원들이 순번제로 번갈아 식사를 해서 고객의 불편을 최소화해 주려고 하고 있다.

점심시간 정체(Lunch deadlock)에 딱 걸리면 양자가 똑같이 답답해진다. 공급자는 제각기 점심시간을 정해 운영하고 있지만, 고객의 경우 직장인이 아닌 한 점심시간이 별도로 정해져 있지 않다. 12시건, 1시건, 2시건 점심 식사를 하는 시간이 점심시간인 것이다. 사람이 식사를 거르고 살 수는 없지만 관공서나 회사에서 점심시간을 당연히 고집해서, 정작 고객이 자신의 점심 식사는 지체하면서 급한 일로 찾아갈 때 홀대하는 경우는 재고해야 할 여지가 있다는 말씀이다.

저마다 구호처럼 고객을 쉽게 말하지만, 고객은 강가 선착장에서 나룻배가 오기만 기다리며 항상 떠날 준비가 되어 있는 나그네와 같다고 했다. 아무리 충성 고객이라 하더라도 회사가 원하는 대로 따라줄 것이라는 과신을 버리고 늘 새로 시작하는 마음을 다져나가자. 한번 떠나간 고객은 여간 해서 다시 돌아오기 어렵게 된다. 아차 하는 순간에 고객은 '안 살 거면 꺼져'란 말을 듣는 기분을 느끼게 되기 때문이다.

어느 식당에 들어갔더니 바닥, 테이블, 그릇, 종업원 복장과 태도 등 모든 것이 깔끔해 기분이 좋았다. 그런데 홀 한쪽에 설치된 어항에 이끼가 잔뜩 끼어 있는 모습이 눈에 들어오자 과연 음식 위생이 완벽할지 의문스러웠다. 맥도널드는 콜레스테롤, 비만 등 건강 문제로 사회의 온갖 비난 여론이 들끓는 그 어려운 위기 속에서도 '화장실 청결도'를 개선하여 재기에 성공했다고 한다. 사람은 화장실의 청결 상태를 보고 그 식당 음식의 위생 정도를 50% 이상 판단한다고 한다. 고객은 종업원의 앞치마에 얼룩진 자국을 보고 그 식당 음식의 위생 상태를 가늠하는 것이다. 고객은 식사를 마치고 난 후, 그 식당에서 불러준 대리 운전기사의 태도를 보고 그 식당 사장의 고객에 대한 정성을 저울질하는 것이다. 한 발 멀리 보는 안목을 키워야 한다. 마을 주변을 잘 정리해야 그 마을 인심에 대하여 후한 점수를 주는 것처럼.

〈사례 34〉 어물쩍 넘어가려는 순간, 한번 떠난 고객은 영영 돌아오지 않는다

새로 말끔히 오픈한 중국식 식당에 가서 탕수육과 짜장면을 주문했다. 손님이 많아서 서둘렀던 탓인지 탕수육에 들어간 고기가 덜 익은 것 같았다. 식당 주인에게 이야기했더니 알았다고 대답하고는 식사 마치고 나갈 때까지 묵묵부답이었다. 이후 그 식당에 다시 가고 싶어도 발걸음이 멈추고야 만다.

친구 간에 핸드폰으로 보낸 문자에 꼭 답신을 보내주듯이, 고객의 문제 제기에는 반드시 신속한 해명이 뒤따라야 한다. 마찬가지로 직장에서는 상사의 지시를 처리하는 데 상당한 시간이 소요될 경우 중간보고를 철저히 해야 한다. 어디까지 진척이 되었고, 언제쯤 완성된다는 예측 가능성이 없으면 상사는 답답해진다. 상대방을 답답하게 만들면 결국 나 자신이 답답한 사람으로 치부된다.

〈사례 35〉 품질에 완벽을 기하지 않은 채 팔아넘기기에만 급급해서는 안 된다

어느 식당에서 스푼으로 밥을 막 뜨려고 하니 밥공기에 담긴 밥 전체가 한꺼번에 달라붙어 따라 올라오려고 한다. 밥을 지은 지 꽤 오랜 시간이 경과했나 보다. 된장찌개 하나 시켜 먹으면서 밥 타령을 하기도 그래서 나갈 때 '잘 먹었습니다.'라고 인사하고 나온다. 불행히도 설문 조사 시에 서비스에 만족한다고 응답한 고객의 85%는 이미 이탈할 준비가 되어 있다고 이미 언급했다.

〈사례 36〉 목전의 작은 이익에만 탐닉해서는 소탐대실의 결과로 이어진다

손님이 식사를 마치고 식대를 지불할 때, 식당 주인은 주문표에 적힌 대로 맥주와 소주 개수를 포함하여 식대를 계산한다. 혹시 병을 따지 않고 그대로 둔 게 있는지 식당 측에서 확인해 주면 더욱 신뢰가 갈 것 같다. 함께 식사한 일행이 보는 데서 '맥주 한 병은 따지도 않았으니 계산에서 빼달라고 말하기도 무안할 경우가 있으니까 말이다.

사람은 우선 받아먹는 떡 한 개가 나중에 받는 떡 열 개보다 낫다고 잘못 생각하는 경우가 참 많다. 신뢰는 먼저 나 자신이 다소 이익을 덜 내도 괜찮다는 겸손한 태도와 손해를 보는 한이 있더라도 우선적으로 고객 편의를 챙기겠다는 전향적인 마음가짐에서 나온다.

프로 직장인, 아마추어 직장인에게 말하다

〈사례 37〉 뒷짐 지고 내 볼일 먼저 보는 동안 고객은 이미 떠나 다시는 돌아오지 않는다

금은방을 찾은 고객이 있었다. 구부러진 반지를 바로잡기 위해서였다. 주인은 안쪽에 앉아 열심히 전화 통화 중이었는데, 고객이 말을 꺼내기가 무섭게 앉은 채로 일언지하에 안 된다고 손을 가로젓는다. 내 가게를 찾아온 사람은 고객이기 전에 반가워해야 할 손님이다. 안 되더라도 정중하게 거절하자. 앉은 채로 전화 통화하면서 귀찮은 듯 손사래를 치며 마다하면, 본인은 당장 편할지 모르나 상대방은 마음이 참 불편해진다. 고객이 대우를 못 받아서가 아니라 구태여 좋은 인연의 기회를 외면하는 가게 주인의 태도가 이해할 수 없어서다. 그 가게 주인은 다음에 또 찾아올지도 모를 좋은 기회를 서둘러 뿌리치고야 만 것이다.

고객에 감동을 선물하는 직원의 태도

〈사례 38〉 천성적으로 타고난 복 짓는 태도

체인점 식당에서 서빙 일을 하는 여종업원이 있는데, 손님이 뭘 시키면 큰 소리로 힘차고 다정하게 '예!'라고 대답한다. 식당에서 손님이 부를 때면 그냥 테이블로 다가가는 것과 '예!'라고 큰 소리로 대답하고 가는 것은 차원이 다르다. 그냥 형식적으로 '예!' 하는 것과 반갑고 다정한 음성으로 대답하는 것은 들었을 때 확연히 차이가 난다. 고객은 그 차이를 확실히 구별할 줄 안다.

그녀는 빈자리를 정성껏 걸레질한다. 손님이 나가면서 '화장실이 오른쪽이죠?'라고 묻는다. 그녀가 왼쪽이라고 하는데도 손님은 "이쪽이죠?"라면서 자꾸만 오른쪽으로 가려고 한다. 그 종업원은 대뜸 "왼쪽도 모르세요? 왼쪽은 그쪽이 아니지요."라고 할 것 같은 분위기인데도 구태여 따라나서면서 "이쪽입니다."라고 직접 손으로 왼편을 가리키며 정성껏 안내한다. 그녀는 고객이 모를 수도 있고 그럴 수도 있다는 점을 기어코 인정하고 받아들이려고 한다.

"안녕히 가세요."라는 인사에는 따뜻한 정감이 넘치고, 말하지 않아도 "나중에 꼭 또 오세요."라는 듯한 간절한 소망이 실려 있다. 다시 오지 않아도 상관없다는 푸념이 실릴 수도 있는데도 말이야. 그녀는 시간당 고작 3천 원을 받는 아르바이트 학생이었다.

그 직원은 '한 번 온 손님은 반드시 다시 오게 한다'라는 신념을 갖고 일하는 것 같다. 마케팅, 영업, CRM, 고객 만족 등의 개념을 전혀 접해 보지 못했을 것 같은 어린 학생의 마인드와 행동이 참 유별나다. 태도는 타고나는 것이라는 걸 증명해 보이기라도 하는 걸까.

손님이 기쁨, 행복을 안고 떠나는 뒷모습을 보며 그녀의 걸음걸이가 달라진다. 사뿐사뿐 신나게 걸으면서 하는 일에 애착이 넘치고 즐거움이 살아 숨 쉬는 것 같다. 그러면서도 잠시도 쉬지 않는다. 빈 술병을 정리하고, 냅킨을 가지런히 정돈하고, 당장 뭘 할 것인지 할 일을 찾아 자신을 자꾸 재촉하는 듯하다. 테이블에 걸레질이 계속된다. 정성껏 싹싹, 빠르게, 신나게, 가볍게 일하는 모습에 주인 의식이 넘친다. 아니 주인보다 더 주인 같다. 그것도 보통 주인이 아니라 고객을 위해 '일신우일신'하는 주인 말이다. 오히려 어린 학생한테서 더 배울 게 많은 것 같다.

밤이 깊어지자 "늦었으니 그만 가거라." 하는 여주인의 말에도 아랑곳하지 않고 물병에 생수를 받으며 하던 일을 계속 한다. 도중에 그 직원이 잠시 나갔다 오려고 하자, "두꺼운 옷 입어라. 장갑 끼고 가야지."

하는 주인의 따뜻한 배려의 말이 번득인다. 자녀에게 하는 말 이상으로 상냥하다.

손님이 자리에서 일어나며 "얼맙니까?"라고 물어보기가 무섭게 바로 "이만천 원입니다."라고 준비된 듯이 대답한다. 계산에 의심할 여지가 없어 보인다. 믿음이 간다. 고객이 기다리는 시간을 최소화하겠다는 주인의 의지가 담겨 있다. 테이블마다 요금을 미리 계산해 놓고 기다리는 것이다. 시원시원해서 편하고 신뢰가 간다.

그 주인은 가끔씩 일이 힘에 부쳤는지 채 열흘도 일하지 않고 떠나 다시는 나오지 않는 아르바이트 학생들에게 일일이 전화하여 일당을 찾아가라고 한다. 다른 업소에서는 한 달을 채우지 못하면 일당은 주지 않는다고 한다.

반면 손님들은 직원에게 너무 심하게 함부로 대한다. 반말에다 심부름시키는 것은 당연시하며 모욕까지 주면서 마룻바닥에 침을 뱉기 일쑤다. 고객도 변화에서 예외일 수는 없다는 사실을 명심하자. 이를테면 '존경받는 고객이 되는 길'이란 주제로 고객을 대상으로 주기적으로 교육을 시행해야 될 것 같다. 사람들이 별로 참석하지는 않을 테지만……

프로 직장인, 아마추어 직장인에게 말하다

한 식당 벽면에 붙여 놓은 글을 소개한다.

첫사랑을 만난 듯 설렘으로
손님을 맞게 하소서.
헤어질 때 다시 만나고픈
마음이 들게 하소서.

회사건 관공서건 식당이건 '올바른 태도'를 지닌 직원과 일한다는
것은 엄청난 복이다. 그래서 회사마다 면접이 까다롭다. 시설이 좋
아서가 아니라, 그저 꾸벅 인사를 잘해서가 아니라, 고객을 대하는
직원의 진실한 태도가 그 조직의 생사를 좌우하기 때문이다.

어느 글로벌 기업 CEO는 초등학교도 제대로 졸업하지 못했어도
늘 상냥한 미소를 띠고 있어 고객을 편안하게 해 주는 사람을 채용
하는 것이 더 낫다고 한다. 고객을 편안하고 즐겁게 하려면 우선 자
신이 즐거워하는 모습을 보여야 하기 때문이다.

〈사례 39〉 마음으로부터 우러나오는 작은 정성, 큰 감동!

한 생명보험회사 여직원은 퇴근길에 천 원짜리 매니큐어 몇 개를 사고
는 고객을 방문했다. 혼자 살고 계신 할머니 고객에게 안부를 여쭈어
보면서 그 매니큐어를 선물한다. 할머니가 의아하게 여기며 묻자, 그녀
는 퇴근하는 길에 화장품 가게를 들렀는데 할머니가 생각나서 매니큐
어를 몇 개 샀다고 했다. 다음 날 그 할머니는 거액의 보험 계약을 하

게 된다.

〈사례 40〉 한 번 맺은 인연은 무덤까지!

10년이 넘도록 모 IT업체 A/S 직원과 좋은 관계를 유지해 온 한 고객이 있는데, 그 고객은 그 직원 이외에는 다른 어느 직원도 만나려고 하지 않는다고 한다. 그 직원은 인사이동으로 원거리에 근무하면서도 그 고객의 요청이 있을 때는 언제든지 달려가서 애로 및 요청 사항을 해결해 준다고 한다. 그 직원은 고객과 좋은 친구가 되겠다는 생각을 늘 갖고 있다고 한다. 무엇이 회사를 살리고, 어떤 작은 행동이 고객을 떠나보내는가를 깊이 생각해 보는 계기가 된다.

〈사례 41〉 누가 보든, 보지 않든 내 할 일 스스로 찾아서 하는 고운 정성

매일 아침 출근 때마다 모 은행 지점 앞을 지나갔는데, 늘 아침 일찍 한 남자 직원이 빗자루를 들고 창구 앞을 청소하고 있었다. 꼭 내 집 안을 정돈하듯이 정성이 담겨 있었다. 그는 손님을 맞이할 자세가 바로잡혀 있는 듯 보였다. 반면 어느 다른 은행은 창구 안은 깔끔하게 정리가 되어 있는데 밖은 건물 주위를 따라 조성해 놓은 정원 주변에 쓰레기며 휴지 조각이 너저분하게 뒹굴고 있다. 지점 안으로 들어온 고객의 눈만 소중한 것일까. 집 안만 깨끗이 청소하고 출입문 밖 복도는 그냥 어지럽게 놔둔 꼴이 되어서는 안 된다.

〈사례 42〉 기쁨 주는 삶을 실천하려는 맑은 태도

처음 방문한 시립도서관에서 디지털 자료실을 찾았다. 1시간 정도 컴퓨터를 사용할 수 있는지 문의하였더니, 주소지가 아니라 아이디가 없는데도, 친절하게 새로운 아이디를 만들어 주고는 이용하는 방법까지 차근차근 설명해 주면서 예약까지 대신해 주었다. 모처럼 고마움에 그날 하루 종일 기분이 좋았다. 기쁨 주는 삶이란 이런 것인가!

〈사례 43〉 작은 정성에 한번 크게 감동하면, 여간해서 고객은 떠나지 않아

외출 중 복사할 일이 있어 문구점을 찾았으나 주위에 보이지 않았다. 할 수 없이 어느 핸드폰 대리점에 들어가서 내가 그 통신 회사 핸드폰을 이용하는 고객인데 복사를 좀 할 수 있는지 문의했다. 점원은 확인하지도 않은 채 서슴지 않고 해 주겠다고 했다. 확대 복사가 가능한지 부탁했더니, 결국 안 되었지만 그렇게 해 주려고 여러 직원들이 함께 애쓰는 모습을 확인할 수 있었다. 분량도 꽤 되어 복사비를 지불하겠다고 했더니 한사코 사양했다. 고마운 마음에 빚을 진 것 같은 부담을 안고 그 대리점을 나섰다.

그 이후 늘 '언젠가 그 대리점에서 핸드폰을 구매해야 할 텐데……'라는 생각이 지워지지 않는다. 수년이 지난 지금까지 한 번도 다른 회사로 핸드폰을 옮길 생각을 해 본 적이 없다. 사람은 무엇보다 타고난 심성이 중요한 것 같다. 그리고 회사는 대리점을 가족처럼 관심과 배려로 챙겨야 한다. 그래야 그 대리점이 회사의 고객을 내 고객처럼 대할 테니까.

〈사례 44〉 시스템으로 실천하는 고객 사랑

식당에서 식사를 마치고 나오는데 여종업원이 헐레벌떡 뒤따라 뛰어 나온다. 무엇이 잘못됐나 싶어 뒤돌아봤더니, 식탁 위에 두고 온 내 핸드폰을 들고 뒤쫓아 나온 것이다. 한참 후에 알게 되면 어떡할 뻔했는지. 가끔 식당에서 모임을 마친 후 차를 타고 한참 가던 중 생각이 나서 다시 식당으로 돌아와 핸드폰을 찾아 간 적이 있지 않았던가. 알고 보니 그 식당은 손님이 식사를 마치고 자리에서 일어난 후 두고 간 물건이 없는지 바로 테이블을 확인하도록 종업원에 대한 철저한 교육이 되어 있었다.

〈사례 45〉 고객이 바라는 가치보다 더 큰 가치를 주고자 하는 정성이 고객의 마음을 사로잡는다

의정부에서 아침 식사를 하기 위해 자주 들른 식당이 있었는데, 가정식 백반 식당이었다. 반찬으로 미역국, 채소, 제육볶음, 계란 반숙이 나왔으며 꼭 금방 지은 밥을 내 놓았는데, 식단의 품격에 비해 식대가 고작 4천 원이었다. 매 식사 후 6천 원을 지불했는데, 한사코 마다하는 식당 주인한테 내가 실제로 체감하는 가격을 지불하고 싶다고 말했다. 고객으로서 받아들이는 상품 가치만큼, 즉 음식에 대하여 고객이 실감하는 가치만큼 식대를 지불하고 싶었던 것이다. 그만큼 그 식당은 고객으로 하여금 식대로 지불하는 금액 이상의 대접을 받는다고 느끼게 하여, 식당에서 식사하는 손님뿐 아니라 배달 손님이 늘 넘쳐난다.

나는 왕 대접을 받을 만한 고객인가

고객은 고객으로서 권리만 존재하고 늘 예우만 받는 입장에 있는 것은 아니다. 고객도 지킬 것은 분명히 지켜야 한다. 어떤 면에서는 고객의 태도가 더 중요하다. 고객에 대한 기업의 의무는 구체적이고 명확한 데 반해, 정작 고객이 지켜야 할 사항, 고객의 의무에 대해서는 신기하리만큼 규정된 것도 없고 논의조차 활발하지 않다. 한마디로 말해 고삐 풀린 망아지 격이다. 고객이 언성을 높여 고함지르고 시끄럽게 하면 사업장이건, 매장이건 회사 전체가 좌불안석에다 비상이 걸린 격이다.

목소리가 크고 심한 클레임으로 문제를 초래할 우려가 큰 고객에 대해서만 지레 겁먹고 특별한 대우를 해 주는 경우도 문제다. 평상시 업무가 바쁜 데다 고객 클레임을 신속하게 해결해 주려면 급 처방이 필요할 경우가 생기는 것은 인정한다 하더라도, 고객에 대한 차별 대우가 쌓여 갈수록 결국 회사 측에만 불리한 결과를 초래하게 될 것이다.

다만, 직원은 회사를 대표한다는 생각으로 우선 전향적으로 고객의 마음을 헤아리는 태도가 필요하다. 사람의 감정이란 수시로 바뀌고 그 이전의 상황이 지금 이 순간에 영향을 미쳐 늘 자신의 감정을 통제하고 다스리는 훈련이 필요하다.

〈사례 46〉 직원은 고객의 마음을, 고객은 직원의 마음을 상호 간 헤아리는 성의를 보여야 한다

모 전자제품 대리점에서 노트북을 구매했는데, 사은품으로 외장 디스크를 택배로 받았다. 외장 디스크는 필요가 없어 그 대리점에 문의했더니 다른 품목으로 바꾸어주겠다고 했다. 며칠 후 대리점에 찾아갔더니 외장 디스크 포장 박스 속 내지가 조금 찢어진 것을 이유로 교체에 난색을 표시했다. 한 번 열어봤을 뿐 건드리지도 않았고, 가족 중 그걸 찢을 사람도 없다고 했더니 막무가내로 안 된다는 것이었다. 제조사에 우송해도 교체해주지 않을 것이라는 것이다. 절대 그런 적 없다고 해도 고객 측 책임이라고 몰아붙이기만 했다.

고객이 진솔하게 진술하는데도 마냥 무시한다는 생각에 화가 치밀어 오르기 시작했다. 그 내지는 별로 중요하게 보이지도 않았고, 고객인 나 자신이 절대 그러지 않았다고 몇 번을 말했는데도 일방적으로 믿어주려고 하지 않자 감정이 많이 상했다. 게다가 그 품목은 대리점을 관장하는 회사에서 다른 납품업체에 의뢰해서 구매한 것이 아닌가.

프로 직장인, 아마추어 직장인에게 말하다

별것 아닌 것에 안 된다고 하니 납득이 되지 않았다.

하는 수 없이 한 번 더 가능한지 묻고는 안 된다고 하자, 큰 소리로 책임자를 오라고 했다. 잠시 후에 점장이 내려와 자초지종을 이야기하니, '받아주면 될 것 아니냐'고 했다. 이렇게 해서 어정쩡하게도 바로 마무리되었다. 더 이상 따지는 것은 의미가 없을 거라는 생각에 그만두었다. 그 직원과 악수하고 대리점을 나왔으나 돌아오는 길에 마음이 많이 무거웠다. 평소에 그렇게 살지 않으려고 마음을 다지곤 했는데, 사람이라 때로는 감정의 충돌이 생기는가 보다.

고객인 나 자신도 큰 소리를 지른 것이 잘못됐지만, 그 직원도 전향적으로 생각하지 않으려는 태도가 적절하지는 않은 것 같다. 사람은 상황에 따라 감정 변화가 일어난다. 직원의 경우 고객과 대면하기 전에 다른 일로 불편한 심기를 가지고 있을 수가 있고, 고객인 나 자신도 반드시 교체해야 한다는 강박감에 휩싸여 있었는지도 모른다. 어쨌든 직원과 해결의 실마리를 찾지 못하면 실랑이를 벌일 것이 아니라 바로 책임자를 불러 조용히 해결할 수도 있었을 텐데……. 내 잘못에 대해서 반성하고 앞으로 시정하려고 마음먹었다. 모든 문제는 따지고 보면 다 자기 자신에게 있는 것이니까.

이처럼 고객의 올바른 태도가 중요하다. 그런데 고객한테는 연구 용역 받을 일도 없으니, 대학과 연구소에서조차 고객의 태도에 관한 심층적인 연구가 활발하지 않다. 그저 고객의 구매 심리 측면에서 공급자 위주의 연구가 활성화되어 있을 뿐이다. 비뚤어진 마인드를 지닌 고객, 공급자의 약점만 파고들려는 고객, 용서할 줄 모르는 고객 등 정상적이지 않은 고객에 대한 심도 있는 연구와 고찰로 별도의 대책 마련이 시급하다. 아니, 그러기에 앞서 고객 스스로 고객 가치를 함양해야 한다. 올바르게 생각하고 행동하는 존경받는 고객이 되어야 하는 것이다.

와튼스쿨 스튜어트 다이아몬드 교수가 소개한 일화는 고객의 태도에 대해 시사하는 바가 크다.

비행기가 눈보라를 동반한 강풍으로 인해 예정보다 4시간이나 지연 도착하자, 승객들은 기장과 승무원을 향해 짜증을 내고 역정을 분출했다. 그런데 단 한 명의 승객이 다가가 "날씨가 안 좋은데 연장 근무를 해서 얼마나 고생이 많습니까?"라는 말로 오히려 승무원들을 위로했다. 나중에 그 승객은 항공사로부터 600달러짜리 무료 항공권을 받게 된다.

우선 고객은 우수한 품질, 서비스를 제공하는 회사에 대하여 감사할 줄 아는 마음이 필요하다. 그저 피동적이고 소극적인 마인드로는 불충분하다. 보다 적극적이고 사회 동반자로서의 품격을 유지해야 한다. 불량한 제품에 대해 일방적이고 강렬한 채찍만 들고 일어날 것이 아니라, 원인을 규명하고 재발을 방지할 수 있도록 기회를 부여하고, 개선책을 제시하고 기다려주는 적극적이고 인내심 있는 선량한 고객 마인드가 요구되는 것이다.

그러기 위해서는 고객 스스로 존중받을 수 있도록 고객 가치를 함양하여야 하며, 자신의 가치를 스스로 지키지 못하는 고객은 다른 고객과 차별되어야 한다. 회사의 작은 실수를 트집 잡아 회사를 힘들게 하는 고객은 더 이상 용납되어서는 안 된다. 잘나가는 회사의 숨은 약점을 이용하여 사욕을 채우려는 행동에 대해서는 아예 엄두도 내지 못하도록 엄중한 조치가 선행해야 한다.

고객은 예우를 받으려고만 할 것이 아니라 먼저 예우를 베풀 줄 알아야 한다. 안주를 팔아 겨우 마진을 남기는 간이주점에 안주 사 들고 가서 맥주만 시켜 봐라! 양주 주점에 양주 사 들고 가서 안주만 시켜 봐라! 어느 누가 기분 좋을까. 최소한의 양심의 문제이고, 양식의 문제다.

나는 집에서 샤워할 때는 수건을 두 장 쓰는데, 대중목욕탕에 갈 때에는 수건을 꼭 한 장만 쓴다. 물론 집에서는 한 번 쓰고 세탁하는 것이 아니라 몇 번 사용한 후 세탁하지만, 목욕탕에서는 한 번 사용한 수건은 다시 재사용하지 않고 바로 세탁하기 때문에 직접 비교하기에는 무리가 따른다. 주목할 점은, 대중목욕탕에서는 고객이 이미 돈을 지불했기 때문에 헤프게 사용해도 된다는 선입견이 앞선다는 것이다. 한 번 샤워할 것을 서너 번 하게 되고, 수건도 한 장이면 충분할 것을 여러 장 사용하게 되는 것이다.

사회적 비용은 차치하고라도 내가 덜 써서 목욕탕 원가가 떨어지는 게 그리 못마땅한가. 목욕탕 주인이 돈을 좀 더 벌면 어떤가. 그 목욕탕 이용 고객이 물을 적게 쓰고 수건을 아껴 써서 절감한 돈으로 목욕탕 주인이 어려운 이웃을 돕는다고 하면 어떨 것인가. 남 잘되는 것이 결국 나 자신이 잘되는 것이다. 내가 아껴야 다른 사람이 쓸 몫이 더 여유가 있게 되고, 그것이 결국 나에게 이득으로 돌아오는 것이다.

대중목욕탕의 수건 회수율을 조사해 보았더니 여탕은 50%, 남탕은 150%라고 한다. 여성은 목욕탕에 가면 목욕탕에 비치된 수건을 사용한 후 2명 중 1명은 슬쩍 가지고 간다는 것이다. 반면, 남성의 경우 자신이 가져간 수건도 그냥 두고 오는 경우가 절반 정도 된다는 것이다. 그래서 여탕에는 아예 수건을 비치하지 않는 목욕탕이 많아졌다고 한다. 요즈음은 찜질방 수건에도 무선 알람이 부착되어 있어 그냥 모른 척 들고 나가다가는 창피당하기 십상이라 절대 삼가야 한다.

물이 자원이라는 거시적 논리를 들지 않더라도 내가 덜 쓰면 그만큼 다른 사람이 골고루 더 충분하게 사용할 기회가 많아지게 된다는 사실을 받아들이자. 이제부터는 꼭 본전을 찾겠다는 생각에서 탈피하자. 노래 가사처럼 이 세상에 알몸으로 태어나서 옷 한 벌은 건졌지 않나. 남이 잘되도록 억지로라도 애쓰고 힘써 보자. 실천해 보자. 그래야 자신의 건강이 좋아지며 생활이 윤택해진다. 비싼 음식, 영양가 넘치는 음식을 먹어서 건강한 것이 아니라, 유기농 채소, 무공해 양식을 많이 먹어서 만수무강하는 것이 아니라, 마음을 바르게 잘 써야 한다. 착한 고객이 되자. 선량한 시민이 되자.

매사에 나 자신이 좀 손해 본다는 전향적인 태도로 고운 마음을 착하게 베풀어야 한다. 누구를 위해서인가. 그것은 누구보다 나 자신을 위해서이다. 건강하고 편안한 나 자신과 가족을 위해서다. 그리고 내 이웃을 위한 일이고, 내 지역 사회를 위한 일이다. 착한 사회를 지향하는 것이다.

　사람의 일은 돌고 돌아 결국 내게로 다시 돌아오는 것이다. 산골짝 맑은 계곡물이 흘러흘러 강을 거쳐 바다로 가고 그 바닷물이 증발하여 구름을 만들고, 그 구름이 산 위로 다가와 비를 내리고 이것이 다시 계곡물로 돌아오는 것이 자연의 원리 아닌가. 이처럼 삼라만상이 돌고 도는 것을 근시안적이고, 이기적인 시각에서만 바라보아서야 되겠는가. 나 자신이 먼저 올바른 생각과 행동을 할 때 사랑 에너지가 충전되기 시작하며, 사랑이 물결치는 아름다운 세상은 저만치에서 한 걸음씩 다가오는 것이다.

부정적인 생각을 배척할 것이 아니라 받아들이고 달래야 한다.

그리고 다스려야 한다.

생각이 나를 스트레스에 시달리게 하고, 힘들게 하는 것이다.

내 생각의 함정에 스스로 빠져들어 나를 고통 속으로 몰아넣어서는 안 되며,

오히려 험난한 계곡 속으로 빠져들어 가려고 하는

그 생각을 구해 내어 바른 길로 인도하여야 한다.

나 자신은 내 생각과는 다른 신성한 존재이기 때문이다.

맺음말

　그동안 여러 책을 읽고, 사람들을 만나고, 느끼고, 고뇌하고, 방황하느라 많은 시간이 흘러갔다. 그 시간들이 이 책을 쓰는 데 직간접적으로 많은 도움을 주었다. 단 한 분이라도 이 책을 읽고 공감하고 실천하는 데 도움이 된다면 지나간 시간은 결코 헛되지 않을 것이며, 이보다 더한 보람은 없을 것이라 믿는다.

　국내외 저명한 심리학자와 그분들의 저서, 매일경제신문 등에 실린 세계적인 석학들의 수준 높은 가르침과 소중한 칼럼이 많은 영감을 불어넣어 주었으며, 귀중한 자료로 활용되었다. 특히 직장인을 위한 귀한 자료와 아이디어를 제공해 주신 학계, 저자 및 칼럼 기고자, 언론사 관계자 여러분께 이 자리를 빌려 머리 숙여 감사드린다.

　직장 내에서 일어나는 갈등, 고민, 애로사항 등을 진솔하게 토로

프로 직장인, 아마추어 직장인에게 말하다

해 주신 직장인 여러분들께도 감사드린다. 아울러 삶의 현장에서 생동감 넘치는 사례의 소재를 제공해 주신, 식당, 콜센터, 영업 대리점, 백화점, 가게 등 힘겨운 고객 접점에서 일하시는 분들께도 감사드린다. 그들은 삶의 터전인 직장에서 소명 의식을 가지고 어려운 여건 하에서도 열심히 일하고 계신 분들이다. 오늘보다 더 나은 내일을 꿈꾸며 작은 것에서부터 한 번 더 생각하고 개선해 나간다면 활력이 넘치는 아름다운 세상이 펼쳐지리라 믿는다.

끝으로 이 책을 출판해 주신 북랩 관계자 여러분의 노고에 감사드린다.

이제 큰 짐을 내려놓는 것 같이 참 홀가분하다. 이 또한 우리 사회에 대한 작은 봉사라고 생각하니 더 이상 욕심이 없어진다. 우리 모두가 사회의 어느 곳에서든 즐겁고 기쁨 주는 삶을 창조해 나갔으면 참 좋겠다.

사랑이 물결처럼 울려 퍼지는 아름다운 세상을 위하여!

2015년 6월 선릉 한 모퉁이에서
노대전 올림